Christian Stöcker

Nerd Attack!

Eine Geschichte der digitalen Welt
vom C64 bis zu Twitter und Facebook

Deutsche Verlags-Anstalt

Das für dieses Buch verwendete FSC®-zertifizierte Papier
Munken Premium Cream liefert Arctic Paper Munkedals AB, Schweden.

4. Auflage 2011
Copyright © 2011 Deutsche Verlags-Anstalt, München,
in der Verlagsgruppe Random House GmbH
und SPIEGEL-Verlag, Hamburg
Alle Rechte vorbehalten
Typografie und Satz: Brigitte Müller, DVA
Gesetzt aus der Swift
Druck und Bindung: GGP Media GmbH, Pößneck
Printed in Germany
ISBN 978-3-421-04509-6

www.dva.de

Inhalt

Für Dinny

Vorwort

Im Sommer 2011 scheint das Internet endgültig seine historische Bedeutung beweisen zu wollen, und sei es mit schierer Nachrichtenpräsenz. Die Despoten in Tunesien und Ägypten sind verjagt, in Libyen tobt ein Krieg zwischen Regierung und Rebellen. Die Regime in Syrien und im Jemen wackeln. All das nahm seinen Anfang, als sich am 17. Dezember 2010 ein junger Tunesier namens Mohammed Bouazizi in seinem Heimatort Sidi Bouzid öffentlich selbst verbrannte, um gegen Ungerechtigkeit und Perspektivlosigkeit in seinem Land zu protestieren. Die Protestbewegung, die daraufhin entstand und sich nicht zuletzt über Facebook und Twitter sammelte, hat mittlerweile weite Teile der arabischen Welt erfasst. Auch in Spanien und der Türkei gehen Zehntausende junge Menschen auf die Straße, aus anderen Gründen, aber in expliziter Solidarität mit der arabischen Jugend. Viele von ihnen tragen seltsame weiße Masken und bekennen sich zu einer gesichts- und führerlosen Gruppierung namens »Anonymous«.

Anderswo entwenden Hacker aus dem Spielkonsolen-Netzwerk des japanischen Konzerns Sony etwa 100 Millionen Datensätze mit Namen, Adressen, Altersangaben und womöglich Kreditkartendaten der Nutzer. Cyber-Guerilleros mit merkwürdigen Namen wie LulzSec machen durch Einbrüche in Firmennetze, aber auch durch direkte Angriffe auf FBI, CIA, den US-Senat und andere Ziele von sich reden.

Westliche Unternehmen und Sicherheitsbehörden sind alarmiert, nicht nur durch die Aktionen solcher Spaß-Hacker. Professionelle Angreifer nutzen Sicherheitslücken in Firmenrechnern aus, verschaffen sich mit den Mitteln des digitalen Trickbetrugs Passwörter oder andere Zugangsmöglichkeiten zu eigentlich strengstens gesicherten Daten. Zu den Opfern gehören Berater aus dem Umfeld von US-Präsident Barack

Obama ebenso wie das Rüstungsunternehmen Lockheed-Martin und mehrere Giganten der Öl- und Gasbranche. Die deutsche Bundesregierung reagiert, indem sie ein »Cyber-Abwehrzentrum« gründet, besetzt mit vorerst zehn Beamten.

Seit Jahren verändert das Netz die private und die öffentliche Kommunikation, Mobiltelefone machen es zum selbstverständlichen Alltagsaccessoire. Unterhaltung, Information, Kommunikation, Protest und Propaganda: Alles hat neue Regeln, wird schneller, unübersichtlicher, unberechenbarer. Nerds, die Pioniere der Digitalisierung, sind in der Mitte der Gesellschaft angekommen, beeinflussen längst nicht mehr nur Technologie, sondern Kultur, gesellschaftliches Zusammenleben, Weltanschauungen. Zugleich hat sich für viele Ältere ein Graben aufgetan.

Wo setzt der Bruch ein? Woher stammen die Zutaten der Netzkultur? Warum sind Raubkopien scheinbar untrennbar mit der digitalen Welt verbunden? Was haben die Commodore-Kids der achtziger Jahre mit Napster, iTunes und den Nöten der Filmindustrie zu tun? Mit den Netzanarchisten von heute? Was verbindet den KGB-Hacker Karl Koch, der 1989 starb, mit dem WikiLeaks-Gründer Julian Assange? Noch immer wird das Internet ebenso wie der Diskurs darüber massiv von den USA dominiert, während sich deutsche Politiker auch 2011 noch unendlich schwer damit tun – warum dieses Gefälle?

»Nerd Attack!« ist eine Reise zu den Schauplätzen der digitalen Revolution, zu Bastlern und Programmierern, die die Welt verändert haben, zu Hackern und Crackern, einfachen Usern und politisch ambitionierten Piraten. Es handelt nicht in erster Linie von technologischen Entwicklungen, sondern von ihren gesellschaftlichen und kulturellen Folgen, von unstillbarer Neugier und unaufhörlichem Wandel. Angefangen hat all das für viele Menschen – auch für mich – mit dem C64, der in Millionen Kinderzimmern eine Tür öffnete – den Zugang zur digitalen Welt.

Kapitel 1
Computer und Kalte Krieger

Back in the Ronald Reagan days
When we put satellites in space
When boys wore skinny leather ties,
Like Don Johnson from Miami Vice

When Eminem was just a snack
And Michael Jackson's skin was black
Back when the coolest thing in store,
Was a Commodore 64…*

»Back to the 80s« von der dänischen Popband Aqua

Wer hätte damals gedacht, dass die frühen Achtziger im Rückblick betrachtet wie eine heile Welt erscheinen würden? Der Globus schien ständig am Abgrund entlangzukullern, und der nukleare Holocaust wurde zum beliebten Gegenstand popkultureller Betrachtungen. Popsongs reflektierten die unmittelbar bevorstehende ökologische Katastrophe.

Wer einen Teil seiner Kindheit in dieser Zeit verbracht hat, wuchs in dem Bewusstsein auf, dass das Ende jederzeit kommen konnte. Und dennoch, oder gerade deswegen, war die Welt nie wieder so einfach wie damals.

---

* Damals zur Zeit von Ronald Reagan
als wir Satelliten ins All schossen
als Jungs schmale Lederschlipse trugen
wie Don Johnson in Miami Vice

Als Eminem (M&M) nur ein Snack war
als Michael Jacksons Haut noch schwarz war
als das Coolste überhaupt
ein Commodore 64 war

Die Sowjets hatten mit ihren Panzern Afghanistan besetzt, das wussten auch wir Kinder, aus der Tagesschau. Der Westen hatte so viel Mitleid mit den unterdrückten muslimischen Traditionalisten im Land, dass er sie nach und nach mit Geld und Unterstützung zu der schlagkräftigen Terrorgruppe machte, die im dritten Jahrtausend den Ersatz für die Bedrohung aus dem kommunistischen Block abgeben würde. Das wussten wir natürlich noch nicht, nicht einmal die Erwachsenen begriffen das. Ein weltumspannender Konflikt auf einmal reicht ja auch.

Es waren genügend Atomsprengköpfe vorhanden dies- und jenseits des Atlantiks, um den ganzen Planeten in eine verseuchte Wüste zu verwandeln, durchwandert von vom Krebs zerfressenen lebenden Toten, den letzten Resten der Menschheit. Das wussten wir aus »The Day After«.

Dass diese Arsenale jederzeit abgefeuert werden könnten, von einem durchgedrehten Zentralcomputer etwa, das wussten wir aus »War Games«.

Und wenn uns der atomare Holocaust erspart bleiben sollte, steuerten wir in jedem Fall auf eine Zukunft zu, in der die Flüsse vergiftet, die Wälder tot, die Luft verpestet und die Meere mit einem Ölteppich bedeckt sein würden. Das wussten wir von den Grünen.

Die frühen Achtziger waren eine Zeit, in der die Apokalypse eine permanente, reale Möglichkeit war. Gleichzeitig und paradoxerweise herrschte damals die unbedingte Überzeugung, wenigstens in den Kinderzimmern der westdeutschen Mittelschicht, dass der Fortschritt nicht aufzuhalten sein würde. Dass auch wir eines Tages all das Spielzeug aus den James-Bond-Filmen würden benutzen können (abgesehen von Maschinengewehren unter der Stoßstange vielleicht), dass es irgendwann, vermutlich in unserer Lebenszeit, fliegende Autos geben würde, Laserpistolen, Raumschiffe, die fernste Planeten ansteuern. Und, auch wenn dieser Gedanke so niemals ausformuliert wurde:

dass Computer unser aller Leben verändern würden. Und sei es nur, indem sie uns einen ständigen, kostenlosen Strom immer besserer, immer ausgefeilterer Spiele bescherten. Von all den Versprechungen, die uns über die Zukunft immerfort gemacht wurden, waren Computer die einzigen, die es tatsächlich in unsere Kinderzimmer schafften.

Sie schufen Möglichkeiten, die es bislang nicht gegeben hatte – einschließlich derer, mit rudimentären Programmierkenntnissen, die man am Heimcomputer erworben hatte, beinahe einen Atomkrieg auszulösen, wie Matthew Broderick das in »War Games« (1983) getan hatte – und die Welt dann selbstredend in letzter Minute zu retten.

Heimcomputer und ihre auch für Kinder unter 14 wahrnehmbare rapide Entwicklung waren die real vorhandenen, berühr- und benutzbaren Vorboten einer sich immer schneller nähernden, verheißungsvollen Zukunft. Oder, wie es Thomas und Zini aus der Vorabend-Pflichtprogrammserie »Spaß am Dienstag« ausgedrückt hätten: Sie waren ein Vorgucker. Ein Vorgeschmack auf eine Welt, in der all das möglich sein würde, was bis dahin nur in Science-Fiction-Filmen vorkam.

Die Geräte, die uns die Zukunft in die Kinderzimmer bringen sollten, sahen allerdings erst mal so gar nicht nach Science-Fiction aus: braun eingefärbte, geschrumpfte Schreibmaschinen, die an einen herkömmlichen Fernseher angeschlossen wurden und denen jeder Hauch von Futurismus vollständig abging. Von außen betrachtet. Denn futuristisch war, was sie konnten. Mehr als je ein Gerät aus der Sparte Unterhaltungselektronik zuvor nämlich. Musik machen, Bilder zeigen (auch solche pornografischer Natur, wie wir irgendwann lernten), eine Verbindung zur Welt herstellen, bei den Hausaufgaben helfen (was wir gern den Eltern gegenüber hervorhoben, wovon wir jedoch eher selten Gebrauch machten) und vor allem eines: Spiele bereitstellen. Immer wieder neue, immer bessere, komplexere, grafisch aufwändigere, spannende, herausfordernde, clevere, brutale, elegante, Gemeinschaft bildende Spiele. Und zwar in der Regel kostenlos.

Die Vorstellung, dass ein einzelnes Gerät scheinbar unendliche Möglichkeiten eröffnet, hat das Bewusstsein dieser Generation geprägt – auch wenn das vielen ihrer Mitglieder kaum klar sein dürfte. Der Commodore 64, der erfolgreichste Computer aller Zeiten, der sich allein in Deutschland drei Millionen Mal verkaufte, weltweit vermutlich zehnmal so oft, leitete in den Köpfen von Kindern und Jugendlichen eine Veränderung ein, die bis heute nachwirkt – und diese Generation von allen vorangegangenen unterscheidet.

Der C64 und das um ihn herum wuchernde Ökosystem installierten in unseren Köpfen ein Gefühl von nahezu unbegrenzter Machbarkeit, der Kalte Krieg, die drohende Umweltkatastrophe eines von nahezu absoluter Ohnmacht. Vieles von dem, was den heute 30- bis 40-Jährigen von den Älteren vorgeworfen wird – politische Apathie, ein Mangel an gesellschaftspolitischen Visionen, eine laxe Einstellung zum Urheberrecht und nicht zuletzt die Bereitschaft, sich technologischen Wandel ohne Rücksicht auf Geschäftsmodelle, gesellschaftliche Konventionen oder rechtliche Fragen zunutze zu machen – sind mittelbare oder unmittelbare Folgen dieser paradoxen Kombination aus Ohnmacht und grenzenlosen Möglichkeiten.

Die Generation C64 ist die erste, die nicht mit einem oder zwei fundamentalen technologischen Fortschritten zurechtkommen musste. Sie lebt seit ihrer Kindheit in einer Welt, zu der permanenter, sich unentwegt beschleunigender technischer Wandel in einem nie gekannten Ausmaß gehört. Diese Generation erlebte schon in jungen Jahren nicht nur die Einführung des Farbfernsehens, des Videorekorders, der CD und des Computers, sondern auch den Siegeszug des Handys und den des Internets. Noch nie in der Geschichte der Menschheit haben sich in so schneller Abfolge so viele so tief greifende

technische Veränderungen ereignet, die unmittelbar den Alltag jedes Einzelnen betreffen. Nicht alle können dieses Tempo
mitgehen.

Unsere digitale Gegenwart begann 1982, als der Commodore 64 seinen Weg in deutsche Kinderzimmer antrat. Die
meisten Deutschen unter vierzig leben in ihr. Die meisten
derer, die hierzulande bis heute politische oder ökonomische
Entscheidungen treffen, gesellschaftliche Diskurse dominie-
ren, sind in dieser Gegenwart bis heute Zaungäste. Es geht eine
Kluft durch dieses Land – und wenn es uns nicht gelingt, sie zu
schließen oder wenigstens zu überbrücken, wird das nicht nur
für das gesellschaftliche Zusammenleben, sondern auch für
unsere ökonomische Zukunft gefährliche Folgen haben. Dieses
Buch handelt von dieser ersten Generation, die in einer digital geprägten Welt aufwuchs, meiner Generation, von denen,
die danach kamen – und von ihrem bis heute schwierigem
Verhältnis zu denen, die in einer anderen, einer vergangenen
Epoche erwachsen geworden sind.

Kalter Kinderzimmerkrieg

Natürlich lebte man als Kind in der ersten Hälfte der Ach-
ziger trotz drohender nuklearer und ökologischer Apokalypse
nicht in ständiger Angst. Schon allein deshalb, weil das gar
nicht durchzustehen gewesen wäre. Und weil unsere Eltern, in
Zusammenarbeit mit Unterhaltungs- und Spielzeugindustrie
viel unternahmen, um die bedrohliche Realität ein bisschen
zu relativieren. Aber die Vorstellung, »Wetten, dass ..?«, »Star
Trek«, Playmobil und Carrera-Rennbahnen hätten all das so
weit aus unserem Bewusstsein verdrängt, dass es keine Rolle
spielte, ist absurd. Und leicht zu widerlegen.

Als ich meine Eltern Anfang 1980, mit sieben oder acht
Jahren, fragte, was das Wort »Boykott« bedeute, das damals
ständig in den Nachrichten vorkam, erklärten sie mir, dass das

große Russland das kleine, wehrlose Afghanistan einfach so besetzt habe und dass nun darüber gestritten werde, ob man an den Olympischen Sommerspielen in Russlands Hauptstadt Moskau teilnehmen oder aus Protest fernbleiben solle. Das verstand ich sofort. Zum ersten Mal in meinem Leben hatte ich das intensive Gefühl, politisch aktiv werden zu müssen.

Dass die Russen böse waren und uns irgendwie bedrohten, dass sie die Leute in ihrem Land einsperrten und eine Mauer durch Deutschland gebaut hatten, das hatte man uns schon erklärt. Aber dass ein so großes Land ein kleines einfach überfiel, war viel leichter zu verstehen und zu verdammen. Als habe ein Schulhofschläger, den man schon die ganze Zeit argwöhnisch beobachtet hatte, einen kleinen Brillenträger, wie man selbst einer war, attackiert. Zur Geburtstagsfeier von so einem wäre man nicht hingegangen, auch wenn man eingeladen worden wäre.

Es scheint mir ein enormes Anliegen gewesen zu sein, meinem Abscheu über den Einmarsch in Afghanistan öffentlich Ausdruck zu verleihen. Ich nahm die Papprückseite eines karierten Schulblocks, malte darauf mit Buntstiften einen Soldaten mit grüner Uniform und rotem Hammer-und-Sichel-Signet auf dem Helm und strich den Soldaten mit rotem Buntstift durch. Dann versah ich den Pappdeckel mit einem Slogan und stellte ihn, nach außen zeigend, zwischen den inneren und äußeren Flügel unseres Kinderzimmerfensters. Jeder, der auf dem Bürgersteig vor unserer Hochparterrewohnung vorbeiging, konnte nun lesen: »Russen nein – Boykott ja!«

Der Kalte Krieg besaß eine ständige, unterschwellige Präsenz in dieser Zeit. Er war aber für uns Mittelschichtkinder stets eingebettet in ein familiäres Gefühl der Sicherheit. Abends, auf dem Sofa im Wohnzimmer, wenn der Kalte Krieg wieder einmal die für uns so langweiligen Nachrichten dominierte, saß Papa vor dem Grundig-Fernseher in Holzimitatoptik, aß belegte Brote und trank Bier. Meistens erschien der Ost-West-Konflikt ohnehin in Form von Unterhaltung. Er spielte eine Rolle in Filmen mit John Wayne oder James Bond, die am Samstagabend nach 23.00 Uhr im Fernsehen liefen und die wir manchmal mit ansehen durften. Er hatte Gastauftritte in den Vorabendfernsehserien, die wir auf keinen Fall verpassten: »Ein Colt für alle Fälle« oder »Trio mit vier Fäusten«. Und er wurde gespielt.

Die Kinder, die zu dieser Zeit noch Spielzeugpanzer und Plastiksoldaten besitzen durften, die mit den weniger politisch korrekten Eltern, ließen im Sandkasten, am Strand und am Bach natürlich gute Amerikaner gegen böse Russen antreten. Die Helden in den Filmen, die wir nicht sehen durften, kämpften auch immer gegen die Kommunisten. Rambo zum Beispiel oder Chuck Norris. Männer, die auf den Filmplakaten riesige Waffen in den Händen hielten, die wir auch unbedingt haben wollten.

Am intensivsten aber wurde der Kalte Krieg in den Kinderzimmern jener Tage am Computer nachgespielt. Der Commodore 64 war neben vielen anderen Dingen eines der erfolgreichsten Propagandavehikel seiner Zeit.

Die Elf-, Zwölf-, Dreizehnjährigen, die mit ihm spielten, besorgten sich ihre Propagandamittel sogar selbst, in der Regel auf illegalem Weg. Auch, aber nicht nur, weil viele der plumpsten, brutalsten und deshalb beliebtesten antirussischen Spiele in Deutschland auf dem Index standen: »Raid over Moscow«, »Beach Head«, »Green Beret«. Wir hatten sie alle. Jeder von uns. Der Jugendschutz stand damals vor einem ähnlichen Dilemma wie heute: Wie soll man in einer Umgebung, in der Spiele ohnehin vor allem auf illegalem Weg verbreitet werden, für die Durchsetzung von Altersfreigaben sorgen? Der C64 und die Raubkopie gingen sehr früh eine unheilige Symbiose miteinander ein, die sich allerdings letztlich als immens fruchtbar erweisen sollte. Zum ersten Mal in der Geschichte

wurde die verlustfreie, kinderleicht anzufertigende Digitalkopie zum Motor einer neuen Entwicklung und gleichzeitig
zur fundamentalen Bedrohung für eine ganze Branche. Ganz
ohne Internet.

Im Kleinraumbüro

Ich bekam meinen Commodore 64, kurz C64, zu meinem elf-
ten Geburtstag, am 1. Februar 1984. Er erhielt einen Ehren-
platz in der Ecke zwischen einem von oben bis unten mit
Werbeaufklebern verzierten Buchenkleiderschrank und der
Gasheizung auf unserem alten Kinderzimmertisch mit seiner
zerkratzten und bemalten Kiefernholzplatte. Meine Computer-
ecke sah aus wie eine knallbunte Kinderzimmerversion eines
jener Cubicles, in denen moderne Großraumbüroarbeiter ihre
Arbeitstage verbringen. Über dem Fernseher hing ein selbst
gemaltes Bild vom Räuber Hotzenplotz mit sieben Messern
und einer Pistole im Gürtel.

Den Fernseher, das wichtigste Zubehör für meine neue
Errungenschaft, hatten meine beiden Schwestern und ich
gemeinsam zu Weihnachten bekommen. Ohne den Fernseher ging es nicht. Der C64 wurde mit einem normalen TV-
Antennenkabel daran angeschlossen. Einen speziellen Com-
putermonitor brauchte man nicht, was ein echter Vorteil war:
TV-Geräte waren in den frühen Achtzigern in der Regel Farb-
fernseher, während Computermonitore weiße, orangefarbene
oder grüne Schrift auf schwarzem Untergrund boten. Gut zum
Arbeiten, gar nicht gut zum Spielen. Zumal der C64 stolze
16 Farben darstellen konnte.

Vermutlich war der dringliche Wunsch nach einem eigenen Fernseher an den langen Sonntagnachmittagen entstanden, wenn im ZDF Kinderserien liefen, unser Vater aber das
in unseren Augen langweiligste und quälendste Fernsehpro-
gramm von allen sehen wollte: seltsame Autos mit nur einem

Sitzplatz, die mit monotonem Heulen stundenlang im Kreis herumfuhren. Nach konzertiertem Quengeln wurde unser Wunsch irgendwann erfüllt, wir bekamen ein kleines Gerät mit acht Programmwahltasten im silbergrauen Gehäuse.

Ich kann mich aus meiner Kindheit nur noch an drei Dinge erinnern, die ich außer dem Fernseher unbedingt besitzen wollte: ein ferngesteuertes Auto, ein BMX-Rad und einen Commodore 64. Das Einzige, was ich mir im Rückblick nicht mehr richtig erklären kann, ist der Wunsch nach dem Computer. Wie gerade dieses Gerät die Sehnsucht einer ganzen Generation von Jungs – seltener Mädchen – beflügelte, ist ein Rätsel, das mancher Vermarkter bestimmt noch heute gern lösen möchte. Die Sehnsucht all jener Jungs in der westlichen Welt (ein paar 64er schafften es in den Achtzigern auch in den Ostblock, aber nicht sehr viele) machte den C64 jedenfalls zum bis heute meistverkauften Computer der Geschichte. Rein rechnerisch stand im Jahr 1994, dem letzten, in dem der C64 noch hergestellt wurde, in mehr als jedem zehnten deutschen Haushalt einer. De facto dürfte die Dichte in Westdeutschland ungleich höher, in den damals tatsächlich noch neuen Bundesländern im Osten dafür ungleich niedriger gewesen sein – obwohl Ramschverkäufe bei Aldi und anderen Discountern Anfang der Neunziger sicherstellten, dass auch die Kinder der ehemaligen DDR noch einen C64 bekommen konnten, wenn sie wollten. Karstadt verkaufte eine »Terminater 2 Edition«, samt Joystick, Laufwerk, Spiel zum Film und Bild von Arnold Schwarzenegger auf dem Karton für 600 D-Mark. Und die »Action Box« von Quelle warb mehr oder minder explizit mit den Möglichkeiten, sich durch Raubkopien schnell eine Spielesammlung zuzulegen. Neben dem Laufwerk und ein paar Spielen lagen ihr zehn Leerdisketten bei – und ein abschließbarer Diskettenkasten mit Platz für hundert Stück.

Der C64 war ein hässliches bräunliches Gerät mit noch braueren Tasten, von manchen halb zärtlich, halb spöttisch

»Brotkasten« genannt. Beim Einschalten begrüßte es einen mit einem in zwei unterschiedlichen Blautönen gehaltenen Bildschirm – hellblau der Rahmen, dunkelblau das Bearbeitungsfeld – und der Überschrift **** Commodore 64 BASIC V2 **** 64 K RAM SYSTEM 38911 BASIC BYTES FREE. Darunter folgte ein erwartungsvoll oder, je nach Betrachtungsweise, stoisch und indifferent blinkender Cursor. Dazwischen die Verheißung »READY«. Der Startbildschirm des 64ers war eine Tabula rasa, ein leeres Spielfeld, das befüllt, beackert, bezwungen werden wollte.

Ich kann mich nicht erinnern, dass einer meiner Freunde zu dieser Zeit schon einen Computer besessen hätte. Selbst die Schmitts, ein Brüderpaar, das immer alles hatte, was wir anderen unbedingt haben wollten – Bonanza-Räder, Silvesterknaller mitten im Jahr, einen Hobbyraum mit Tischtennisplatte –, besaßen keinen C64. Das Gerät kostete bei seiner Markteinführung in Deutschland fast 1500 D-Mark, das Diskettenlaufwerk VC 1541, schlicht »Floppy« genannt, weil es mit biegsamen Disketten, Floppy Discs, gefüttert wurde, noch einmal 850 D-Mark. Das war weit jenseits der Budgets für ein übliches Weihnachts- oder Geburtstagsgeschenk. Die Preise fielen jedoch rapide. Es gehörte in der Schule zum guten Ton zu wissen, was der »64er« aktuell kostete.

Der Rechner besaß eine so große Anziehungskraft, dass Kinder und Jugendliche in Kaufhäuser und Elektronikfachgeschäfte pilgerten, um dort damit zu spielen. Gegenüber dem Zuhause der Schmitt-Brüder zum Beispiel gab es einen Elektromarkt, in dem auch ein 64er samt Floppy stand, der an einen Fernseher angeschlossen war. Die beiden Brüder hatten sich eigens einen Joystick zugelegt und machten sich mit Disketten voller raubkopierter Spiele regelmäßig auf den Weg über die Straße, um in dem wochentags meist schlecht besuchten Laden stundenlang zu spielen, vom Verkaufspersonal unbehelligt.

Ich erinnere mich an Nachmittage auf dem Teppichboden des Ladens, umgeben von Röhrenfernsehern, Kühlschränken und Waschmaschinen, in ungeduldiger Erwartung des Zeitpunkts, da ich auch einmal den Joystick in die Hand nehmen und eine Runde spielen durfte.

Unsere Ausflüge in den Elektromarkt waren nichts Außergewöhnliches. Ein Bekannter, der heute in leitender Position für einen deutschen Zeitschriftenverlag arbeitet, erinnert sich, zahllose Nachmittage im örtlichen Quelle-Kaufhaus verbracht zu haben, um dort, unter den Augen des Personals, Raubkopien zu machen, eine nach der anderen. Weil die Kinder, die sich damals an den Geräten zu schaffen machten, längst viel versierter waren als jeder Fachverkäufer, war es für sie kein Problem, von einer mitgebrachten Diskette ein Kopierprogramm in den Speicher des Rechners zu laden und dann vom Kopierschutz befreite, »gecrackte« Spielversionen von einer Diskette auf die andere zu kopieren. Dazu mussten Vorlage und Leerdiskette immer wieder abwechselnd ins Laufwerk geschoben werden, außerdem ratterte und brummte die 1541 deutlich hörbar. Die Verkäufer begriffen aber entweder nicht, was da vor sich ging – oder es war ihnen egal.

Ersteres ist wahrscheinlicher, denn die illegale Subkultur der Cracker und Kopierer, die sich innerhalb kürzester Zeit im Umfeld des C64 entwickelte, fand fast vollständig unter Ausschluss einer erwachsenen Öffentlichkeit statt. Weder Eltern noch Verkäufer konnten sich wirklich vorstellen, was diese elf- oder dreizehnjährigen Jungs da tatsächlich anstellten – und dass sie dabei manchmal an einem einzigen Nachmittag Spiele im Verkaufswert von mehreren 100 D-Mark kopierten.

Als ich endlich meinen eigenen 64er hatte – der Preis war zu diesem Zeitpunkt schon drastisch gefallen –, war es selbstverständlich vorbei mit den Pilgerzügen in den Elektromarkt. Die Ecke zwischen Schrank und Heizung wurde zu meinem neuen Lieblingsplatz, zu einem Ort, an dem ich ständig Gäste empfing und endlose Nachmittage verbrachte. Wer einen 64er zu Hause hatte, konnte sicher sein, regelmäßig Besuch zu bekommen.

Ich hatte meinen Eltern offenbar davon überzeugen können, dass ein eigener Computer immens wichtig für meine weitere Entwicklung sein würde. Eine Argumentation, die bis heute verfängt: In Deutschland ist der PC vermutlich nicht zuletzt deshalb eine so beliebte Spieleplattform, weil man Mama und Papa glaubhaft versichern kann, dass man einen Computer für die Hausaufgaben benötigt. Bei einer Spielkonsole zieht dieses Argument nicht – ein Atari-Telespiel hätten mir meine Eltern damals nicht geschenkt.

Bei Commodore setzte man diese Argumentationslinie explizit als Teil des Marketings ein. Der Ingenieur Bob Yannes, der für den C64 den bis heute legendären Musikchip SID entwickelte, erinnert sich:»Ein Teil des Marketingprogramms von Commodore war, ›wollen Sie Ihrem Kind wirklich ein Computerspiel kaufen, das sein Hirn verkümmern lassen wird, oder einen Computer, mit dem man eben auch Videospiele spielen kann?‹ Das war eine erfolgreiche Kampagne.«

Ich hatte meine Eltern offensichtlich auch davon überzeugt, dass dieser Computer nur dann wirklich sinnvoll eingesetzt werden konnte, wenn man dazu ein Diskettenlaufwerk besaß. Damit hatte ich mich gewissermaßen aus dem Stand in die Oberliga der 64er-Besitzer katapultiert. Tatsächlich wäre der Rechner ohne irgendeine Art von externem Speicher so gut wie nutzlos gewesen: Der Arbeitsspeicher leerte sich zwangsläufig vollständig, wenn man den Rechner ausschaltete. Programmieren oder irgendeine andere sinnvolle Beschäftigung wäre ohne zusätzliche Speichermöglichkeit eine immer wieder neu zu beginnende Sisyphus-Arbeit gewesen. Das leuchtete auch meinen Eltern ein.

Die Alternative zur Floppy 1541 wäre eine sogenannte Datasette gewesen, im Prinzip nichts anderes als ein herkömmlicher Kassettenrekorder, der auf normale Audiokassetten Daten statt Töne aufzeichnen konnte. Die Datasette zeichnete sich einerseits dadurch aus, dass sie deutlich billiger war als das Diskettenlaufwerk, und andererseits dadurch, dass sie mit majestätischer Langsamkeit arbeitete. Hatte man die entsprechenden Befehle eingegeben, um ein Programm in den 64 Kilobyte kleinen Arbeitsspeicher des C64 zu laden, erschien auf dem Bildschirm die Anweisung »press play on tape« – Deutsch konnte der Commodore 64 nicht. Heute kann man T-Shirts, Umhängetaschen und Jacken mit dieser Aufschrift kaufen, und es gibt eine dänische Rockband, die »Press Play On Tape« heißt. Sie spielt ausschließlich Soundtrack-Stücke aus Spielen für den C64 nach. Die musikalischen Qualitäten des Rechners sicherten ihm eine weltweite, bis heute höchst aktive Fangemeinde.

Nachdem man die Play-Taste gedrückt hatte, konnte man sich eine Fanta aus dem Kühlschrank holen, ein bisschen plaudern oder sich sonst irgendwie die Zeit vertreiben, denn das Laden eines Spiels konnte viele Minuten dauern, obwohl der 64-Kilobyte-Arbeisspeicher gerade einmal dieselbe Datenmenge fassen konnte, die heute ein kurzes Dokument aus einem Standard-Textverarbeitungsprogramm in Anspruch nimmt.

Mit der Floppy 1541 ging das Laden deutlich flotter vonstatten – zumal es nach einer Weile sogenannte Schnellladeprogramme gab, die den Vorgang erheblich verkürzten. Ein gut organisierter C64-Besitzer hielt auf jeder Diskette mit raubkopierten Spielen einen Schnelllader vor. Der wurde dann in den Speicher gepackt, bevor man das eigentliche Spiel aufrief.

Die Datasette hatte einen Vorteil, den die 1541 nicht bieten konnte. Weil die Daten auf den Magnetbändern nichts anderes waren als Klänge, konnte man sich Software anhören – was allerdings kein großes Vergnügen war. In Töne gegossene Software klingt in etwa so wie Modems in den neunziger Jahren: eine Kombination aus Fiepen, Rauschen und Rattern, wie eine Mischung aus zu schnell gespielter Zwölftonmusik und Schrottpresse. Umgekehrt war es jedoch auch möglich, ein leeres Band mit Tönen zu bespielen, die der Computer dann wiederum als Software erkannte. So kam es, dass das deutsche Fernsehen einige Jahre lang Computerprogramme ausstrahlte: Im legendären WDR Computerclub gab es am Ende der Sendung Bilder vom sich leerenden Studio und dazu Fiep- und Pfeifgeräusche zum Mitschneiden – in jeder Sendung wurde die akustische Version simpler Programme ausgestrahlt, die man zu Hause, Mikrofon am Fernsehlautsprecher, aufzeichnen konnte, um damit dann den eigenen Computer zu füttern.

Diese Möglichkeit, an Programme zu kommen, die auch heute noch wie Science-Fiction anmutet, ging damals völlig an mir vorbei. Den WDR Computerclub habe ich nie gesehen (bis auf ein paar Ausschnitte, die man sich heute bei YouTube ansehen kann). Ich lebte in Nordbayern, und da gab es in den Achtzigern nur das dritte Programm des Bayerischen Fernsehens.

Dafür hatte ich von Anfang an das Werkzeug zur Verfügung, das den C64 bis zum Ende seiner Produktkarriere im Jahr 1994 begleiten sollte. Ein Diskettenlaufwerk mit eigenem, eingebautem Computer. Ein mächtiges Werkzeug, das eine Subkultur hervorbrachte, deren Ausläufer bis heute spürbar sind: Die Raubkopiererszene der achtziger Jahre ist einerseits die Blaupause für all das, was heute nicht nur der Spiele-, sondern in viel größerem Maß der Musik- und Filmbranche Kopfzerbrechen und schmerzliche Einbußen bereitet. Mit der 1541 und dem C64 zog die verlustfreie Digitalkopie in deutsche Kinderzimmer ein, das Gefühl, mit geringem Aufwand umsonst an modernste, aktuellste Produkte einer internationalen Hightechbranche herankommen zu können.

Andererseits bildeten die Cracker und Kopierer auch die Keimzelle einer bis heute einflussreichen und immer noch höchst aktiven Computerkunstbewegung: die sogenannte Demoscene, die in winzigen Dateien riesige computeranimierte Kunstwerke versteckt, deren Programmier- und Gestaltungskünste bis heute auch internationalen Branchengrößen uneingeschränkte Bewunderung abringen.

Kapitel 2
Kopierer und Künstler

Am 10. Januar 1984 verkündete Commodore bei der Consumer Electronics Show in Las Vegas Rekordergebnisse. Das Unternehmen hatte im Vorjahr drei Millionen Computer verkauft und über eine Milliarde Dollar umgesetzt. Der Marktanteil des C64 allein war fast dreimal so groß wie der des Apple II. Drei Tage später gab es im Konzernvorstand Krach. Noch vor dem Ende der Sitzung verließ Jack Tramiel, Gründer, Chefcholeriker und Gallionsfigur des Unternehmens, den Raum und kehrte nie zurück. Der Vater des erfolgreichsten Heimcomputers aller Zeiten wurde aus seinem eigenen Unternehmen geworfen. Zwölf Jahre später lief in den USA die große TV-Dokumentation »Triumph of the Nerds« über die Geschichte der PC-Industrie. Darin werden die Apple-Gründer Steve Jobs und Steve Wozniak als Erfinder und Gründer der gesamten Branche dargestellt. Commodore und Tramiel werden nicht einmal erwähnt.

Das erste Spiel, das mir mein C64 bescherte, war »Frogger«. Es war auf einer dem Floppy-Laufwerk zur Demonstration beiligenden Diskette zu finden. Es verlangte, einen aus grünen Pixelklötzchen zusammengesetzten Frosch zuerst einen Fluss und dann eine stark befahrene Straße überqueren zu lassen, ohne dass er versank oder platt gewalzt wurde. Das machte zwar eine Zeitlang Spaß – dann aber musste Nachschub her. Meine Eltern um Spiele für den eben erst für vergleichsweise viel Geld angeschafften Computer zu bitten, wäre keine gute Idee gewesen. Mir war jedoch ohnehin klar, dass es andere, effektivere Wege gab, sich neue Software zu beschaffen. Ich war im Begriff, auf die Produkte einer neuen, internationalen

Szene zuzugreifen, die unfassbar produktiv und einfallsreich war, sich im Hinblick auf Urheberrechte völlig rücksichtslos verhielt und zum überwiegenden Teil aus Teenagern bestand.

Die Idee des Kopierschutzes war zu diesem Zeitpunkt noch sehr jung. Sie entstand erst in den späten siebziger Jahren, als die Beschäftigung mit Rechnern von einer Aktivität für Ingenieure und Wissenschaftler nach und nach zu einem Hobby für einen größeren Kreis wurde. Die frühen Computerenthusiasten, die in den USA damals meist »Hobbyisten«, seltener auch schon »Hacker« genannt wurden, fanden den Gedanken zunächst vollkommen abwegig, dass jemand für Software überhaupt Geld verlangen könnte. Dafür gab es auch keine Tradition: Die Großrechner der Sechziger und Siebziger wurden von den Herstellern wie DEC und IBM mit Software bestückt und gewartet, bezahlt wurde allein für die Hardware.

Weil sie das Programmieren als eine sportliche Herausforderung betrachteten, tauschten die ersten Hacker, die Programme für Großrechner in Universitäten und dann für die allerersten Heimcomputer wie den Altair 8800, den ersten Apple-Computer oder Commodores PET schrieben, ihre Werke gern und bereitwillig untereinander aus. Es ging schließlich um das Lösen von Problemen und darum, andere an den eigenen Leistungen teilhaben zu lassen und Anerkennung zu erlangen. Diese Haltung existiert bis heute, sie ist die Grundlage der Open-Source-Szene, der die Menschheit Entwicklungen wie das freie Betriebssystem Linux, den kostenlosen Webbrowser Firefox und eine Vielzahl anderer Software-Entwicklungen verdankt. Im weiteren Sinne liegt das Credo der Open-Source-Gemeinde auch dem vielleicht Eindrucksvollsten zugrunde, was das Internet bis heute hervorgebracht hat: der Online-Enzyklopädie Wikipedia.

Im Februar 1976 stellte ein gewisser William Henry Gates III. den freien Austausch der Programmierideen erstmals vehement infrage. Gemeinsam mit Paul Allen hatte der junge Bill

Gates ein Unternehmen gegründet und es Micro-Soft (sic) genannt. Eines der ersten Produkte der Zweimannfirma war eine Weiterentwicklung der Programmiersprache BASIC für den Baukastenrechner Altair 8800, den ersten kommerziell erhältlichen Heimcomputer überhaupt. Die beiden wollten an ihrer Schöpfung Geld verdienen, mussten aber feststellen, dass das deutlich schwieriger war, als sie angenommen hatten. Und das, obwohl das Gates-BASIC durchaus eine Menge Anwender fand: Die Software wurde von den »Hobbyisten« jener Tage, die vielfach Kinder der Hippiebewegung waren, schlicht kopiert statt gekauft. Ironischerweise trugen Gates und Allen mit ihrer Basic-Version auch zum späteren Siegeszug der Firma Commodore bei: In den späten Siebzigern erwarb der als in geschäftlichen Dingen gnadenlos berüchtigte Commodore-Chef Jack Tramiel von den beiden eine Dauerlizenz zur Nutzung der Programmiersprache in den Computern seines Hauses – dem Sachbuchautor Brian Bagnall zufolge für eine einmalige Zahlung von 10 000 Dollar. Bis weit in die achtziger Jahre hinein belastete dieser Spottpreis für eine Software, die schließlich in Dutzenden Millionen Computern zum Einsatz kam, die Beziehungen zwischen Commodore und Microsoft nachhaltig.

In besagtem Jahr 1976 also schrieb Gates einen heute legendären offenen Brief an die Zeitschrift »Computer Notes« und den »Homebrew Computer Club«, die damals wichtigste und größte Vereinigung von Rechnerenthusiasten in den USA. Mit der Laissez-faire-Einstellung der frühen Hacker ging Gates darin hart ins Gericht: Wer sich kostenlose Kopien verschaffe, »verhindert, dass gute Software geschrieben wird«, schrieb Gates. »Um es klar zu sagen, was ihr tut, ist Diebstahl.«

Der Ausbruch des Jungunternehmers, der später mit dem Verkauf von Software dann doch noch zum reichsten Mann der Welt werden sollte, markiert den Beginn einer Auseinandersetzung, die bis in die Gegenwart hinein andauert. Die gleiche Debatte wird heute aber nicht nur über Programme geführt, sondern über jede denkbare Art von Inhalt. Weil auch Filme, Musik, Fernsehserien, Hörspiele und Bücher heute in digitaler Form vorliegen, lassen sie sich ebenso einfach und perfekt kopieren wie Software schon damals. Gates' zentrales Argument – wenn niemand bezahlt, können die Schöpfer nicht überleben – wird heute auch von Musikern und der Filmindustrie ins Feld geführt. Nicht immer mit Erfolg.

In den frühen achtziger Jahren war Kopierschutz noch ein Thema, das sich auf sehr teure Programme etwa für den Einsatz in Unternehmen beschränkte. Die ersten Computerspiele waren frei kopierbar. »Wenn jemand ein Spiel auf Floppy Disc oder Kassette gekauft hatte, kopierte er es für seine Freunde wie eine normale Audiokassette«, heißt es in »Freax«, einem Buch über die Geschichte dieser Szene. Mit einem entscheidenden Unterschied: Die Kopien für den Computer waren digital, und damit im Idealfall verlustfrei, perfekt.

Schnell begann die Branche, Mechanismen zu entwickeln, die das verhindern sollten. Der Begriff Cracker (von »to crack«, knacken) entstand zu Beginn der Achtziger, um jemanden zu bezeichnen, der so gut mit Computern umgehen konnte, dass er auch Software kopieren konnte, die nicht zum Kopieren freigegeben war.

Es begann ein dauerhafter Kleinkrieg zwischen Crackern und den Kopierschutzentwicklern der Software-Branche. Die Fachzeitschrift »64'er« sprach in einem Artikel im September 1986 von einem »ewigen Wettlauf«: »Sie laufen schon um die Wette, seit es Heimcomputer gibt, und werden wohl auch bis in alle Zeiten weiterlaufen: die Kopierer und die Kopierschützer.« Die einen entwickelten immer komplexere Schutzmechanismen, die anderen wurden immer besser darin, diese zu umgehen. Im Rückblick ist der 64'er-Artikel prophetisch: Tatsächlich dauert der Wettlauf zwischen den Kopierschützern und den Kopierschutzbrechern bis heute an – nur hat sich die Rennbahn enorm vergrößert. Auch DVDs, CDs, Musikdateien und digitale Bücher sind nun meist mit einem aufwändigen Kopierschutz versehen. Sogar Fernsehsendungen werden inzwischen zum Teil verschlüsselt ausgestrahlt, so dass sie sich nicht digital aufzeichnen lassen. Aber auch das gilt noch: Jeder Kopierschutzmechanismus wird irgendwann geknackt.

Die Spielebranche hatte den »ewigen Wettlauf« bereits damals verloren – auch wenn die Geschichte mancher Branchenriesen von heute in jener Zeit ihren Anfang nahm, all die Raubkopien also durchaus nicht jedes Unternehmen zum Untergang verurteilten, das Computerspiele herstellte. Electronic Arts (EA), heute zweitgrößter Spielehersteller der Welt mit einem Jahresumsatz von knapp 3,2 Milliarden Euro im Jahr 2008, stellte auch schon Spiele für den Commodore 64 her, ebenso wie Activision, heute der Gigant der Branche, das größte Videospiel-Unternehmen der Welt (Konzernumsatz 2008: rund 2,2 Milliarden Euro), zu dessen Produkt-Portfolio etwa das mit 12 Millionen zahlenden Abonnenten weltgrößte Online-Rollenspiel »World of Warcraft« gehört. Yves Guillemot, mit seinem Unternehmen Ubisoft (Jahresumsatz 2008: gut 1 Milliarde Euro) selbst seit den Achtzigern in der Branche aktiv und heute auf Platz drei der größten Spielehersteller hinter Activision und EA, sagte mir in einem Interview im Jahr 2010: »Es ist ein ständiger Kampf, und es hat Zeiten gegeben, in denen wir nicht so gut waren wie die Leute, die unsere Spiele raubkopieren, und andere Zeiten, in denen wir besser waren. Es ist ein guter Kampf.«

Kopien anzufertigen und dabei keinen Gedanken an mögliche Urheberrechtsverletzungen zu veschwenden war in meiner Kindheit nicht ungewöhnlich. Alle kopierten schließlich Audiokassetten und übertrugen Vinyl-Schallplatten auf Band. In der Regel war das legal, weil das Urheberrecht ein Recht auf Privatkopie ausdrücklich vorsieht. Das von Hand beschriftete Tape war die kleinste Einheit der meisten Musiksammlungen in meinem Freundeskreis. Ich selbst besaß noch in den

Neunzigern Hunderte von Audiokassetten, die Freunde mir von Platten, später auch von CDs überspielt hatten. Das individuell zusammengestellte Mixtape wurde zum Ausdruck persönlicher Vorlieben, zur vermeintlich subtilen romantischen Botschaft und schließlich zum Klischee.

Das Überspielen war allerdings immer mit einem Qualitätsverlust verbunden, denn man hatte es mit analogen Medien zu tun. Außerdem war die Klangqualität einer Audiokassette von vornherein der einer Platte oder CD unterlegen. Die Bässe auf Band waren nie ganz so satt, der Stereosound nie ganz so glasklar wie der des Originals. Uns Teenager störte das nicht sonderlich, schließlich bekam man auf diese Weise komplette Alben zum Preis einer Leerkassette.

Die Musikbranche hatte das Überspielen auf Kassette schon in den Siebzigern als Bedrohung für ihre zu dieser Zeit astronomischen Gewinnspannen identifiziert. Der britische Branchenverband der Phonoindustrie rief 1980 daher eine Kampagne namens »Home Taping is Killing Music« (Heimaufnahmen töten die Musik) ins Leben. Das Logo der Kampagne war eine stilisierte Audiokassette mit zwei gekreuzten Knochen darunter, im Stil einer Piratenflagge, und dem Zusatz »and it's illegal« (und es ist illegal). Die britische Rechtslage war eine andere als die in der Bundesrepublik. Die Warnung wurde auf Plattenhüllen und Plakate gedruckt, hatte aber keinen merklichen Effekt. Der Slogan sorgte allenfalls für Heiterkeit, und noch immer kann man T-Shirts mit der Jolly-Roger-Kassette als ironisch-nostalgischem Motiv kaufen.

Leerkassetten waren in jedem Supermarkt und jeder Drogerie erhältlich so wie jetzt CD- und DVD-Rohlinge. Natürlich wusste man bei BASF, TDK, Maxell und Co., was mit all den Bändern geschah. Seit 1965 bereits bezahlten Hersteller, Händler und Importeure die sogenannte Geräte- und Leermedienabgabe, und ein Teil der Verkaufserlöse wurde an Verwertungsgesellschaften wie die GEMA weitergereicht. Heute werden diese Abgaben auch für DVD- und CD-Rohlinge erhoben, jeder Brenner, jeder Computer und jedes Kopiergerät wird damit belegt.

Wer jedoch eine Band wirklich liebte, der wollte das Original besitzen, wegen der Hülle, den »Liner Notes«, des Covers – und weil Originale einfach besser klangen.

Kopien von Computerdisketten dagegen waren, wenn nichts schiefging, immer so gut wie die Vorlage, manchmal sogar besser. Eine schadhafte Kopie lief in der Regel gar nicht oder verursachte im Spielverlauf Macken, die einem den Spaß an der Sache verdarben, die Software im schlimmsten Fall unbenutzbar machten. Ein gutes Kopierprogramm gehörte deshalb schnell zur Grundausstattung eines jeden C64-Besitzers. Die Heimcomputer der frühen Achtziger waren die ersten Geräte, die solche verlustfreien Digitalkopien für den Alltagsgebrauch ermöglichten. Der Sprung zum perfekten Duplikat war ein großer Schritt nach vorn für Jugendliche mit wenig Geld – und ein zum damaligen Zeitpunkt weitgehend unbeachtetes Menetekel für viele andere Branchen.

In den Chefetagen der Spiele-, der Musik- und Filmindustrie sitzen heutzutage viele Menschen, die wünschen, der Schritt von analog zu digital wäre nie vollzogen worden. Internettauschbörsen, selbst gebrannte CDs und kostenlose, aber illegale Film-Downloads richten, glaubt man den Zahlen der Branchenverbände, jährlich Milliardenschäden an – trotz der Geräte- und Leermedienabgabe.

Kopieren ist langweilig

Für mich als frischgebackenen Besitzer des C64 war die Frage nicht, ob es in Ordnung war, sich raubkopierte Spiele zu verschaffen, sondern nur, wo ich sie herbekam. Kopierte Spiele hatte ich schon häufig gesehen, ich kannte auch die rätselhaften Cracker-Vorspänne, in denen seltsame Spitznamen und

Abkürzungen über den Bildschirm scrollten. Woher die Kopien stammten, war mir nicht klar.

Als Erstes ging ich mit einem Zehnerpack Leerdisketten auf Tour durch meinen Freundeskreis. Irgendjemand kopierte mir ein Kopierprogramm, ein paar Spiele bekam ich von den wenigen Jungs in meinem Bekanntenkreis, die auch schon einen C64 ihr Eigen nannten. Mein Geburtsort Würzburg beherbergt eine Universität, eine Fachhochschule und die Regierung von Unterfranken mit allen zugehörigen Ämtern und Behörden, aber kaum Industrie. Würzburgs Schulen waren deshalb voll mit Akademikerkindern, Arzt-, Lehrer- und Juristensöhnen – ein idealer Heimcomputermarkt. Dennoch dauerte es einige Jahre, bis Rechner in Kinderzimmern wirklich verbreitet waren. Meine ersten und üppigsten Kopierfischzüge machte ich denn auch auf dem Land.

Mein Freund Jan lebte mit seinen Eltern auf einem Dorf, eine halbe Stunde Busfahrt von Würzburg entfernt. Dort wohnte auch ein Junge mit dem Spitznamen Easy, der ein paar Jahre älter war als wir Fünftklässler. Easy, der mein erster und ergiebigster Anschluss an ein weltumspannendes Netz von Computerspielern werden sollte, hat mich damals nachhaltig beeindruckt. Er wohnte im ausgebauten Dachstuhl des Hauses seiner Eltern, in einem großen Zimmer mit braunem Teppichboden, das man nur über eine steile Schiffstreppe erreichen konnte. Easy besaß nicht nur einen C64, eine Floppy 1541 und massenweise Disketten voller Spiele – er konnte auch im Zehnfingersystem blind tippen, weil er auf die Realschule ging und dort Schreibmaschinenkurse angeboten wurden. Das erste Mal, als Jan mich nach Schulschluss und einer endlos langen Busfahrt hinaus aufs Land zu Easy mitnahm, erlebte ich als Ehrfurcht gebietendes Ereignis. Da saß ein schlaksiger, eher schweigsamer Junge mit Stahlgestellbrille und Bauchansatz vor seinem 64er, seine Finger flogen über die Tastatur, und das Diskettenlaufwerk ratterte in einem fort. In den Zimmerecken unter der Dachschräge stapelte sich Exotisches, Faszinierendes: Actionfiguren, Plastikraumschiffe, Brettspiele, ein ferngesteuertes Auto, Science-Fiction- und Fantasy-Romane. An der Wand hing ein Poster, das einen muskelbepackten Donald Duck mit einer Bazooka im Anschlag zeigte, mit der Aufschrift »Rambo Duck«. Easy war schon ein Nerd, bevor das Wort in die deutsche Jugendsprache Eingang fand.

Trotz der Schätze in den Zimmerecken interessierte ich mich fast nur für den braunen Rechner auf der vollgemüllten Spanplatte auf zwei Sägeböcken, die Easy als Schreibtisch diente. Und für die mächtige Diskettenbox, die danebenstand. Wir verbrachten einen langen Nachmittag damit, Spiele ins Laufwerk zu schieben, kurz auszuprobieren und sie danach auf die Liste der zu kopierenden zu setzen oder eben nicht. Dann lauschten wir stundenlang dem Tackern und Stöhnen der 1541. In regelmäßigen Abständen musste der Verschluss des Laufwerks betätigt werden, um Disketten herauszunehmen und andere hineinzuschieben. Eine Diskette für den C64 mithilfe nur eines Laufwerks zu kopieren erforderte es, einen möglichst großen Teil des Inhalts in den 64 Kilobyte kleinen Arbeitsspeicher des Computers zu laden. Weil auf eine Diskette aber etwa 170 Kilobyte an Daten passten, musste der Kopiervorgang auf mehrere Runden verteilt werden. Zum Vergleich: Ein dreißigseitiges Textdokument benötigt im Format eines gängigen Textverarbeitungsprogramms etwa 130 Kilobyte Speicherplatz.

Das ständige Öffnen und Schließen des Laufwerks, das Herausziehen und Einführen von Disketten wurden schnell zu einem geübten, aber auch zunehmend verhassten Handgriff, ebenso wie das elegante einhändige Umdrehen. Die Leerdisketten von Verbatim oder der Luxusmarke »Elephant« waren in der Regel dazu gedacht, einseitig beschrieben zu werden. Man konnte jedoch ihre Kapazität mit einer einfachen Papierschere verdoppeln: Knipste man an der richtigen Stelle im oberen

Zehntel des rechten Randes der Plastikhülle, in der sich der eigentliche Datenträger verbarg, ein Loch bestimmter Größe, war die Diskette plötzlich nicht mehr ein-, sondern zweiseitig beschreibbar. Nie wieder in der Geschichte der Computer hat sich Speicherplatz so einfach verdoppeln lassen. C64-Besitzer, die etwas auf sich hielten, besaßen einen eigenen Diskettenlocher, mit dem sich rechteckige Aussparungen von genau der richtigen Größe in die Plastikhüllen stanzen ließen.

Den Nachmittag im Dachzimmer verbrachten Jan und ich zum großen Teil auf dem Teppichboden sitzend, während Easy das Formatieren und Kopieren übernahm. In Wahrheit langweilten wir uns fürchterlich. Gleichzeitig war ich nervös und eingeschüchtert von dem unglaublich cool wirkenden älteren Jungen mit dem lässigen englischen Spitznamen, der so routiniert und selbstverständlich mit Rechner, Laufwerk und Software hantierte. Richtig genießen konnte ich den Raubzug erst, als ich wieder zu Hause in meiner Nische hinter dem Schrank saß und mich nach und nach durch die Schätze arbeiten konnte, die Easy mir einfach so, ohne jede Gegenleistung, überlassen hatte.

Welche Spiele das waren, weiß ich heute nicht mehr. Ich bin mir aber ziemlich sicher, dass »Jumpman Junior« dabei war, aus heutiger Sicht ein echter Klassiker das amerikanischen Software-Hauses Epyx, das später durch »Summer Games« und »Winter Games« weltberühmt wurde. In »Jumpman Junior« musste eine winzige, aus wenigen Pixeln zusammengesetzte Spielfigur vor schwarzem Hintergrund über Leitern und Plattformen gelenkt werden und Pixel-Pillen einsammeln. Gelegentlich schossen von rechts oder links, oben oder unten kleine weiße Projektile durchs Bild. Wenn es dem Spieler nicht gelang, durch Hüpfen oder Rennen auszuweichen, stürzte der Jumpman ab. Der Musik-Chip des C64 spielte dann eine blechern dröhnende Version der ersten Takte von Chopins Trauermarsch. Nach drei Fehlversuchen war Schluss.

Das Spiel war trotz seiner Schlichtheit extrem populär, und zwar sogar innerhalb des Commodore-Konzerns. Brian Bagnall zitiert den C64-Ingenieur Bil (sic) Herd mit den Worten: »Jumpman war wahrscheinlich das dauerhaft populärste Spiel überall in der Entwicklungs- und ich vermute auch einigen anderen Abteilungen.« Später sahen die Spiele besser aus, waren aufwändiger und manchmal auch intelligenter. Aber »Jumpman Junior« machte Spaß – und war kostenlos.

Im Startbildschirm meiner Version des Spiels stand »(C.) BY OLEANDER«. Eigentlich hätte dort »(C.) BY EPYX« stehen müssen, der Copyrightvermerk des Herstellers. Meine Version aber hatte »Oleander« gecrackt und in Umlauf gebracht – und im Programmcode des Spiels den dezenten Hinweis auf sich selbst hinterlassen. »Oleander« war der erste Cracker-Spitzname, den ich je bewusst wahrgenommen habe.

Als Gründungsmitglied der Cracker-Gruppe JEDI 2001 wurde Oleander alias Oliver Eikemeier später zu einer Legende der Szene. Heute arbeitet er als Software-Entwickler und Hochschuldozent. Einen ähnlichen Weg gingen viele der Szenegrößen der Achtziger – die frühe Erfahrung mit dem C64 und anderen Heimcomputern verschaffte ihnen später einen mächtigen Vorsprung innerhalb der gerade entstehenden IT-Branche.

Die uncoole Elite

Die Cracker-Szene rund um den meistverkauften Computer aller Zeiten war die erste internationale Techno-Subkultur, ein komplexes, dezentrales, hocheffizientes System, geformt und unterhalten von weitgehend mittellosen Teenagern. Diese nahmen erstaunlich viel von dem vorweg, was das Internet später in den Mainstream brachte. Sie schufen Begriffe, Kategorien und Zeichensysteme, die noch heute in Gebrauch sind – auch wenn kaum jemand ihren Ursprung kennt. Und sie legten sich nicht mit einer, sondern gleich mit drei mächtigen Branchen an: mit der Computerspielindustrie, den Telefongesellschaften und den Postdienstleistern.

Neben dem Knacken von Kopierschutzmechanismen hatten die Kinderzimmertäter noch eine Reihe anderer illegaler Aktivitäten im Angebot. Sie richteten so große Schäden an, dass in den USA sogar die Bundespolizei FBI hinter ihnen her war. In Deutschland gab es in den späten Achtzigern schon mal Razzien in gepflegten Einfamilienhäusern, weil die dort wohnenden Mittelklasse-Eltern unter ihrem Dach nichtsahnend einen allzu erfolgreichen Cracker oder »Swapper« beherbergten – so nannte man diejenigen, die für das Tauschen und Verbreiten frisch geknackter Spiele per Post zuständig waren.

Wie viele Cracker und Swapper es in Deutschland tatsächlich gab, ist nicht mehr zu rekonstruieren. Vermutlich waren es nur einige hundert, vielleicht auch ein paar tausend. Von ihrer freiwilligen Arbeit aber profitierten Millionen. Auf nahezu jedem der Millionen von C64 in deutschen Haushalten wurde gespielt. Auf nahezu jedem zumindest gelegentlich eine Schwarzkopie, auf den meisten kaum etwas anderes. Penny Schiffer, heute Chefstrategin bei einem großen Schweizer Unternehmen, programmierte gemeinsam mit ihrem Vater bereits im Alter von elf Jahren Software auf dem C64. Heute erinnert sie sich: »Für unsere Raubkopien hatten wir zwei Diskettenkästen. Die Raubkopien, die wir als besonders teuer einschätzten, Büro-Software etwa, haben wir anderswo versteckt als die übrigen Disketten. Ich glaube nicht, dass wir jemals ein Spiel gekauft haben. Aber ich hätte auch gar nicht gewusst, wo man eigentlich eines kaufen kann.« Sätze wie diesen hört man immer wieder von Menschen, die damals mit dem C64 aufwuchsen. Gerade in ländlicheren Gebieten hätte es tatsächlich gar keine Möglichkeit gegeben, Spiele käuflich zu erwerben. Wie Originale überhaupt aussahen, wusste kaum jemand, echte Cover, Boxen, Anleitungsbücher bekam man so gut wie nie zu Gesicht. Das für die Erwachsenen unsichtbare

Vertriebsnetz der Kinder mit ihren immer gleich aussehenden schwarzen Plastikdisketten aber erstreckte sich bis in die hintersten Winkel des Landes. Der Junge, von dem sie ihre Spiele erhielt, habe seine Disketten im Kamin des Elternhauses verborgen, erinnert sich Penny Schiffer. Andere Spielesammler umwickelten ihre Diskettenkästen mit dicken Kupferdrahtspulen, um im Falle eines Falles mit einem Knopfdruck einen mächtigen Elektromagneten einzuschalten, der die sensiblen Disketten und damit alle Beweismittel zerstörte.

Meine Sammlung von schwarz kopierten Spielen umfasst über hundert Disketten, ich besitze sie noch heute. Angetrieben wurden wir Kopierer damals nicht zuletzt von einer intensiven, wachsenden Sammelleidenschaft. So wie man beim Pilzesuchen auch keinen Pfifferling stehen lässt, selbst wenn das Gefundene längst fürs Abendessen reicht, kopierten wir so gut wie jedes Spiel, das auch nur im Entferntesten interessant wirkte. Ein Mechanismus, der mir später im Zusammenhang mit Musiktauschbörsen wieder begegnet ist.

Die meisten meiner alten 5,25-Zoll-Disketten enthalten nicht eines, sondern vier oder fünf Spiele. Ich besaß also Hunderte von Schwarzkopien im Wert von wohl weit über 10 000 D-Mark. Spiele kosteten im Handel in jenen Tagen 40, 50, manchmal auch 150 D-Mark und mehr. Besonders für Importe aus den USA mussten astronomische Summen bezahlt werden.

In meiner gewaltigen Sammlung finden sich nur etwa vier oder fünf Spiele, die ich tatsächlich ordentlich erworben habe, meist weil die Verpackung zusätzliches Material wie Landkarten oder ausführliche Anleitungsbücher enthielt. Ein flaues Gefühl im Magen hatte ich gelegentlich schon, auch weil es immer wieder Gerüchte über Ermittlungen und Razzien bei Spieletauschern gab sowie über enorme Schadensersatzforderungen der Branche. Im Unrecht aber fühlte ich mich nie – warum viel Geld für Spiele ausgeben, die ich vielleicht nur ein einziges Mal spielte und dann nie wieder?

Nach heute geltendem Recht waren die Cracker-Gruppen organisierte Kriminelle. Das Urheberrecht verbietet inzwischen ausdrücklich das bewusste Aushebeln von technischen Kopierschutzmaßnahmen. In den Achtzigern war die Rechtslage noch weniger eindeutig, und wirklich bedroht fühlte sich kaum einer der Cracker oder der Nutznießer von Cracker-Aktivitäten. Fragt man Teut Weidemann, ein Szenemitglied der ersten Stunde und heute ein gefragter Berater der deutschen Spielebranche, ob er und seine Freunde damals nicht auch ein bisschen Angst hatten, antwortet er: »Nein, wovor denn? Es gab da kein Risiko.«

De facto hatte das, was da geschah, mit organisiertem Verbrechen auch wenig zu tun: Es wurde nämlich kein oder kaum Geld damit verdient. Die meisten Cracker knackten Kopierschutzmechanismen aus rein sportlichen Motiven. »Es gab auch einen Dunstkreis von Leuten, die davon gelebt haben, Software zu verkaufen«, erinnert sich Weidemann, »die haben wir aber eher ein bisschen verachtet.« Ein schwedischer Szeneveteran mit dem Alias »Newscopy« formulierte es 2006 so: »Was diese Gruppen zum Vergnügen aktivitätshungriger Teenager taten, gleicht dem, was [die Internet-Tauschbörse] Napster in den späten Neunzigern für die Musik tat: Sie gaben den Kids unbegrenzten Zugang zu Unterhaltung.«

Mainstream war damals wie heute nur das Kopieren, nicht das Knacken von Kopierschutzmechanismen. Teut Weidemann schätzt, dass »die absolute Spitze der Pyramide, die Leute, die wirklich neue Spiele hatten und in Umlauf brachten, bundesweit maximal 150 bis 200 Leute waren«. Aktiv, wenn auch auf niedrigerem Niveau, waren aber wohl weitaus mehr – allein die heute im Internet zugängliche Szenedatenbank [CSDb] listet weit über 500 deutsche Cracker-Gruppen auf. Sie waren zunächst vor allem regional aktiv, verteilten Raubkopien im eigenen Umfeld. Von dort verbreiteten sich die geknackten Spiele kaskadenartig über informelle Netzwerke auf Schulhöfen, in Sportvereinen und auf Bolzplätzen über die ganze Region. »In jeder Gruppe gab es einen, den jeder kannte, der gab ein Spiel an 20 Bekannte weiter, die kannten wieder 100 andere Leute und die wieder 500 weitere«, erklärt Weidemann das Prinzip. Die Entwickler der ersten Internettauschbörsen taten im Grunde nichts anderes, als diese spontan entstandene, dezentrale Organisationsform zum Konstruktionsprinzip ihrer Software zu machen.

Von der immer professioneller agierenden Maschinerie, die für unseren Nachschub sorgte, wussten meine Freunde und ich nichts. In der Hochphase des C64, ab Mitte der Achtziger, war die Flut der Veröffentlichungen gewaltig. Man habe »pro Wochenende 20 bis 50 Spiele zum Testen und Cracken gehabt«, sagt Weidemann. Zu diesem Zeitpunkt arbeitete er bereits in der Spielebranche und hatte genügend Geld übrig, sich ab und zu mal ein Original zuzulegen. Falsch erschienen ihm die Kopiersitzungen am Wochenende aber selbst dann noch nicht, als er Geld mit der Entwicklung neuer Spiele verdiente: »Der Gedanke ans Aufhören ist mir nie gekommen.« Die meisten Spiele habe man ja ohnehin nur mal ausprobiert.

Weil meine Freunde und ich nicht den Ehrgeiz hatten, an neue Spiele immer sofort, möglichst kurz nach dem Erscheinungsdatum heranzukommen, genügten uns Kontakte weit hinten in der Verwertungskette.

Nur einmal kam mein Freund Jan der Cracker-Szene deutlich näher, als ihm lieb war. In der Schule, die er besuchte, war ein Junge, der immer an erstaunlich viele und erstaunlich neue Spiele herankam. Sein älterer Bruder war Teil einer Cracker-Crew aus dem Rheinland. Eines Tages füllte jener Bruder für den hocherfreuten Jan einige Disketten mit neuen Spielen. Einige Tage später klingelte im Haus seiner Eltern das Telefon. Der große Bruder war am Apparat: »Du hast ja neulich Spiele von mir gekriegt, ne? Jetzt bist du mal dran.« – »Wie, dran?« – »Na, jetzt crackst du mal was für uns.« – »Das, äh, das kann ich aber gar nicht.« – »Hm, das ist schlecht. Okay, dann gehst du morgen in die Stadt und kaufst für uns ein Spiel. Wir cracken das dann.« Für Jan klang das bedrohlich. Er beichtete seinen Eltern die Geschichte, und die ließen die Sache auf sich beruhen. Die Cracker-Truppe übte keinen weiteren Druck aus, aber Jan ging dem großen Bruder seines Freundes von nun an aus dem Weg.

Im Lauf der Jahre wuchs die regional verteilte Szene zu einer großen zusammen. Die Cracker, Tauscher und Vorspannprogrammierer vernetzten sich. Es gab gedruckte oder auf Disketten verbreitete Amateurmagazine, vor allem aber regelmäßige Treffs und Kopierpartys, auf denen sich die Szenegrößen zum Austausch trafen – und wo manchmal auch die »Lamer« (Langweiler) genannten Möchtegerns geduldet wurden. Oft mussten sie mehr Eintritt bezahlen als diejenigen, die als »Elite« galten.

Sieht man sich Fotos von Szenetreffen aus den Achtzigern an, kann man darauf keine knallharten Techno-Avantgardisten mit Elitestatus erkennen. Die 16-, 17-, 18-jährigen Jungs auf den Bildern, einige von ihnen damals schon internationale Legenden, sehen aus, wie Nerds in den Achtzigern eben aussahen: Sie tragen Karottenjeans, dazu weiße Socken und Slipper oder Turnschuhe, sie haben Fönfrisuren und Flaum auf der Oberlippe, sie lächeln nett in die Kamera. Bei der ersten der heute legendären Partys der Cracker-Gruppe »Radwar« im Jahr 1987, die in einer Diskothek stattfand, traten ein professioneller Michael-Jackson- und ein Amateur-Prince-Imitator auf, außerdem veranstaltete der lokale Jeansladen eine Modenschau. Der heute noch online abrufbare Partybericht vermerkt, der Amateur sei der Bessere der beiden gewesen und zu mehreren Zugaben aufgefordert worden.

Zur gleichen Zeit fanden in London erste Acid-House-Partys statt, in den USA zerlegten Bands wie Sonic Youth und die Pixies den Rock'n'Roll in seine Bestandteile und bereiteten den Weg für Grunge. Hip im popkulturellen Sinn waren die Cracker nie – und doch gehörten sie auf ihre Art zur Avantgarde ihrer Generation.

In den USA war die Szene noch stärker in »Lamer« und »Elite« unterteilt, weil die Spiele schon sehr bald nicht mehr von Hand zu Hand gingen, sondern der Tausch über frühe Modems abgewickelt wurde. »Ronski« von der auf Spiele-Importe aus Europa spezialisierten amerikanischen Gruppe »Fucked Beyond Repair« (FBR) erinnerte sich 2006: »Ich hatte nie mit Lamern zu tun oder mit anderen Leuten, die nicht zur Elite gehörten. Weil wir außerhalb der Reichweite normaler C64-Nutzer waren, erzeugte diese Abgrenzung für die meisten Gruppen und Mitglieder mit großen Namen eine Aura des Geheimnisvollen. Sie konnten nur unsere Intros sehen und die Spiele, die wir veröffentlichten, aber in der Regel nicht mit uns in Kontakt treten oder gar mit uns sprechen.«

Die Auswirkungen der gemeinsamen Cracker-Anstrengungen beiderseits des Atlantiks jedenfalls waren gewaltig: »Solange auf ein verkauftes Spiel an die 20 Kopien kommen, ist an eine Aufgabe des Kopierschutzes auf diesem Gebiet kaum zu denken«, heißt es in einem Artikel der Zeitschrift »64'er« aus dem September 1986. Das deutsche Heimcomputerfachblatt »Happy Computer« diagnostizierte 1985 schädliche Auswirkungen der Schwarzkopiererei für die Branche im eigenen Land – obwohl einige der Redakteure selbst der Cracker-Szene entstammten und heimlich weiter mit ihr sympathisierten: »Ein erfolgreiches Spiel sorgt in Großbritannien leicht für sechsstellige Stückzahlen, während man hierzulande mit allem, was über 10 000 Stück liegt, hochzufrieden ist. Der Hauptgrund ist die sehr aktive bundesdeutsche Raubkopiererszene, ohne die es auch bei uns traumhafte Umsatzzahlen geben würde.«

Geknackt und kopiert wurde ebenfalls in England, in Skandinavien, den Niederlanden, Belgien und natürlich den USA, in Israel, Brasilien, Australien – überall auf der Welt gab es

Jugendliche, die neue Spiele für den C64 wollten. Sogar einige osteuropäische und russische Gruppen entstanden, auch wenn die in der Regel auf die Mildtätigkeit von Bekannten im Westen und die Schludrigkeit von Zöllnern und Zensoren vertrauen mussten.

Wer ein Spiel knackte und in Umlauf brachte, erwarb damit zunächst vor allem Sozialprestige im eigenen Umfeld – und eine Art virtuellen Ruhm: Die Spitznamen der Cracker, die Namen der Cracker-Gruppen waren bekannt, viele weit über die Grenzen des eigenen Heimatlands hinaus. »Es ging darum, der Erste zu sein, der neue Spiele hatte, um das Exklusive«, erinnert sich Teut Weidemann. Er gehörte Anfang der achtziger Jahre zur Münchner Cracker-Szene. Im eigenen Bekanntenkreis, in der Schule und anderswo habe man »Bewunderung« erregen können, wenn man zu einer der Elitetruppen gehörte: »Es war schon ein gutes Gefühl, wenn da hundert hechelnde Jugendliche standen, die sehnlichst haben wollten, was man heranschaffte.« Mädchen beeindrucken aber, gibt Weidemann zu, konnte man damit kaum.

Die Berühmtheit der Cracker über das direkte Umfeld hinaus war eine anonyme oder vielmehr pseudonyme: Die Masse der C64-Besitzer, die so weit von den scheinbar unerschöpflichen Quellen kostenloser Spiele-Software entfernt waren wie meine Freunde und ich, kannte nur die seltsamen Decknamen und Akronyme, mit denen sich die Gruppen und ihre Mitglieder schmückten. Das »Dynamic Duo« bestand aus dem »Executor« und »The Dark Angle«, der »German Cracking Service« (GCS) aus »CAHO«, »MAM«, »Snoopy« und »UGS«. Die Spitznamen sollten einerseits cool und geheimnisvoll klingen, andererseits einen gewissen Schutz vor Verfolgung bieten. Viele bestanden nur aus drei Buchstaben, denn so viele konnte man üblicherweise in die Highscore-Listen von Spielen eintragen.

In der Szene in den USA ging schon frühzeitig das Gerücht um, manche Mailbox-Betreiber, die Bundespolizei oder gar die

Geheimdienste überwachten den Datenverkehr und durchsuchten ihn automatisiert nach bestimmten Schlüsselworten. Man gewöhnte sich, um solcher Schnüffel-Software keine Chance zu lassen, neue Schreibweisen für häufig gebrauchte Begriffe an. Buchstaben wurden durch andere Buchstaben oder gleich durch Ziffern ersetzt: Aus Hacker wurde »Haxxor«, »H4xor« oder »h4xX02«, gecrackte Software wurde »Warez« genannt, aus Porno wurde Pr0n, und die selbst ernannten Mitglieder der »Elite« der neuen Subkultur nannten sich selbst »leet«, was wie »lieht« gesprochen und oft »1337« geschrieben wurde, weil die Ziffernfolge 1337 eine gewisse Ähnlichkeit mit den Buchstaben kleines L, E (umgedreht) und T hat. Das sogenannte Leetspeak existiert weiter. Besonders unter jungen Computerspielern, aber auch unter den Crackern und Hackern von heute sind die verwirrenden Schreibweisen noch immer gängig – auch wenn längst nichts Geheimnisvolles mehr daran ist. Die meisten derjenigen, die sich heute für »1337« halten, dürften allerdings keine Ahnung haben, woher die seltsamen Bräuche kommen, deren sie sich da bedienen.

Von der Anonymitätskultur von damals lässt sich eine direkte Entwicklungslinie ziehen zu den Privatsphäredebatten der Gegenwart: Wer sich damals digital exponierte, tat das lieber in einer Form, die keine unmittelbaren Rückschlüsse auf seine Person erlaubte. In den Debatten der Netzgemeinde von heute wird die Möglichkeit, anonym zu kommunizieren, noch immer als wesentlicher, unantastbarer Wert gehandelt. Die Wurzeln dafür liegen zum einen in der Bürgerrechtsbewegung der Achtziger, die etwa die Volkszählung ablehnte, und zum anderen in den nicht völlig unbegründeten Verfolgungsängsten der Cracker und Hacker.

Kommuniziert wurde innerhalb der Szene auch über auf illegalem Weg ergaunerte kostenlose Telefongespräche, über Modems und schließlich die ersten »Mailbox« oder »BBS« genannten Online-Angebote. Die Szene in den USA war eine andere als in Deutschland, dort vertrauten die Spieletauscher schon früh auf eine selbst gebastelte Vorform des Internets. Später entstanden internationale Allianzen – die Cracker sorgten mit nun definitiv illegalen Methoden dafür, dass ihnen transatlantische Datenverbindungen zur Verfügung standen, Jahre bevor Tim Berners-Lee Ende der Achtziger am Teilchenbeschleuniger Cern in Genf das World Wide Web erfand.

Kommunikationsmittel der Szene waren überdies die Cracker-Vorspänne, sogenannte Intros, Cracktros, später Demos, die jeder stolze Cracker nach getaner Arbeit vor das nun in der Regel frei kopierbare Spiel platzierte. Aus unauffälligen Botschaften wie »(C.) BY OLEANDER« wurden nach und nach immer aufwändigere Vorspänne, die auch die programmiertechnischen Fertigkeiten des jeweiligen Urhebers herausstellen sollten. Sie bestanden anfangs nur aus einem selbst gewählten Logo und einem Scrolltext auf dem Bildschirm, der ablief, bevor das eigentliche Spiel startete. Darin kam der Name der eigenen Gruppe vor, die Spitznamen der übrigen Mitglieder und Grußbotschaften an befreundete Cracker-Gruppen. Später wurden auch weniger freundliche Nachrichten auf diesem Weg verbreitet: Zwischen einigen Gruppen gab es Fehden, manchmal regelrechte Kriege. Gelegentlich soll es bei Cracker-Treffen in Deutschland und den Niederlanden zu einem blauen Auge gekommen sein. In den USA kappten verfeindete Gruppen einander gegenseitig die Telefonleitungen oder bestellten teure Waren an den Wohnort der gegnerischen Cracker – per Nachnahme. Die Mitgliedschaft in der Szene hatte eben immer auch mit der Ego-Pflege männlicher Teenager zu tun.

Die Intros bekam man, während ein Spiel von der Diskette geladen wurde, unweigerlich und für längere Zeit zu sehen. Namen wie »Dynamic Duo« oder »ABC Crackings« wurden zu Miniaturmarken mit eigener Optik. Die extrem aktive Gruppe »Eagle Soft Incorporated« (ESI) aus den USA etwa versah gecrackte

Spiele eine Weile mit einem bildfüllenden Logo, dem Kopf eines Weißkopfseeadlers, der eine 5¼-Zoll-Diskette im Schnabel hält. Die meisten ehemaligen Besitzer eines C64 oder Commodore Amiga auch in Deutschland kennen diesen Adlerkopf. Eagle Softs Chef-Cracker, der unter seinem tatsächlichen Vornamen Mitch bekannt war, knackte über 300 Spiele für den populärsten aller Heimcomputer. Als er 2006 gefragt wurde, was ihn denn dazu gebracht habe, antwortete Mitch, nicht ohne einen Anflug von Arroganz: »Weil [die Spiele] eben da waren. Ich war außerdem einfach ehrgeizig, ich schlug gerne die Programmierer, die glaubten, sie könnten es besser.«

In vielen Gruppen gab es schon bald eine klare Arbeitsteilung: Die Kopierschutzknacker hier, die Demomacher dort. Ein »qualitativ hochwertiger Crack« hatte neben einem hübschen Demo und einer fehlerfreien Kopie auch noch andere Vorzüge zu bieten, »Trainer« zum Beispiel: Sie boten dem Spieler die Möglichkeit, seine Spielfigur unverwundbar zu machen oder sich unbegrenzt Munition zu verschaffen. Heute werden solche »Cheats« manchmal von den Spieleherstellern selbst eingebaut. Erfunden wurden sie von den Crackern, die damit dafür sorgten, dass ihre Kopien tatsächlich mehr boten als das Original.

Im Lauf der Zeit kamen weitere Rollen hinzu: »Supplier« waren für das Heranschaffen neuer Originale zuständig, »Swapper« für das Tauschen von geknackter Software per Post und später per Modem. »Fixer« passten Programme an die TV-Standards dies- und jenseits des Atlantiks, PAL und NTSC, an, verrichteten also echte Profi-Arbeit. Unentgeltlich, versteht sich. Manche Spitzenteams hielten sich auch »Kopiersklaven«, die das ermüdende Diskettentauschen zur Vervielfältigung geknackter Spiele übernahmen. Viele waren zu allem bereit, um in den Genuss eines unmittelbaren Zugangs zur Szene und ihren Schätzen zu kommen.

Weil das Verschicken all der vielen Umschläge voller Disketten schnell ins Geld ging, ersannen die Swapper Wege, sich das

Porto zu sparen. Eine typische Methode beschreibt der Australier »Jazzcat«: »Man bedeckt die Briefmarken mit einer dünnen
Schicht Kleber. Man wartet, bis der trocken ist, klebt sie auf
den Umschlag und wirft ihn ein. Der Empfänger schickt die
Briefmarken zurück zum Absender.« Der Leim und damit auch
der aufgedruckte Poststempel ließen sich leicht entfernen, die
Briefmarken anschließend wiederverwenden. Es gab auch
noch eine Reihe anderer Tricks: Statt Kleber nutzten manche
Swapper bestimmte Sorten Haarspray, andere bastelten sich
selbst Briefmarken mit hohem Porto, indem sie die Nullen
aus niederwertigen Automatenmarken ausschnitten und auf
andere aufklebten. Swapper gingen ein gewisses Risiko ein,
denn Briefmarkenbetrug ist selbstverständlich strafbar, und
in vielen Postämtern begann man schnell auf die »lackierten«
oder gefälschten Marken aufmerksam zu werden. Mancher
deutsche Swapper landete vor dem Staatsanwalt, weil sich in
seinem lokalen Postamt säckeweise an ihn adressierte Sendungen mit allzu glatten Briefmarken angesammelt hatten.

Als technische Visitenkarten der Gruppen wurden die
Intros und Demos immer ausgefeilter. Man habe die Grußbotschaften anderer Gruppen »immer auseinandergenommen,
um zu sehen, wie die das gemacht hatten«, sagt Teut Weidemann. »Wir haben dadurch unheimlich viel über die Hardware gelernt.« Tatsächlich beherrschten insbesondere europäische Democoder ihren C64 bald so gut, dass sie Dinge über
den Rechner herausfanden, die nicht einmal Commodores
Ingenieuren bewusst waren. Sie entdeckten etwa einen vier-
ten, undokumentierten Kanal des Soundchips, mit dem sich
Rauschen erzeugen ließ und somit auch Schlagzeugklänge.
Es gelang ihnen, den eigentlich unzugänglichen Rahmen
des C64-Bildschirms mit beweglicher Grafik zu füllen und
außerdem den festgelegten Zeilenabstand aufzubrechen und
so hüpfende oder sich über die Mattscheibe schlängelnde
Objekte zu zaubern.

Star-Cracker Mitch von Eagle Soft fiel auf die Frage, was das Größte am C64 gewesen sei, kein Spiel ein, sondern »was die Europäer aus den SID- und VIC-II-Chips [des Commodore 64] herausholten. Fantastische Demos, fantastische Grafik«. Commodore-Ingenieur Bil Herd erklärte dem »Freax«-Autor in einem Interview, die Entwickler des Konzerns seien »überrascht« gewesen, was die Hobby-Hacker aus Europa in ihrer Freizeit aus dem C64 herauskitzelten.

Die »Demoscene« gibt es noch heute. Die Computerkünstler haben sich von den Kopierschutzknackern allerdings abgenabelt. »Demoscener« legen nun Wert darauf, nicht mit Crackern in einen Topf geworfen zu werden. Viele Demoprogrammierer gelten heute als visionäre Computerkünstler, ihre Arbeiten finden den Weg in Ausstellungen, sie versammeln sich zu internationalen Tagungen, um ihre neuesten Werke zu präsentieren und Wettbewerbe abzuhalten.

Branchengurus wie der »Sims«-Erfinder Will Wright preisen ihre Verdienste um eine sparsame, intelligente Art der Programmierung, mit deren Hilfe man aus fast nichts unglaublich viel schaffen könne. Wright heuerte sogar Demoprogrammierer aus Skandinavien an, um sie in die Entwicklung seines Evolutions-Simulationsspiels »Spore« einzubinden.

Dass die Szene bis heute nahezu unglaubliche Leistungen hervorbringt, demonstrierten Mitglieder der Hamburger Demotruppe »Farbrausch« beispielsweise, als sie unter dem Projektnamen ».theprodukkt« einen aufwändig anmutenden Ego-Shooter namens ».kkrieger« entwickelten: ein Computerspiel mit hochauflösender Grafik, mit Lichteffekten, Animationen und Musik, in dem der Spieler sich durch Gebäude voller glänzender Roboterspinnen kämpfen muss.

Aktuelle Ego-Shooter sind in der Regel mehrere Gigabyte groß – und damit zehntausendfach umfangreicher als ».kkrieger«. Die Datei, die den Shooter der Democoder spielbar macht, benötigt hingegen lediglich 96 Kilobyte Speicherplatz,

gerade so viel wie ein normales Word-Dokument. Im Jahr
2006 wurde das Team mit dem Deutschen Entwicklerpreis
ausgezeichnet.

Das Proto-Internet

Das Internet gab es schon in den achtziger Jahren, aber Zugang
zu ihm hatten nur wenige Auserwählte, die in Hochschulen
und Militäreinrichtungen arbeiteten. Auch andere militärische
und kommerzielle Datenverbindungen und Knotenpunkte
existierten bereits, Forschungseinrichtungen und Unternehmen begannen, ihre Computersysteme zu vernetzen. Seit dem
Ende der Siebziger hatte sich jedoch parallel dazu etwas entwickelt, das einer Frühform des Mitmach-Internets von heute
sehr viel näher ist als das militärisch-wissenschaftliche Netz
der Achtziger. 1978 hatten zwei Hobby-Hacker in Chicago ein
System entwickelt, das sie »Computerized Bulletin Board System« (CBBS, später nur noch BBS) nannten: eine Art Compu-
teranrufbeantworter. Mit Hilfe eines Modems konnten sich
Computernutzer dort anmelden und dann Text oder andere
Inhalte vom »Bulletin Board« auf den eigenen Rechner über-
tragen oder aber selbst Nachrichten hinterlassen. Die Boards
waren so etwas wie die ersten Internet-Seiten. In Deutschland
wurden sie »Mailboxen« genannt.

Der Zugriff war unglaublich langsam – frühe Modems übertrugen Daten mit einer Geschwindigkeit von 300 Baud, was
300 Buchstaben pro Sekunde entspricht. Auch der Austausch
über ein BBS verlief in aus heutiger Sicht epischen Zeiträumen,
manchmal dauerte es Monate, bis man auf eine auf einem
Board hinterlassene Nachricht eine Antwort erhielt. Dennoch
war das Modell in den USA in den Achtzigern immens erfolgreich: Insgesamt gab es dort zur Hochzeit der Technologie viele
zehntausend Boards – ein Hobby-Computerhistoriker namens
Jason Scott hat sich die Mühe gemacht, so viele wie möglich

aufzulisten samt dem Namen, dem Namen des Mailbox-Betrei-
bers und der Rufnummer. Die Liste umfasste im Sommer 2010
über 106 000 Einträge.

1984 entwickelte ein Programmierer namens Tom Jennings
zusätzlich das »Fido«-Protokoll, das es erlaubte, die BBSs untereinander zu verbinden: Das erste privat entwickelte, dezentrale, auf Datenfernübertragung basierende Computernetzwerk
war geboren. Bezahlbar war all das, weil in den USA schon
damals Wettbewerb auf dem Telekommunikationsmarkt
herrschte, und die Abrechnungsmodelle andere waren als in
Europa. Ortsgespräche waren gewöhnlich kostenlos – was es
erschwinglich machte, stundenlange Verbindungen zu einer
Mailbox aufrechtzuerhalten, wenn sie in der Nähe lag. In
Deutschland verhinderte die Monopolstellung der Bundespost
solche Entwicklungen bis weit in die Neunziger hinein. Deutschen Hackern war der Konzern deshalb verhasst.

In den USA erfreute sich das BBS-System unter den C64-
Besitzern größter Beliebtheit. Raubkopierte Spiele wurden
in BBS-Speichern abgelegt und von anderen heruntergeladen.
Als die Cracker in den USA entdeckten, dass in Europa viele
Spiele für ihren Lieblingscomputer erschienen, die den amerikanischen Markt nie erreichten, begannen sie, Kontakte über
den Atlantik zu knüpfen. Hochkarätigen Cracker-Gruppen in
London, Köln oder Stockholm wurden schließlich Modems aus
den USA zugeschickt, wo sie deutlich preiswerter waren. Das
war für sich genommen bereits strafbar, denn die US-Modems
hatten keine Postzulassung. Kontakte zu den besten Cracker-
Gruppen auf der jeweils anderen Seite des Ozeans, womöglich
»exklusive« Vereinbarungen über den Zugriff auf frische Ware,
wurden zu einem Statussymbol innerhalb der Szene.

Die Mailbox-Betreiber wurden »Sysops« genannt, kurz für
»System Operator«. Der einzige Sysop, den ich jemals persönlich
kennengelernt habe, war ein gewisser Daniel, der Klassenkame-
rad eines Freundes. Daniel entsprach dem Klischee des Extrem-

Nerds geradezu schmerzhaft genau: Er war pickelig, pummelig, trug Kleidung, die offenkundig seine Mutter ausgesucht hatte (ich erinnere mich an ein Sweatshirt mit einem lächelnden, flauschigen Comic-Elch und dem obligatorischen Polohemdkragen darüber), und bewohnte ein winziges Zimmer in der Wohnung seiner Eltern. Unter seinem Schreibtisch standen gleich mehrere PCs, von denen einige kein Gehäuse hatten: Daniel hatte Festplatten und andere Komponenten einfach übereinandergestapelt, wobei dicke Bücher die Komponenten trennten. Umrankt war die Konstruktion von einem Gebüsch aus vielfarbigen Kabeln. An der Wand neben dem Schreibtisch hing ein Regal: Darauf waren »Lustige Taschenbücher« aus dem Hause Disney so angeordnet, dass die Rücken wie im Laden ein Gesamtbild ergaben, die Gesichter von Mickey, Donald und seinen Neffen. Die Rechner unter dem Schreibtisch aber machten Daniel in einer anderen, für mich unsichtbaren Welt zu einem kleinen Star, einem Herrscher über ein Miniaturkönigreich. Daniel tat Dinge, die mir noch jahrelang verschlossen bleiben sollten. Heute arbeitet er als Systemadministrator.

Der pummelige Junge und all die anderen Sysops und Modem-Nutzer in den USA und anderswo wurden damals belächelt – aber sie gehörten zu den Pionieren des Internets. Ein Beispiel: Weil viele der Mailboxen nur über eine einzige Telefonleitung verfügten, war es ein Glücksspiel, ob man zu einem bestimmten Zeitpunkt tatsächlich Zugang bekam oder nicht. Und weil es dauerte, gecrackte Software herunterzuladen, und man damit die Leitungen eine Zeitlang blockierte, galt im Reich der Cracker-Mailboxen schnell die Regel: Wer herunterlädt, muss auch hochladen. Für reine Downloads wurde der Begriff »Leeching« (von leech=Blutegel) eingeführt. Um bloße »Leecher« fernzuhalten, wurden verpflichtende Verhältnisse von Up- zu Download-Menge festgelegt: Für je drei heruntergeladene Kilobytes musste der Nutzer eines hochladen. Wer keine mit Uploads verdienten »Credits« mehr übrig hatte, durfte nicht mehr weitersaugen. Elite-Cracker bekamen unbegrenzte Credits zugeteilt. All diese Konventionen gibt es noch: In den heutigen Internet-Tauschbörsen gehören die Begriffe Leecher, Seeder (für Nutzer, die vollständige Dateien zum Download vorhalten) und Credit zum Standardvokabular. In vielen ist auch eine bestimmte Ratio von Down- zu Upload-Menge festgeschrieben, obwohl die Beschränkungen der BBS-Technologie längst der Vergangenheit angehören. Die Generation C64 etablierte die Standards und ungeschriebenen Gesetze, nach denen die Szene bis heute organisiert ist. Elite-Cracker haben auch in unseren Tagen unbegrenzten Zugang zu Servern voller Schwarzkopien jeder Art.

Bezahlt wurde für die damals extrem teuren transatlantischen Telefonverbindungen in der Regel nicht. Seit den sechziger Jahren gab es in den USA eine Subkultur, die sich mit Hingabe der Überlistung der Telefongesellschaften und ihrer Sicherheitssysteme widmete. Manche begründeten das mit ihrer politischen Überzeugung: Die Telefongesellschaften mussten während des Vietnamkriegs für Ferngespräche eine Sondersteuer entrichten. Wer ihnen also für Telefonate Geld bezahlte, finanzierte damit indirekt den Krieg mit – so jedenfalls die Logik mancher Telefon-Hacker aus der Protestbewegung der Sechziger.

Die »Phreaker« oder »Phone Phreaks« hatten zunächst gelernt, wie sich mit Tönen einer bestimmten Frequenz eine Telefonleitung so öffnen ließ, dass man darüber kostenlos telefonieren konnte. Der Erste von ihnen war ein hochbegabter blinder Junge namens Joe Engressia, der Mitte der Fünfziger durch Zufall herausfand, dass er sich buchstäblich eine Leitung frei pfeifen konnte. Später wurde der »Phone Phreak« John Draper als »Cap'n Crunch« berühmt, weil er herausfand, dass eine Plastikpfeife, die als Beigabe in jeder Packung einer Frühstücksflockensorte dieses Namens zu finden war, ebenfalls den richtigen Ton mit einer Frequenz von 2600 Hertz erzeugen konnte. Draper und Engressia werden seither zu den Gründervätern der Hacker-Szene gezählt. Und ein noch immer erscheinendes Hacker-Magazin aus New York heißt »2600«.

Andere Tricks betrafen Telefonkarten, die man in den USA für Ferngespräche kaufen kann: Gibt man über das Telefon einen bestimmten Code ein, der auf der Karte angegeben ist, erhält man Zugriff auf ein zentral gespeichertes Guthaben. Die Codes der Calling Cards aber waren in den Achtzigern noch so simpel, dass sie sich von außen durch einfaches Ausprobieren herausfinden ließen. Wer den richtigen Code hatte, konnte auf Kosten des eigentlichen Karteninhabers telefonieren.

An solche Codes heranzukommen, war nicht allzu schwer, wenn man genug Zeit, ein Modem und ein spezielles Programm hatte, das automatisiert Nummernkombinationen durchprobierte, einen »War Dialer« oder »Scanner«. Der Name »War Dialer« ist ein Verweis auf den Film »War Games«, in dem der von Matthew Broderick gespielte Nachwuchs-Hacker ein ähnliches Programm verwendet, um die Telefonnummer einer bestimmten Mailbox herauszufinden. Wie im Film dargestellt, ratterten die Maschinen in der Regel über Nacht. »Morgens aufzuwachen und eine Liste von gültigen Codes ausgedruckt im Drucker zu finden war ein erhebendes Gefühl«, erinnert sich der amerikanische Phreak »Ronski«. »Die Codes waren wertvoller als Diamanten, weil sie Schlüssel zu den Türen der Welt waren.« Und, unter anderem, zu den Diskettenboxen der europäischen Cracker-Gruppen.

Es gab noch eine Vielzahl anderer Methoden, deren sich die Phreaks bedienten, um die Telefongesellschaften zu überlisten, von Kreditkartenbetrug bis hin zu ausgefeilten »Social Engineering«-Methoden, mit denen zufällig ausgewählte Anschlussinhaber überredet wurden, ihre Calling-Card-Codes freiwillig herauszugeben. Phreaks gaben sich etwa am Telefon als Vertreter der Telefongesellschaft aus, um an die Geheimnummern zu kommen. Manche Mailboxen boten sogar vorgefertigte Gesprächsleitfäden für solche Betrugsoperationen an. Die Phreaks von damals sind eine der Keimzellen der globalen Hacker-Kultur von heute, im Guten wie im Schlechten. Viele ihrer Methoden und Angriffsziele gehören weiterhin zum Repertoire internationaler Cyber-Krimineller. Selbst Phishing, das Ausspähen von Passwörtern und Bank-Login-Daten mithilfe getürkter E-Mails und gefälschter Websites, basiert auf ähnlichen Methoden wie die Social-Engineering-Attacken dieser Zeit.

Die Aktivitäten der Phreaks galten in den USA schon in den Achtzigern unzweifelhaft als kriminell, sie wurden von den Telefongesellschaften und sogar von der Bundespolizei FBI mit Macht verfolgt. Für die Cracker aber war das Zusammentreffen mit der weitaus älteren Phreaker-Szene ein Glücksfall: Auf der Grundlage der ergaunerten Telefonverbindungen ermöglichten die Teenager dies- und jenseits des Atlantiks den Austausch von – für damalige Verhältnisse – gewaltigen Datenmengen. Jahre vor Erfindung des World Wide Web, mehr als zehn Jahre vor Napster und Co. war der Wunsch nach einem solchen Werkzeug bereits so stark, dass sich die Computerkids ein eigenes Internet bastelten. In der Regel völlig unbemerkt von den Erwachsenen, deren Häuser sie bewohnten und deren Telefone sie benutzten.

Gemeinsam mit Phreaks und Democodern hatten die Cracker eine komplexe, internationale Subkultur von immenser Kreativität, (krimineller) Energie und erstaunlicher Effizienz geschaffen, die sich aufwändiger Technik bediente. Auf die Tabula rasa der ersten Heimcomputer, den tiefblauen Grund mit hell blinkendem Cursor, bauten sie dezentrale Organisationsstrukturen, ein internationales Datennetz und eigenständige Kunstwerke auf. Die Ästhetik der Democoder wiederum beeinflusste die Popkultur: Die Lichttunnel und sich ständig verändernden geometrischen Objekte und fließenden Formen vieler Techno-Videoclips der Neunziger sind direkte Zitate aus den besten Demos dieser Zeit.

Die technikaffine Speerspitze der Generation C64 nahm viel von dem vorweg, was das Internet, vor allem das World Wide Web, im darauffolgenden Jahrzehnt einer viel größeren Zahl von Menschen, heute nahezu jedem in der westlichen Welt, zugänglich machen sollte. Auch wenn meine Freunde und ich das damals gar nicht begriffen: Wir ernteten die Früchte, die diese Subkultur hervorbrachte, trugen gleichzeitig zum Fortbestehen dieser Kultur bei und verinnerlichten unbewusst manche ihrer Ideen und Werte.

Längst waren jedoch weitaus größere, beunruhigendere Dinge im Gange im schnell wachsenden digitalen Universum. Während meine Freunde und ich »Jumpman Junior«, »Elite« oder »Maniac Mansion« spielten, während die Cracker, die Kopierer und die Computerspieler eine eigene kleine Netzwelt schufen, machten andere schon viel weitere Reisen durch die frühen Datennetze. Sie interessierten sich vor allem für die Rechner von Behörden, Forschungseinrichtungen, Unternehmen und dem Militär. Um Zutritt zu diesen geheimnisvollen Reichen zu erlangen, die noch fast nur aus Buchstaben bestanden, brauchte man etwas Ausdauer und ein paar zusätzliche Kenntnisse. Viele der ersten Hacker aber begriffen gerade das als eine absolut unwiderstehliche Versuchung. So wie die Cracker es als Sport betrachteten, Kopierschutzmechanismen zu überwinden, trachteten die Hacker schon in den Achtzigern danach, die Sicherheitsmechanismen von Rechenanlagen in aller Welt zu umgehen. Dabei waren gerade deutsche Hacker erschreckend erfolgreich.

Meine Freunde und ich übten uns derweil in harmlosem Eskapismus. Wir lasen Comics, Science-Fiction und Fantasy, spielten Rollen- und natürlich Computerspiele. Ohne zu ahnen, dass all diese Quellen auch der internationalen Subkultur als Inspiration dienten, die schon bald die mächtigsten Geheimdienste der westlichen Welt gegen sich aufbringen würde.

Kapitel 3
Flucht ins All – Spielwelten und Nerd-Kultur

Die »Pac-Man«-Automaten, die ab 1980 die Welt im Sturm eroberten, hatten eine Macke, die jedoch kaum ein Spieler je bemerkte: Beim Erreichen des 255. Levels erzeugte ein Programmierfehler einen mit sinnlosen Grafikschnipseln bedeckten Bildschirm, der das Spiel unspielbar machte und so verhinderte, dass man einfach wieder bei Level eins anfing wie eigentlich vorgesehen. Wer es ohne Fehler bis zu diesem Punkt schaffte, erreichte dabei eine Gesamtpunktzahl von mehr als 3,3 Millionen. Der erste Spieler, dem dies gelang, war ein gewisser Billy Mitchell aus Florida, »der beste Arcade-Videospieler aller Zeiten«, schon in den Achtzigern eine Legende. Er brauchte für seinen Rekord sechs Stunden – oder, je nach Betrachtungsweise, 19 Jahre. Mitchell erreichte den perfekten Pac-Man-Highscore erst 1999.

Die Mitte der achtziger Jahre war für Freunde des Heimcomputers eine paradiesische Zeit. Zwar hatte die Verbreitung der Apples, Commodores, Atari-Computer und all der Raubkopien in den Kinderzimmern der westlichen Welt die Videospielbranche bereits an den Rand des Ruins getrieben. Unternehmen gingen reihenweise Pleite, und der Legende nach wurden irgendwo im Wüstenboden Nevadas Zehntausende Spiel-Cartridges mit dem offiziellen Spiel zum Film »E.T. – Der Außerirdische« vergraben, weil sie niemand mehr haben wollte. Für die Besitzer eines Commodore 64, eines Amiga oder Atari ST aber riss der kostenlose Nachschub an qualitativ hochwertigen Titeln nicht ab. In dieser Zeit wurden Spielegenres entwickelt, die es noch heute gibt, Wirtschaftssimulationen wie »Kaiser« beispielsweise, das meine jüngere Schwester bis zur Besessenheit spielte, einer der Urahnen sogenannter Aufbaustrategiespiele wie »Sim City« oder »Civilization«. Spiele wie »Rambo« oder »Commando« popularisierten ein Genre, das heute »Third Person Shooter« genannt wird: Der Spieler blickt auf seine Spielfigur, lenkt sie durch eine stets äußerst feindliche Welt und nietet mit einem stetig erweiterten Waffenarsenal alles um, was sich drum herum bewegt. Auch wenn man in jenen Tagen noch sehr viel mehr Fantasie brauchte, um in den Pixelhäufchen, die da über einen platten Untergrund krochen, tatsächlich Personen zu erkennen. Die Spiele waren ähnlich brutal und menschenverachtend wie aktuelle Erzeugnisse, es gab jedoch so gut wie keine öffentliche Debatte über Gewaltdarstellungen in Computerspielen. Die tatsächlichen Umsetzungen sahen so abstrakt aus, dass nicht einmal habituell entrüstete Jugendschützer sich darüber so richtig aufregen konnten.

Für mich persönlich war diese Zeit auch deshalb paradiesisch, weil mein zweites Kinderzimmer das erste war, das ich für mich allein hatte. Ich durfte es selbst einrichten und bekam schwarze Möbel, Regale mit Chromgestell und ein Schlafsofa, grau kariert mit bunten Farbklecksen. Daneben stand der graue Computerschrank mit ausziehbarer Platte für die Tastatur und Rauchglastüren. Er wirkte so modern, dass unser kleiner silbergrauer Fernseher mit seinen acht Plastiktasten aussah, als stamme er aus den Fünfzigern.

Multiplayer und Mega-Tetris

Von Anfang an suchten wir nach Möglichkeiten, gemeinsam mit dem Computer zu spielen, aber das war zunächst gar nicht einfach. In der Regel saßen Grüppchen von zwei bis fünf Kindern vor dem Fernseher und wechselten sich ab. Man wartete die meiste Zeit darauf, endlich auch mal dranzukommen. Spiele machten so immer am meisten Spaß, Verknap-

pung schafft Nachfrage. Waren die Gäste weg, verschwand mit
ihnen oft auch der Reiz.

Spiele mit Mehrspielermodus, für die man mindestens zwei
Joysticks benötigte, waren nicht anders als heutzutage meist
auf Wettkampf ausgelegt: Leichtathletik, Autorennen, Ten-
nis, Ballerspiele. Damit es nicht dauernd Krach gab, erfanden
meine kleine Schwester und ich kooperative Spielmodi für
zwei: Bei »Commando« durfte der eine lenken und schießen,
der andere mit der Space-Taste Handgranaten werfen, und bei
»Wizard of Wor« konnte man darauf verzichten, den Mitspieler
abzuschießen, und sich stattdessen gegen rote Killerkrabben
und gelbe Ratten zusammentun.

»Tetris« spielten wir abwechselnd. Wir stapelten stundenlang die Klötzchenkonfigurationen des Russen Alexey Pajitnov
aufeinander und lauschten dabei der hypnotischen, bis heute
faszinierenden Musik, die ein gewisser Wally Beben für die
64er-Version komponiert hat: Ein alles in allem 26 Minuten langer Track aus verschachtelten Loops, unterlegt mit einem syn-
kopisch knirschenden Klopfzeichen-Beat, gelegentlich unterbrochen von kratzigen Pseudogitarrensounds, die heute nach
Acid House klingen.

Elektronische Musik wurde ab der Mitte der Achtziger zum
Rock'n'Roll eines neuen Underground, in London begannen
die Hipster, sich Smiley-T-Shirts überzuziehen, Ecstasy zu schlu-
cken und zum programmierten Sägen, Wummern und Quiet-
schen von 303- und 909-Synthesizern aus dem Hause Roland
zu tanzen. In Detroit erfanden ein paar Radikale den Techno.
Eine neue Avantgarde begann, das Tabula-rasa-Prinzip des leeren Bildschirms auf die Tanzmusik anzuwenden, Pop wurde
dekonstruiert und aus seinen kleinsten Einzelteilen wieder neu
zusammengesetzt. In der Musik verlief die digitale Revolution
schneller und radikaler als in jedem anderen Bereich.

Von den wilden, von Amphetaminen angetriebenen Anfän-
gen der Rave-Bewegung wussten wir in der deutschen Provinz

rein gar nichts. Wir fanden, dass richtige Musik mit Gitarren gemacht wurde. Programmierte Beats waren etwas für Plastik-pop wie dem der verhassten Produzententruppe Stock, Aitken, Waterman, die uns mit Rick Astley, Kylie Minogue, Mel & Kim und zahllosen anderen, immer gleich klingenden Retorten-Acts im Radio quälte. Musik aus Computern, darüber herrschte in meinem Freundeskreis absolute Einigkeit, war von Übel und würde hoffentlich bald wieder verschwinden. Wir gründeten eine Band und spielten Songs von U2, den Beatles, AC/DC und obskuren amerikanischen Blues-Sängern nach. Keyboards waren nur erlaubt, wenn sie in ein ordentliches Rock-Ensemble aus Gitarren, Bass und Schlagzeug eingebunden waren und sich halbwegs zurückhielten. Nur für Wally Bebens »Tetris«-Soundtrack machten wir eine Ausnahme.

Je schneller das Spieltempo wurde, desto erregender klang die Begleitmusik. Bebens 26-Minuten-Stück illustriert das dominierende Prinzip früher Videospiele perfekt: immer hektischer, immer schwieriger. Mindestens so wichtig wie das Erreichen einer hohen Punktzahl war es für uns daher auch, die hinteren Abschnitte des Soundtracks zu hören.

Wie so viele frühe Computerspiele kennt »Tetris« kein echtes Ende. Das ist eine Tradition, die von den Entwicklern der ersten Arcade-Automaten begründet wurde. Egal ob »Space Invaders« oder »Pac-Man«, alle funktionieren nach dem Sisyphus-Prinzip: Gewinnen kann man nie, nur möglichst lange nicht verlie-ren. Jede Runde endet früher oder später mit der Botschaft »Game over«, der digitale Felsbrocken rollt wieder zum Fuß des Berges und man muss den Aufstieg von neuem beginnen. Mit pochendem Herzen, wenn man weit genug gekommen ist, denn irgendwann verwandelt die mentale Anspannung sich in physische Verkrampfung. Nach zwei Stunden »Tetris« hatte man einen steifen Nacken.

Könnerschaft zeigte sich darin, wie lange man das Unver-meidliche hinauszögern und wie viele Punkte man bis dahin anhäufen konnte. Dass das eine böse Analogie zum Leben im westlichen Kapitalismus ist, fiel uns nie auf.

Abspeichern konnte man einen erreichten Zustand nicht, jede Sitzung begann von vorne. Wer ins Bett geschickt wurde, ließ den Rechner über Nacht laufen, um am nächsten Tag nach der Schule an der gleichen Stelle weiterspielen zu können. Es spricht für die Frustrationstoleranz der Spieler der Siebziger und Achtziger, dass das neue Medium dennoch so erfolgreich wurde. Den Computerspielconnaisseuren von heute kann man mit dem Sisyphus-Prinzip nicht mehr kommen. Blockbuster-Spiele müssen heute einen Anfang, eine Mitte und ein Ende haben, ein konkretes Ziel, das man erreichen kann, und in der Regel auch eine passende Geschichte, egal, ob man in die Rolle eines Rennfahrers, eines Elitesoldaten oder eines Profiskaters schlüpft. Daran ist nichts Schlechtes: Nur so konnten sich Spiele zu einem tatsächlich erzählenden Medium mausern. Endlosigkeit liefert anschließend der Multiplayer-Modus: Wer die Geschichte durchgespielt hat, kann sich in Räuber-und-Gendarm-Spielen auf irgendeinem internationalen Schlacht-feld, in Online-Autorennen oder Skateboard-Wettbewerben gegen andere Spieler irgendwo auf dem Globus austoben. Der Wettkampf, daran hat sich nichts geändert, steht immer noch im Vordergrund. Allerdings ist kooperatives Spielen heute dabei selbstverständlich. In Ego-Shootern schließen sich Spieler online zu Teams zusammen, der eine hält dem anderen den Rücken frei.

»Tetris« ist noch der elementare Kampf Mensch gegen Maschine, nicht zu gewinnen und theoretisch unendlich. Die Klötzchen fallen immer irgendwann zu schnell, um sie in die richtige Lage zu rotieren und lückenlose Mauern zu bauen. Trotzdem hat »Tetris« in seinen verschiedenen Inkarnatio-nen, für Heimcomputer, PC, Automaten, Konsole und Game-boy vermutlich mehr Lebenszeit vernichtet als jedes andere Computerspiel, »Pac-Man« eingeschlossen. Bis heute ist es auf jeder neuen mobilen Spieleplattform eines der meistverkauften Spiele. Sogar auf Apples iPhone.

Meiner kleinen Schwester und mir reichte das Spiel allein irgendwann nicht mehr. Also erfanden wir »Mega-Tetris«, »Tetris« plus Quiz: Einer spielte, und der andere saß daneben auf dem grau karierten Schlafsofa und las »Trivial Pursuit«-Fragen vor. Der Spieler musste so schnell wie möglich antworten. Das Ganze war spektakulär genug, dass sich sogar unsere ältere Schwester gelegentlich daneben setzte, um zuzusehen. Jahre später wurde in einer Sat1-Show mit Jörg Dräger, dem letzten großen Schnauzbart der deutschen Fernsehunterhaltung, eine vergleichbare Aufgabe eingeführt: Geschicklichkeitscomputerspiel plus Allgemeinwissensfragen. Wir fühlten uns betrogen. Jemand hatte unsere Idee geklaut.

Ein Universum aus weißen Linien

Das zweite wirklich prägende Spiel dieser Zeit und das vielleicht beste, das es für den C64 je gab, war »Elite«. Es brach die Kästchen, Plattformen, Labyrinthe und Treppen aller bisherigen Computerspiele auf – und ersetzte sie mit einer gewaltigen, unendlich erscheinenden Leere.

»Elite« ließ auf dem Fernsehbildschirm erstmals eine 3-D-Welt erscheinen, doch weil es in dieser Welt viel All und wenig sonst gab, zeigte der Bildschirm die meiste Zeit ein tiefes Schwarz, und verteilt darauf kleine weiße Punkte. Man spielt einen Weltraumpiloten, der in einem aus weißen Linien zusammengesetzten Raumschiff – das man nur im Vorspann zu sehen bekommt, sonst blickt man durch die Frontscheibe in die bestirnte Schwärze – durch eine ferne Galaxie reist. Er kann Hyperraumsprünge von Planet zu Planet machen und auf den sie umkreisenden Raumstationen landen, um dort Handel zu treiben. Die Raumstationen erinnerten mich an die zwanzigseitigen Würfel aus meinen

Rollenspielboxen: symmetrische Objekte mit vielen Ecken und Kanten, die ständig um die eigene Achse rotierten. Sie waren ebenfalls lediglich aus Linien zusammengesetzt und hatten einen scheinbar briefschlitzgroßen Einlass an einer Seite. Diesen Einlass musste man zum Landen mit seinem Schiff genau treffen, sich im simulierten dreidimensionalen Raum exakt senkrecht dazu positionieren und dabei durch seitliche Rollbewegungen mit dem Joystick ständig die Rotation der Raumstation ausgleichen. Eine Aufgabe, die anfangs unlösbar schien.

Jede Kollision mit der Raumstation wurde bestraft: Wer nicht gleich zerschellte, den attackierten die Schiffe der Weltraumpolizisten. Und sie gewannen immer. Die anfänglichen Fehlversuche versorgten einen so mit wert-, aber auch schmerzvollen Lektionen in Sachen Luftkampf. Später, wenn man mit Weltraumhandel genügend Geld verdient hatte, erlaubte das Spiel den Kauf eines Landecomputers, der das Andockmanöver für einen übernahm, begleitet vom »Donauwalzer« von Johann Strauss. Diese Sequenz findet man bei »YouTube« innerhalb weniger Sekunden, aufgezeichnet und hochgeladen von Enthusiasten – Computerspielnostalgiker sind mindestens ebenso besessen von ihrem Hobby wie Modelleisenbahnfetischisten. Die »Elite«-Schöpfer, die Briten David Braben und Ian Bell, zitierten mit dem Strauss-Walzer Stanley Kubricks Science-Fiction-Klassiker »2001«. Ein typisches Beispiel für das komplizierte Spiel mit Zitaten und Querverweisen, das zum Wesen der Nerd-Subkultur ebenso gehört wie zur postmodernen Hochkultur.

Ein Ziel im eigentlichen Sinne hatte »Elite« nicht – außer, seinen Status, seine Reputation innerhalb des simulierten Universums zu steigern. Man begann »harmlos« und konnte sich über verschiedene Stufen bis hin zur »Elite« hocharbeiten. Bis dahin habe ich es nie geschafft, ich erinnere mich aber, wie stolz ich war, als ich endlich den Status »gefährlich« erreicht hatte.

Das Spiel erlaubte es, völlig unterschiedliche Strategien zu verfolgen, unterschiedliche moralische Entscheidungen zu treffen: Man konnte sein Geld mit dem Abbau von Mineralien aus Asteroiden verdienen, mit Piraterie, mit ehrlichem Handel (günstig kaufen, anderswo teurer verkaufen) oder aber mit Drogenschmuggel (hohes Risiko, hohe Gewinne, leichte Gewissensbisse). In der C64-Version gab es eine geheime Sondermission, in der man kleine Pelztierchen namens Trumbles transportieren sollte – um dann festzustellen, dass die sich im eigenen Laderaum rasend schnell vermehrten, so den gesamten Platz ausfüllten und weiteren Handel erst mal unmöglich machten. Das Ganze war ein »Star Trek«-Zitat, noch so ein Nerd-Kultur-Augenzwinkern: In der Originalserie mit Captain Kirk und Spock tauchen mehrmals sogenannte Tribbles auf, kleine, ungemein niedliche, sich rapide vermehrende Pelztierchen, die bereits schwanger geboren werden. Die einzige Möglichkeit, sich in »Elite« von der Trumbles-Plage zu befreien, war ein innerhalb der Spielergemeinde weitergereichter Geheimtipp: Flog man nah genug an eine Sonne heran, sodass das Raumschiff bedrohlich heiß wurde, überlebten die virtuellen Tierchen das nicht – und man konnte ihre Überreste anschließend als Pelze zu Geld machen. Nerd-Humor ist oft ziemlich schwarz.

Der Begriff »Nerd« hieß im amerikanischen Englisch ursprünglich einmal so etwas wie Streber oder Langweiler. Im Laufe der Achtziger jedoch wandelte sich das einstige Schimpfwort zur ironischen, und durchaus mit Stolz getragenen Selbstbezeichnung all jener, die dem Klischee zufolge gut am Computer, aber eher schlecht in Sport waren. Spätestens seit dem Collegefilm »Revenge of the Nerds« von 1984 gehört der Nerd, manchmal auch Geek genannt, zum Standardrepertoire Hollywoods: Wenn der Held eines Films mal jemanden braucht, der am Rechner blitzschnell einen Code knacken oder eine lebenswichtige Information herausfinden kann, ist stets ein junger

Mann zur Stelle, der eine Brille trägt oder übergewichtig ist. Meistens beides. Und der sich immer für Dinge wie Orks, »Star Wars« oder Superhelden interessiert. Überproportional häufig sind Nerds auch die heimlichen Helden von College-Filmen oder Fernsehserien, die personifizierten Underdogs, die sich gegen die Stärkeren, Hübscheren, Beliebteren durchsetzen, allein kraft ihres Geistes. Im dritten Jahrtausend ist Nerd-Ästhetik und Nerd-Kultur zum Mainstream geworden: Erfolgreiche Fernsehserien wie »The IT Crowd« aus Großbritannien oder »Big Bang Theory« aus den USA feiern sozial gehemmte, fantasybegeisterte und computerbesessene Helden, und prototypische Nerds wie Bill Gates (schüchtern, Brille) oder Steve Wozniak (schüchtern, pummelig) sind zu sehr reichen und einflussreichen Menschen geworden. Als Schimpfwort ist »Nerd« heute kaum mehr zu gebrauchen. Noch immer aber steht der Begriff für Menschen, die bereit sind, in erfundenen Welten oder ungewöhnlichen Freizeitbeschäftigungen vollständig abzutauchen.

Ich weiß nicht mehr, wie viele Stunden ich mit »Elite« verbracht habe, aber es dürften zusammengerechnet viele Wochen gewesen sein. Obwohl das Spiel nur aus karger, manchmal ein bisschen ruckeliger Vektorgrafik und Text bestand, übte das Durchreisen des freien, unendlich scheinenden Weltraums eine unglaubliche Faszination aus. Bis heute suche ich dieses Erlebnis in Spielen, das Gefühl, eine unbekannte Welt zu erforschen in der Hoffnung auf Überraschungen. »Elite« war die erste virtuelle Welt, in der man komplett verschwinden konnte. Hätte man sich die Teenager von damals genau angesehen, wenn ihr Bewusstsein über Stunden vom schwarzen TV-Bildschirm aufgesaugt wurde, man hätte ahnen können, was eine von viel Hype und gewaltigen Mengen verbrannten Geldes getriebene Branche erst viele Jahre später herausfand: Um im Kopf eines Menschen eine virtuelle Realität entstehen zu lassen, braucht man weder Datenhelme noch -handschuhe, keine fotorealistische 3-D-Grafik und keinen Surround-Sound. Das Abstraktions- und Vorstellungsvermögen von Menschen am Computer, das ist die Lehre von »Elite«, ist gewaltig. Eine virtuelle Welt muss vor allem eine überzeugende Mechanik bieten und nicht zwingend eine realistische sinnliche Erfahrung (auch wenn das nicht schaden kann). Die Datenbrillen und Cyber-Handschuhe, die in den Neunzigern in jedem zweiten Artikel über die Zukunft der digitalen Welt abgebildet waren, erscheinen einem heute wie fremdartige Requisiten aus einer Zukunft, die dann doch nicht Gegenwart wurde. Wie die Kulissen aus den Science-Fiction-Serien der Sechziger und Siebziger.

Virtuelle Welten dagegen gehören für Millionen Menschen überall auf der Welt zum Alltag, von »World of Warcraft« bis »Second Life«, von der Weltraumsimulation »EVE Online« (die viel mit »Elite« gemeinsam hat) bis zur digitalen Cartoon-Welt »Club Penguin«, in der Kinder mit Pinguin-Avataren unterwegs sind. All diese Angebote erlauben Ausflüge in ausgedachte, simulierte Universen. Um dorthin zu gelangen, braucht man nicht mehr als einen Computer und eine Internetverbindung. Ein einfacher Monitor scheint Menschen als Fenster in virtuelle Welten völlig auszureichen.

Für mich persönlich haben erst die Spiele der »Grand Theft Auto«-Serie dieses Erlebnis einer offenen, frei zu erkundenden Welt so richtig wiederbelebt. Möglich gewesen wäre das auch in Online-Rollenspielen wie »Ultima Online« oder, später, eben »World of Warcraft«, aber ich bin mit diesen von vielen gleichzeitig durchwanderten Spielwelten nie so richtig warm geworden. Vielleicht hat mir »Elite« ein Bedürfnis nach der majestätischen, cowboyhaften Einsamkeit des Weltraumpiloten eingepflanzt. Die extremste Form von Eskapismus führt in Welten, in denen man vollständig allein ist.

Cyberpunks und enge Mieder

In den Achtzigern war die Angst vor Umweltzerstörung, Krieg und nuklearem Holocaust ständig gegenwärtig. Aus unserer Sicht war die exzessive Beschäftigung unserer Generation mit virtuellen Welten aber eben keine Flucht vor diesen realen Bedrohungen, sondern folgerichtig und ganz normal: Was hätte es Interessanteres geben können als Welten, in denen Dinge möglich waren, die es in Wirklichkeit nicht gab? In denen faszinierende Kreaturen hausten und jeder ein Held sein konnte? In denen grundlegende philosophische Fragen täglich Thema waren und die Technologie so weit entwickelt, dass der Mensch seinen Geist direkt mit dem Computer verbinden konnte – mit einem Stecker hinterm Ohr wie in den Romanen der sogenannten Cyberpunk-Autoren?

Das seltsame, aber ziemlich konsistente Sammelsurium dessen, wofür sich viele Computerkids der Achtziger so brennend interessierten, ist inzwischen beinahe zu einer Art Kanon geronnen. Zur Nerd-Kultur gehören nicht nur Computer und Spiele, sondern eine Vielzahl unterschiedlicher Themen, die in den Neunzigern langsam in den Mainstream wanderten. Im gleichen Maße, wie die Nerds dank der wachsenden Bedeutung von Rechnern auch in Wirtschaft und Kultur an Einfluss gewannen – vom Software-Unternehmer über den Computermusiker bis hin zum Webdesigner –, fanden auch ihre Lieblingsthemen Eingang in die Popkultur.

Als mein Freund Jan und ich Anfang der Achtziger zuerst den »Kleinen Hobbit« und anschließend mehrmals Tolkiens »Herrn der Ringe« lasen, erschien uns das noch wie ein avantgardistischer Akt, ein Eintritt in eine geheime, fremde Welt, zu der die Erwachsenen keinen Zutritt hatten. Die »Herr der Ringe«-Ausgabe aus dem Verlag Klett-Cotta, die Jan mir auslieh, sah entsprechend aus: Die Hüllen der dicken Taschenbücher waren giftgrün, auf den Covern wanden sich mächtige Schlangen um dicke Ringe, einzelne Augen starrten einen an. Die Bände glichen heiligen Büchern einer okkulten Sekte, satanistischen Schriften, magischen Manualen.

Zwölfjährige Schüler hatten in den Achtzigern noch ziemlich viel Freizeit, und der Nachschub an fantastischem Lesestoff riss nie ab. In der Würzburger Stadtbücherei hatte ein gründlicher Bibliothekar einige Dutzend Jugendbücher auf dem Buchrücken mit Aufklebern mit der Aufschrift »Fantastisches« markiert. Ich habe jedes Einzelne davon gelesen. Ich lernte jedoch schnell, dass »Jugendbuch«-Science-Fiction überwiegend minderwertiger Schrott war, dass man näher an die Quellen gehen musste, um an den wirklich guten Stoff zu kommen.

In der Nähe unserer Schule gab es einen merkwürdigen kleinen Laden namens »Hermkes Romanboutique«, eine vom Pfeifenrauch des Besitzers durchzogene dunkle Höhle, in der neue und gebrauchte Science-Fiction- und Fantasy-Bücher, Cartoons, Comics und Rollenspielmanuale verkauft wurden. Die Kunden waren überwiegend männlich und zwischen 15 und 25, trugen Jeans, T-Shirt und Turnschuhe – oder Schwarz. Die »Romanboutique« war eine Nerd-Hochburg, auch wenn mir diese Kategorie damals nicht in den Sinn gekommen wäre. Auf dem Heimweg von der Schule legte ich dort regelmäßig Zwischenstopps ein, die immer länger dauerten als geplant und mir danach zu Hause Ärger einbrachten. Der Besitzer, ein freundlicher älterer Herr mit Glatze und Vollbart, den seine Stammkunden mit dem Vornamen ansprachen, hatte nichts dagegen, wenn man vor seinen deckenhohen Holzregalen am Boden kauerte und stundenlang in gebrauchten Heften über »Die Legion der Superhelden«, »Die Gerechtigkeitsliga«, Superman oder Batman blätterte, um dann für ein paar Zehnpfennigstücke einen oder zwei Comics zu kaufen. Auf Superhelden waren meine Schwestern und ich während eines Urlaubs in Südfrankreich verfallen, aus Verzweiflung. Der Zeitschriftenkiosk hatte auf Deutsch nur Liebesromane, Westernhefte und eben Comics über Superhelden im Angebot: Superman, Batman, Wonder Woman (auf Deutsch: Wundergirl), Aquaman, Elastoman, Roter Blitz, Atom und Dutzende andere. Lauter muskelbepackte Athleten in fetischhaften, hautengen Kostümen. Wir kauften die Hefte anfangs mit ironischer Pose, das war ja schließlich Trash-Unterhaltung. Am Strand hängten wir uns Handtücher um die Schultern und ließen sie wie Capes im Wind flattern. Irgendwann waren wir so weit, dass wir ernsthaft darüber debattierten, ob es nicht doch akzeptabel wäre, sich ein Batman-Poster in Lebensgröße ins Zimmer zu hängen.

Die Romanboutique erlaubte es, die neu erworbene Sucht für relativ kleines Geld auch zu Hause zu pflegen. Als ich ins Gymnasium kam, war ich in der Lage, detaillierte Erklärungen über die Freundschaftsverhältnisse und Liebesbeziehungen innerhalb der Gerechtigkeitsliga abzugeben, wusste, dass der Rote Blitz Superman unter bestimmten Bedingungen in einem Wettrennen schlagen konnte, und hatte eine kurze, aber heftige Fantasieaffäre mit Wonder Woman hinter mir, die mir mit ihrem knallengen Sternchenmieder, ihren kugelsicheren Armbändern und ihrem unsichtbaren Düsenjet völlig den Kopf verdreht hatte.

Comics waren jedoch nur die Einstiegsdroge: Der freundliche Mann mit der Pfeife in der Romanboutique besaß ein enzyklopädisches Wissen über die fantastische Literatur des 20. Jahrhunderts, empfahl Bücher und freute sich, wenn man wiederkam. Ich las Philip K. Dick und Robert Sheckley, Robert Heinlein und Stanislav Lem, Isaac Asimov und Brian W. Aldiss, John Brunner, Bruce Sterling und William Gibson. Als ich irgendwann in Michael Endes »Die unendliche Geschichte« auf die Buchhandlung stieß, in der Held Bastian den Band findet, der ihn in eine Fantasiewelt transportiert, war ich überzeugt, den Laden schon zu kennen. Man findet so ein Geschäft in den Biografien vieler meiner Altersgenossen: Die Rollenspiel-, Comic-, Science-Fiction- und Fantasy-Shops unserer Kindheit waren die Tore zu einer eigenen Subkultur, wie Plattenläden für hippe Großstadtkinder.

Die »Romanboutique« ist bis heute ein Treffpunkt unterfränkischer Rollenspieler. Schon damals bot der Laden alles an, was man dazu in den Achtzigern brauchte: die roten Schachteln von »Dungeons & Dragons«, die schwarzen von »Das schwarze Auge«, Manuale aller gängigen Spielsysteme von »Midgard« über »Mittelerde« bis hin zu »Call of Cthulu« und dem unglaublich komplexen »Rolemaster«. Außerdem Würfel in allen Farben und Formen, von vier- bis zwanzigseitig, Paladine, Goblins und Drachen, Kampfroboter und Science-Fiction-Panzer aus Zinn, Spezialfarbe zum Bemalen der Zinnfiguren, Spezialpapier zum Zeichnen von Rollenspiellandkarten und sogar ein paar Simulationswaffen in Originalgröße, Schwerter, Äxte und Schilde für Live-Rollenspiele im Wald.

Diese Spielzeugwaffen stehen für die maximale Annäherung des Rollenspielers an die Wirklichkeit, »Rolemaster« dagegen ist die Apotheose des zahlenversessenen Aspekts der Szene, der maximalen Abstraktion: Das selbst unter Veteranen gefürchtete Spielsystem ist in mehreren bildbandgroßen Büchern niedergelegt, die fast vollständig mit Tabellen gefüllt sind. In ihnen muss ein Spielleiter beispielsweise nachschlagen, was genau geschieht, wenn ein Held einer bestimmten Spielstufe mit einer bestimmten Waffe einen Gegner einer bestimmten Klasse, mit einer bestimmten Bewaffnung und Rüstung attackiert und dabei mit einem zehnseitigen Würfel eine Acht wirft. Alle Rollenspiele haben solche Tabellen, aber »Rolemaster« hat die meisten und umfangreichsten und wird innerhalb der Szene deshalb manchmal zu »Rulemaster« (Regelmeister) verballhornt. Die wenigen Hardcore-Nerds, die ihre Freizeit tatsächlich mit dem Studium (seltener der tatsächlichen Benutzung) dieses kompliziertesten aller Regelwerke verbrachten, wurden von normalen Eskapisten wie mir und meinen Freunden mit einer Mischung aus Ehrfurcht und leiser Verachtung betrachtet. Gleichzeitig waren »Rolemaster«-Experten auch am ehesten diejenigen, die sich zu Hause an ihren C64 setzten und Programme zum Auswürfeln all der Spielvarianten schrieben, die nerdigsten unter den Nerds. Heute sind einige von ihnen Multimillionäre, die Herren über Azeroth, Norrath und Co. Simulierte Fantasiewelten in eine berechenbare Form zu gießen ist eines der lukrativsten Geschäftsmodelle der Gegenwart, sei es im Kino oder am PC.

All die Manuale und Tabellenkompendien gibt es heute noch. Die Mehrheit der weltweit inzwischen Abermillionen von Rollenspielern überlässt das Würfeln, Ausrechnen und Nachschlagen heute aber lieber dem Computer. Allein »World of Warcraft« hatte im Sommer 2010 zwölf Millionen zahlende Abonnenten, die als Orks oder Tauren, Elfen oder Zwerge eine von Hunderten Kopien der Online-Welt Azeroth durchwandern. Der »World of Warcraft«-Betreiber Blizzard Entertainment, mittlerweile mit Activision zum größten Computerspielkonzern der Welt verschmolzen, setzte allein mit »World of Warcraft« Schätzungen zufolge im Jahr 2008 über eine Milliarde Dollar um. Blizzard-Mitgründer Frank Pearce erklärte mir einmal in einem Interview, er betrachte sich selbstverständlich als Geek und, ja, er liebe Science-Fiction und Fantasy noch immer. Pearce ist einer von denen, die aus ihren Nerd-Wurzeln ein kleines Imperium gemacht haben. Auf die Frage, ob Nerds oder Geeks nun die Weltherrschaft an sich reißen würden, antwortete er: »Vielleicht erobern die Geeks nicht die Welt, sondern alle anderen holen endlich auf und beginnen, die Dinge schätzen zu lernen, von denen die Geeks schon immer wussten, dass sie cool sind.«

In den Achtzigern bildeten Rollenspieler ein Kontinuum. Am einen Ende die Tabellen- und Würfelversessenen, die

Fahrplan-Auswendiglerner. Und am anderen diejenigen, die sich nur für die Geschichten und die Charaktere interessierten, für das gemeinsame Erzählen und gleichzeitige Erleben von Abenteuern. Meine Freunde und ich neigten eher der letzten Kategorie zu. Wir probierten »Das schwarze Auge«, »Midgard« und das »Mittelerde Rollenspiel System«, das uns allerdings vor das zentrale Problem stellte, dass man in der Welt des »Herrn der Ringe« dann doch immer gleich gegen Ringgeister oder Sauron persönlich antreten will, was die Anzahl der spielbaren Geschichten naturgemäß ziemlich einschränkt. Wir versuchten auch Abseitigeres wie »Paranoia«, ein Science-Fiction-Spiel, in dem Misstrauen gegen alles und jeden ein zentrales Element ist, sowie die Fantasy-Football-Simulation »Blood Bowl«, in der ein Troll-Quarterback einen Goblin samt Ball in die Endzone des Gegners werfen kann, um einen Touchdown zu erzielen. Und wir spielten Steve Jacksons »Illuminati«, ein satirisches Kartenlegespiel, das von der »Illuminatus!«-Trilogie von Robert Anton Wilson und Robert Shea inspiriert ist. Diese Trilogie ist einer der Schlüsseltexte der komplexen, mit Zitaten, Querverweisen und Anspielungen gespickten Nerd-Kultur der Achtziger. Auch wenn viele der selbst erklärten Fans – mich eingeschlossen – die drei umfangreichen, ziemlich verwirrenden Bände in Wahrheit niemals zu Ende gelesen haben.

Im Spiel »Illuminati« besteht die Aufgabe darin, eine möglichst ausufernde und zwangsläufig absurde Machtstruktur aus Einflussgruppen und Geheimgesellschaften aufzubauen, darunter die »Bayrischen Illuminati«, die CIA und UFOs, aber auch das Bermuda-Dreieck und die »Diener Cthululus«. »Illuminati« nahm die ohnehin satirisch gemeinte, von einer komplizierten Weltverschwörung handelnde Wilson-Trilogie als Vorlage und stellte die Frage ins Zentrum, wie so eine von sinistren Mächten heimlich gelenkte Gesellschaft denn nun konkret aussehen könnte – mit kuriosen Ergebnissen. Ein kleiner Ausschnitt aus einer typischen »Illuminati«-Struktur sieht so aus: Die »Internationale Kommunistische Verschwörung« kontrolliert den Staat Kalifornien und die »Gnome von Zürich«, die wiederum Kontrolle über die »Gesellschaft für Zwietracht«, die Mafia und die »Star Trek«-Fans ausüben. Es gehört zu den bizarreren Wendungen der Geschichte der Nerd-, Hacker- und Computerkultur, dass sowohl die »Illuminatus!«-Trilogie als auch der Hersteller des »Illuminati«-Spiels in den für die Hacker-Szene prägenden Ereignissen am Ende der Achtziger und zu Beginn der Neunziger jeweils zentrale Rollen spielen sollten – aber dazu später.

Die »Diener Cthulus« entstammten den Horrorgeschichten des amerikanischen Schriftstellers H. P. Lovecraft, noch so einem Eckpfeiler der Nerd-Kultur. Lovecrafts Geschichten spielen alle in den zwanziger und dreißiger Jahren des vergangenen Jahrhunderts, es geht darin um uralte, äußerst hässliche, aber mächtige Gottheiten, »in der Tiefe« hausende Monster, deren Namen immer zu viele Konsonanten am Stück enthalten. Und um wahnsinnige Kultisten, die versuchen, die uralten Wesen und Gottheiten zu beschwören, damit diese der Menschheit unaussprechliche Dinge antun. Die Geschichten durchweht eine Atmosphäre der Verlorenheit, der Verzweiflung und des Wahnsinns angesichts dunkler Mächte, die der vermeintlich heilen Welt im Tentakelumdrehen den Garaus machen könnten – eine hervorragende Metapher für das Lebensgefühl der Achtziger.

Natürlich existiert auch zu Lovecrafts Welt ein passendes Rollenspiel. »Call of Cthulu« unterscheidet sich von anderen Spielsystemen unter anderem dadurch, dass die größte Gefahr, die einer Spielfigur droht, nicht der Tod ist: Jede Begegnung mit einem Ungeheuer, einem Vampir oder den grausigen Taten verblendeter Monsterbeschwörer erhöht das Risiko, dem Wahnsinn zu verfallen. Weil das aber äußerst lästig und für den Spielverlauf eher hemmend ist, verzichteten meine

Freunde und ich in unserer Version des Spiels nach und nach auf die Wahnsinnswürfelei. Die Spielfiguren in unseren »Cthulu«-Runden überlebten in der Regel körperlich und geistig unversehrt, sie kriegten immer noch gerade so die Kurve. Dafür gruselten sich die Spieler umso mehr. Wir beleuchteten unsere Spielrunden mit flackernden Kerzen und schnitten Kassetten mit möglichst gruseligen Musikstücken zusammen, von alten Pink-Floyd-Platten zum Beispiel oder aus Film-Soundtracks. »Shine on you crazy Diamond« bekommt einen ganz anderen Klang, wenn währenddessen ein flackernd erleuchteter Spielleiter in langsamen Sätzen beschreibt, dass am Grund des eben frei gelegten Brunnens offenbar die Überreste lebendig verdauter Hühner herumliegen. Einmal ging während so einer Spielrunde in meinem Zimmer knarrend die Tür eines von der Heizungswärme verformten Einbauschranks auf, was allgemeines Entsetzen und einen großen, klebrigen Fantafleck auf dem hellgrauen Teppichboden zur Folge hatte.

Rollenspiele wurden damals von manchen Zeitgenossen mit dem gleichen Argwohn, der gleichen hysterischen Besorgnis betrachtet wie heute Computer- und Videospiele. Der Chicagoer Psychologe Thomas Radecki etwa verbreitete jahrelang, es gebe 45 Todesfälle, die eindeutig auf »Dungeons & Dragons« zurückzuführen seien, ohne jedoch dafür Belege anzuführen. »Wegen dieses Spiels werden Kinder ermordet«, behauptete Radecki und fand damit bei gewissen US-Medien ein offenes Ohr, »unsere Teens finden nicht mehr aus dem Dungeon heraus.« Heute kann als gesichert gelten, dass das blanker Unsinn ist, und auch damals gab es keine Hinweise auf schädliche Wirkungen des gemeinsamen Erzählens von Fantasiegeschichten. Die Hausfrau und Mutter Pat Pulling, deren vermutlich psychisch kranker Sohn sich das Leben genommen hatte, gründete eine Initiative namens »Bothered About D&D« (BADD), weil sie der Meinung war, ein durch einen Spielleiter ausgesprochener Fluch habe ihren

Sohn in den Suizid getrieben. Pulling behauptete sogar, D&D sei von Satanisten konzipiert worden, um für »Vergewaltigungen, Kannibalismus und Nekromantie« zu werben. Dafür erhielt sie viel Unterstützung von der christlichen Rechten in den USA.

Es erging den Rollenspielen wie nahezu jeder anderen maßgeblich von Jugendlichen gepflegten Subkultur: Sie wurden von Menschen, denen jegliche Betätigung außerhalb ihres eigenen Erfahrungshorizonts suspekt ist, verteufelt und für alles Übel der Welt verantwortlich gemacht. Was der Begeisterung der Spieler selbst natürlich keinerlei Abbruch tat, im Gegenteil.

Nerd-Kultur wird Popkultur

Die Zahl derer, die in den Achtzigern tief in dieser Nerd-Kultur versanken, ist größer, als man das gemeinhin annehmen würde. Man erkennt sie zum Beispiel daran, dass sie immer den gleichen Witz machen, wenn bekannt wird, dass jemand heiraten will. Irgendeiner wird schief grinsen und sagen: »Ein Ring sie zu knechten, sie alle zu binden …« Das Zitat aus dem Eröffnungsgedicht des »Herrn der Ringe« gehört zum Sprachschatz meiner Generation wie Sprüche von Heinz Erhard zu dem der vorangegangenen. Dass es wirklich jeder kennt und erkennt, ist einer Entwicklung zu verdanken, die wir damals nicht voraussehen konnten: Unsere ja doch eigentlich als exklusiv empfundene, als Mittel der Abgrenzung verstandene Beschäftigung mit Science-Fiction, Fantasy, Rollenspielen und Superhelden ist ins Zentrum der Popkultur gerückt. Jeder Taxifahrer weiß heute, wofür die Zahl 42 steht. Als mein Freund Jan einen weltoffenen Deutschreferendar an unserer Schule in der sechsten Klasse überredete »Per Anhalter durch die Galaxis« als Klassenlektüre zu lesen, war das noch ein subversiver Akt (den ich missbilligte, weil ich der Meinung war, das Buch sei nun wirklich nicht für jedermann gemacht). 2005 wurde der Stoff dann verfilmt – und spielte weltweit über 100 Millionen Dollar ein. Und das ist kein Einzelfall.

2009 war James Camerons »Avatar« der finanziell erfolgreichste Film (und wurde dabei gleichzeitig der erfolgreichste Film der Geschichte), gefolgt von einem »Harry Potter«- einem computeranimierten »Ice Age«- und einem »Transformers«- Film, in dem Nerd-Spielzeug aus den Achtzigern die Hauptrolle spielt. 2010 landete kein einziger Film in den globalen Top Ten, der nicht an Nerd-Instinkte appelliert – Magie, Vampire, Superhelden, Sci-Fi, Animation. Noch deutlicher wird der Effekt, wenn man sich die Liste der umsatzstärksten Produktionen aller Zeiten ansieht: Unter den 30 erfolgreichsten Filmen der Welt ist nur ein einziger, der nichts mit Science-Fiction, Fantasy, Superhelden oder Computeranimation zu tun hat: »Titanic«. Nerd-Kultur ist heute Leitkultur.

Spätestens seit den »Matrix«-Filmen der Wachowski-Brüder sind auch die abseitigeren Ideenwelten aus dem Reich der Science-Fiction im Mainstream angekommen, Geschichten im Geiste von Philip K. Dick, Robert Sheckley und anderen, die erfundene Universen erschufen, um darin Gedankenexperimente über das menschliche Bewusstsein, den freien Willen, Illusion, Simulation und Realität ablaufen zu lassen.

Viele der Bücher und Ideen, die wir in den Achtzigern für unsere geheime, von der Welt der Erwachsenen abgekoppelte Untergrundliteratur hielten, die von Eltern mit milder Skepsis und von Deutschlehrern mit Argwohn bis Verachtung betrachtet wurde, sind heutzutage verlässliche Umsatzbringer. Der Hang zum Eskapismus hat keinen Deut nachgelassen, im Gegenteil. Der Ausstieg aus der realen Welt ist zu einer bevorzugten Beschäftigung geworden. Den Inhalt von eigentlich für Jugendliche gedachten Büchern wie denen der »Harry Potter«-Reihe sollte man heute auch als Erwachsener zumindest grob kennen, alles andere gilt als peinliche Bildungslücke.

Wer 1984 wusste, wer Sauron ist, war ein Eingeweihter. Wer es 2010 nicht weiß, ist ein Ahnungsloser.

Einzig die wirklich zentralen Werke der »Cyberpunk«-Literatur, etwa die bis heute extrem einflussreichen Romane von William Gibson, hat sich die große Wiederverwertungsmaschine Hollywood bislang nicht angeeignet. Diverse Gibson-Verfilmungen sind bereits im Vorfeld gescheitert. Dabei haben seine Romane und Kurzgeschichten, allen voran die »Neuromancer«-Trilogie, wohl größeren Einfluss auf tatsächliche Entwicklungen in der realen Welt gehabt als irgendein anderes Stück Literatur aus den Achtzigern. Gibson ist ein Jules Verne des Computerzeitalters, einer, der schon eine visuelle Metapher für das Internet präsentierte, bevor das World Wide Web erfunden wurde. In seiner »Neuromancer«-Welt können Menschen über am Kopf angeklebte Elektroden oder andere Zugänge direkt in die Datennetze einsteigen, körperlos durch einen virtuellen Raum aus Licht und Information fliegen, einen Ort, dem Gibson den Namen »Cyberspace« gab. Manche haben implantierte Steckplätze am Kopf, in die sich bei Bedarf Speicherchips einschieben lassen, die Informationen enthalten, etwa Fremdsprachenkenntnisse. Die besten unter den Datenreisenden werden »Konsolen-Cowboys« genannt und können die Sicherheitsmechanismen überwinden, mit denen große Unternehmen, Regierungen oder Militärs ihre Rechnersysteme gegen Eindringlinge zu schützen versuchen. In Gibsons Welt ist das eine lebensgefährliche Beschäftigung: Das »schwarze Eis«, mit dem die Informationsgiganten seiner düsteren Zukunft ihre Schatzkammern umgeben, kann für jeden tödliche Auswirkungen haben, der damit in Berührung kommt. Die Konsolen-Cowboys riskieren, dass ihnen ein Stromschlag das Gehirn grillt, wenn sie sich durchs »black ice« zu wühlen versuchen. Die Welt, in der diese Konsolen-Cowboys leben, ist ein düsterer, von der Turbo-Globalisierung veränderter Ort: Unternehmen sind dort so mächtig wie Staaten und halten sich eigene Armeen, die Menschen betäuben sich mit Drogen oder versinken in virtuellen Realitäten, um der realen Welt zu entfliehen. Die »Cyberpunks« – ein Begriff, der zur Beschreibung von Gibsons Antihelden geprägt wurde, bei ihm selbst aber nicht vorkommt – sind die Outlaws dieser dystopischen Gesellschaften, die sich der Kontrolle, Überwachung und Ruhigstellung durch die Mächtigen entziehen und in den Datennetzen nach Freiheit suchen. Andere Autoren neben Gibson, etwa Rudy Rucker und Bruce Sterling, entwarfen ähnliche finstere Zukunftsvisionen.

»Der Schockwellenreiter« von John Brunner ist einer der weniger bekannten Schlüsseltexte dieser Jahre, ein Vorläufer der Cyberpunk-Literatur der Achtziger. Das Buch ist ein auch aus heutiger Sicht noch enorm weit blickend wirkender Bericht aus einer düsteren Zukunft, in der skrupellose Wissenschaftler künstliche Wesen züchten, eine ultramobile Business-Elite ihr entwurzeltes Dasein nur noch mithilfe von Tranquilizern ertragen kann und Eltern ihre Kinder an Albtraumagenturen übergeben, die dann zu Erziehungszwecken freudianische Traumata wie den Mord an der eigenen Mutter inszenieren. Der Held der Geschichte ist ein einsamer, hyperintelligenter Untergrundkämpfer, der das computergestützte Überwachungssystem seiner Gesellschaft so gut beherrscht, dass er sich von einem normalen Münztelefon aus jederzeit eine neue Identität verschaffen kann: eine Art Super-Phone-Phreak. Er wird schließlich zum Schöpfer des ersten Computerwurms, eines sich selbst replizierenden digitalen Organismus, der es ihm ermöglicht, das von der Regierung kontrollierte nationale Computersystem aus den Angeln zu heben, um einen Atomkrieg zu verhindern.

Genau so wollten sich viele der erfolgreichsten Hacker der achtziger Jahre selbst sehen. »Der Schockwellenreiter« erschien im Jahr 1975 – drei Jahre vor der Eröffnung der ersten privaten Mailbox, 23 Jahre vor dem Start von Google und 13

Jahre, bevor der amerikanische Student Robert Morris 1988 versehentlich den ersten echten Computerwurm der Geschichte freisetzte. Bis heute ist das Buch ein unterschätzter, prophetischer Meilenstein.

Dass das Leben manchmal die Kunst imitiert, ist nichts Neues: Mafia-Fahnder etwa berichten immer wieder davon, dass manche Figuren des organisierten Verbrechens versuchen, sich so zu benehmen, so zu kleiden, so zu sprechen wie die Antihelden aus Francis Ford Coppolas »Der Pate« oder Martin Scorseses »Goodfellas«. Selten aber dürfte die Wirkung von Literatur auf reale Entwicklungen so unmittelbar gewesen sein wie im Fall der Computerkids der Achtziger. Die Belege für diese These sind mannigfach: Viele Mailboxen trugen zum Beispiel eindeutig auf Gibson und andere Cyberpunk-Autoren verweisende Namen.

Eine legendäre Hacker-Mailbox, die in den späten Achtzigern von den Mitgliedern der nicht minder legendären amerikanischen Hacker-Truppe »Legion of Doom« frequentiert wurde, trug den Namen »Black Ice«. Überhaupt waren die vielen Facetten der Nerd-Kultur eine Hauptquelle für all die seltsamen Spitznamen vieler Hacker, Cracker und Democoder. Ein berühmter norwegischer Kopierschutzknacker führte den Kampfnamen »Sauron«, Cracker-Gruppen nannten sich »Arkham« (eine fiktive Stadt im Werk von H. P. Lovecraft und der Name des Irrenhauses in »Batman«-Comics), »Deathstar« (der Todesstern aus »Star Wars«) oder schlicht »Fantasy«. »Legion of Doom« ist eigentlich der Name der bösen Gegenorganisation zur »Legion der Superhelden« im Comic-Universum des DC-Verlags – ihr Anführer, in der Comic-Welt wie im digitalen Untergrund, wurde »Lex Luthor« genannt. Der erste Chefanwalt der Bürgerrechtsorganisation »Electronic Frontier Foundation« – von ihr wird noch zu reden sein – nannte sich online »Johnny Mnemonic«, nach einer Figur aus einer Kurzgeschichte von William Gibson. Und eines der ältesten und bekanntesten

deutschen Weblogs heißt noch heute »Der Schockwellenreiter«. Kurz: Die Avantgarde des digitalen Untergrunds dies- wie
jenseits des Atlantiks hätte samt und sonders zur Stammkund-
schaft der Romanboutique gehören können.

Zu den Fans abseitiger Science-Fiction, insbesondere des
»Schockwellenreiters« und der »Illuminatus!«-Trilogie gehör-
ten auch der Gründer des »Chaos Computer Clubs«, Wau
Holland, und der deutsche KGB-Hacker Karl Koch. Die Hacker-
Truppe, der der spätere WikiLeaks-Gründer Julian Assange
Ende der Achtziger in Australien angehörte, nannte sich selbst
»Cypherpunks«. Rund um den Globus fühlten Hacker eine
Seelenverwandtschaft zu den Helden aus den Romanen von
Gibson, Brunner und Co. Die unaufhaltsame Ausbreitung von
Datennetzen, die Entfaltung dieses neuen, digitalen Raums
schienen diese Autoren vorausgesehen zu haben. Deutsch-
lands heute berühmtester Hacker zerbrach am Ende vielleicht
daran, dass er den Unterschied zwischen Fiktion und Realität
nicht mehr erkennen konnte. Ohne etwas über sein Schicksal,
seine Taten und deren Folgen zu wissen, ist es kaum möglich,
Deutschlands heutigen Blick auf Computer und das Internet
zu verstehen.

Kapitel 4
Hacker = Verräter

Im Jahr 1983 bezogen die ersten Bundestagsabgeordneten der Grünen, darunter Petra Kelly, Antje Vollmer, Joschka Fischer und Otto Schily, ihre Büros in einem Hochhaus namens Tulpenfeld an der Bonner Konrad-Adenauer-Allee. Zum mitgebrachten Mobiliar gehörte unter anderem eine abgestorbene Tanne als mahnendes Symbol für das Waldsterben. Zwei Jahre später, 1985, brachte der junge Fraktionsmitarbeiter Joachim Schmillen statt einer toten Zimmerpflanze einen PC in sein Büro. Viele Grünen-Abgeordnete waren schockiert: Der Computer werde doch sicher eine »arbeitsplatzzerstörende« Wirkung entfalten. Nach einer heftigen Debatte zwang die Fraktion Schmillen, das Gerät wieder mit nach Hause zu nehmen.

Am 26. April 1986 gegen halb zwei Uhr morgens geriet Aleksandr Akimow an seinem Arbeitsplatz in Panik und drückte den Havarieschalter. Statt jedoch den Reaktor, wie er es eigentlich vorgehabt hatte, abzuschalten, sorgte der Schichtleiter mit diesem Knopfdruck endgültig dafür, dass Block vier des Kernkraftwerks Tschernobyl außer Kontrolle geriet. Eine Kernschmelze und die anschließende Explosion verseuchten das Umland des Kraftwerks auf Jahrzehnte hinaus und schleuderten eine radioaktive Aerosolwolke weit hinauf in den Himmel über der Sowjetunion.

Es dauerte Tage, bis das ganze Ausmaß des Super-GAUs im ukrainischen Atomkraftwerk in Westeuropa bekannt wurde. Als schließlich herauskam, was da tatsächlich geschehen war, begannen wir in Windeseile zu lernen: Auf dem Pausenhof wurden Begriffe wie Becquerel, Gray und Cäsium innerhalb von Tagen dem Alltagswortschatz hinzugefügt. In manchen Familien mussten die Schuhe nun immer und auf jeden Fall vor der Wohnungstür ausgezogen werden, um keine Radioaktivität von der Straße hereinzutragen. In den Nachrichten ging es um Anreicherung, Halbwertzeiten, Risikolebensmittel – Wild, Innereien, Pilze – und die Frage, ob die Bauern Süddeutschlands ihre Feldfrüchte lieber gleich unterpflügen sollten, statt sie zu ernten. Die schlimmste Angst hielt sich nicht länger als ein paar Wochen, doch die persönliche Begegnung mit dem Albtraum entwickelte eine nachhaltige Wirkung.

Die Reaktorkatastrophe von Tschernobyl gehört zu den prägenden Erfahrungen meiner Generation. Sie schien die schlimmsten Befürchtungen der Anti-Atomkraft-Bewegung zu bestätigen, bestärkte die Demonstranten auf dem Gelände der geplanten Wiederaufbereitungsanlage Wackersdorf, in Brokdorf und Gorleben in ihrer verzweifelten Ablehnung der Atomprojekte, weckte erschreckende Erinnerungen an »Die letzten Kinder von Schewenborn« von Gudrun Pausewang, das in den frühen Achtzigern eine beliebte Schullektüre war. Sollte sich die Menschheit am Ende doch nicht, wie bei Pausewang, durch einen Atomkrieg selbst ihrer Lebensgrundlage berauben, sondern durch schlichte Schusseligkeit im Umgang mit hochgefährlicher Technik? All die Emotionen, die 2011 von der Kraftwerkskatastrophe im japanischen Fukushima ausgelöst wurden, erlebten wir damals schon einmal.

Für einen damals 20-jährigen Waisen aus Hannover hatte die Katastrophe von Tschernobyl eine noch ungleich persönlichere Bedeutung. Der Hacker Karl Koch alias »Hagbard Celine«, zu diesem Zeitpunkt bereits schwer kokainabhängig, im Griff einer sich entwickelnden Psychose und besessen von Verschwörungstheorien über heimliche Weltherrscher, glaubte, er sei schuld am Super-GAU. Kurz vor dem

Reaktorunfall war er mithilfe seines Rechners und einer Telefondatenverbindung in russische Computersysteme eingedrungen. Nun hielt er sich für den Verursacher der Katastrophe. Kurze Zeit später landete Koch in der Psychiatrie. Drei Jahre später war er tot, und bis heute ist umstritten, ob er sich umgebracht hat oder ermordet wurde. Karl Koch ist eine Schlüsselfigur in der Entwicklung der Beziehung zwischen den Deutschen und dem Digitalen – auch wenn seinen Namen bis heute kaum jemand kennt.

Der Regisseur Hans-Christian Schmid hat Karl Koch in seinem Film »23« ein Denkmal gesetzt. August Diehl spielt ihn darin als einen Gehetzten, Getriebenen, verzweifelt nach Wahrheit Suchenden. Für ihn sei Kochs Tod der Ausgangspunkt für die Auseinandersetzung mit Deutschlands junger Hacker-Szene gewesen, schrieb Schmid später: »Wieso musste Karl sterben? Das war die Frage, zu der wir immer wieder zurückgekehrt sind.« Aus heutiger Sicht ist Kochs Tod ein Wendepunkt: Der 23. Mai 1989 war der Tag, an dem die deutsche Hacker-Bewegung endgültig ihre Unschuld und jede spielerische Leichtigkeit verlor.

Auch wenn inzwischen als erwiesen gelten kann, dass Karl Koch rein gar nichts für die Kernschmelze in Block vier des Kraftwerks in Tschernobyl konnte – völlig abwegig war seine fixe Idee, er sei dafür verantwortlich, nicht. Immerhin gehörte er Mitte der achtziger Jahre zur Gruppe der effektivsten kriminellen Hacker Deutschlands. Von den vergleichsweise harmlosen digitalen Aktivitäten der Cracker und Democoder war das, was Koch und seine Kumpel konnten und taten, meilenweit entfernt – obwohl er, genau wie sie, mit einem Commodore 64 angefangen hatte.

Berühmt wurden Koch und seine Komplizen »DOB«, »Pengo« und »Urmel«, weil sie in Rechnersysteme überall in der westlichen Welt eingedrungen waren, um dort Erbeutetes mit der Hilfe des Casinocroupiers und Hobby-Dealers »Pedro« an den sowjetischen Geheimdienst zu verkaufen. Ihre Taten gingen als »KGB-Hack« in die Geschichte ein und sorgten auch in den USA dafür, dass man die anarchischen Datenreisenden nun mit wachsendem Argwohn betrachtete.

War Games

Ich selbst habe zwar eine sehr klare Erinnerung an den Mauerfall, aber keine an das Auffliegen des KGB-Hacks und seine Folgen. Obwohl mich das Thema durchaus interessiert hätte: Wie fast alle meine Altersgenossen hatte ich selbstverständlich »War Games« gesehen, und zwar mehrmals – den Film, in dem Matthew Broderick als jugendlicher Hacker versehentlich in einen Rechner der US-Luftverteidigungszentrale Norad eindringt und dort, weil er das Ganze für ein Computerspiel hält, beinahe den dritten Weltkrieg auslöst. Der entscheidende Trick, den er dabei anwendet, ist ein Gang in die Bibliothek: Er findet anhand alter Zeitungsausschnitte heraus, dass der Programmierer des Computersystems, in das er einzudringen versucht, vor Jahren seinen Sohn verloren hat. Dessen Name erweist sich als das Passwort, das die Hintertür in den Militärcomputer öffnet: Joshua. Natürlich geht das Ganze am Ende gut aus, der Rechner lässt sich mit Vernunft von seinen vorprogrammierten Weltkriegsplänen abbringen und Hacker David bekommt sogar das Mädchen, in das er sich verliebt hat. »War Games« war ein echtes Stück Hollywood – aber eins mit weitreichenden Folgen.

Der Film prägte das Selbstbild einer ganzen Generation junger Computerfans. Der australische Cracker »JazzCat« erinnerte sich 2006: »›War Games‹ ließ Hacken glamourös erscheinen. Und einfach. Einigen Schätzungen zufolge nahm die Zahl der Hacker in den USA nach ›War Games‹ um 600 Prozent zu. Die Anzahl der Modem-Nutzer nahm auch zu, um 1200 Prozent. Das machte das Hacken einfach, denn einer anderen

Schätzung zufolge benutzte ein Drittel der Hacker dieser ›War Games‹-Generation das Passwort ›Joshua‹.«

Im Jahr 2008, zum 25. Geburtstag des Films, wurde »War Games« in den heiligen Hallen von Google noch einmal gezeigt. Google-Mitgründer Sergey Brin sagte dazu: »Viele von uns sind mit diesem Film aufgewachsen. Es war der Schlüsselfilm einer Generation, insbesondere für diejenigen von uns, die jetzt mit Computern arbeiten.«

Ein Schlüsselfilm war »War Games« auch für Karl Koch. Als er sich in der Hannoveraner Szene als Hacker etabliert hatte, wollte er ebenfalls einmal ins NORAD-Computersystem des US-Militärs eindringen, so wie Matthew Brodericks Figur im Film. Einer seiner Hacker-Kumpels erzählte dem Regisseur Hans-Christian Schmid später, Koch habe den Zugang eines Tages tatsächlich gefunden – aber dann hätten die beiden sich nicht hineingetraut in den Militärrechner: »Wir loggen uns da nicht ein, sonst gehen garantiert irgendwo rote Lichter an.« Später waren Koch und seine Kumpane weniger zimperlich, sie brachen in Rechnersysteme überall in Europa und den USA ein und stahlen Material, was das Zeug hielt.

Für mich selbst war ein Modem Mitte der Achtziger noch schlicht unerreichbar, die Abenteuer von David und seiner Freundin waren und blieben für meine Freunde und mich Science-Fiction. Bei Karl Koch war das anders – er besorgte sich sein erstes Modem schon als Teenager. Nachdem seine Eltern nacheinander beide an Krebs gestorben waren, investierte er seine Erbschaft unter anderem in eine Rechneranlage und zog nach Hannover. In kurzer Zeit knüpfte er Kontakte zu lokalen Hackern. Man traf sich regelmäßig in Kneipen, die Gruppe nannte sich nach Hannovers Postleitzahl ironisch »Leitstelle 511«. Tim Pritlove, langjähriges Mitglied des Chaos Computer Clubs (CCC) und heute Radiomacher und Podcaster, saß als einer der Jüngsten öfter mit am Tisch: »Das war eine Spezialisten-, eine Hacker-Runde, lauter extrem nette, aufgeschlossene Leute, und davon war Karl eben ein Teil«, sagt er. »Das war ja kein kriminelles Zusammentreffen, sondern da saßen eben Leute, die sich für Computer interessierten und darüber reden wollten, Hacker im eigentlichen Sinn. Karl hatte so seine spezielle Art, aber die hatte dort ja jeder. Dass sich da drei oder vier Leute regelmäßig bei Karl zu Hause zu Hack-Sessions eingefunden haben, davon habe ich nichts gewusst.«

Karl selbst beschrieb diese Treffen später, in einem Lebenslauf, den er im Rahmen einer psychotherapeutischen Behandlung schrieb, als »Computerstammtisch, als Ableger vom Chaos Computer Club in Hamburg«. Auf Fotos aus dieser Zeit sieht er nicht wie ein Nerd und schon gar nicht wie ein schizophrener Vaterlandsverräter aus. Mit Anfang 20 war er ein hübscher junger Mann mit schmalem Gesicht, buschigem blondem Haar und einem verhaltenen Lächeln. Doch auch zu dieser Zeit rumorten in seinem Kopf schon eigenartige Gedanken, von den »Illuminatus!«-Romanen Robert Anton Wilsons inspirierte Verschwörungstheorien über heimliche Weltherrscher und verborgene Zusammenhänge. In den Datennetzen aber fühlte Koch sich frei, unbeobachtet, wie die Cyberpunks aus den Romanen von Gibson und Brunner.

Für die junge deutsche Hacker-Szene waren die Taten von Koch, »Urmel«, »Pengo« und anderen eine Katastrophe: Der Chaos Computer Club, der sich als informelle, explizit nicht-kriminelle Interessensvertretung der deutschen Hacker etabliert hatte, zerbrach fast daran. Das ohnehin mindestens verdächtige Image derer, die sich in Deutschland für den Umgang mit Computern und Datennetzen interessierten, litt weiter.

Für Koch und die anderen, die sich als eine Art technologisch-gesellschaftliche Avantgarde betrachteten, war das Ganze dagegen kaum mehr als ein verrücktes Spiel: Sie taten das, was sie gerne machten, nämlich nächtelang kiffend vor dem Rechner sitzen und in den Weiten der frühen Datennetze auf Fischzug gehen, und sie wurden dafür auch noch bezahlt.

Vor sich selbst begründete Koch den Verkauf von Daten an den KGB sogar mit einer Art verdrehter Version der internationalen Hacker-Ethik: Halfen sie mit ihren Raubzügen und damit, dass sie Information in den Ostblock weitergaben – trotz aller Embargos und des Katalogs verbotener Exportgüter – nicht auch beim Kampf für die weltumspannende Herrschaft freien Wissens für alle?

Die Strafverfolger und Geheimdienste der Bundesrepublik Deutschland fanden das Ganze weder lässlich noch lustig. Als die Sache 1989 schließlich öffentlich wurde und die Beteiligten vor Gericht landeten, erklärte Gerhard Boeden, damals Präsident des Bundesamts für Verfassungsschutz, man habe es hier »ganz sicherlich mit einer neuen Qualität gegnerischer Ausspähung unserer Datennetze zu tun«. Die ARD bezeichnete die Aktivitäten von Koch und Co. in einem »Brennpunkt« als »größten Spionagefall seit der Affäre Guillaume«. Das wirkt aus heutiger Sicht etwas übertrieben, schließlich war der Sowjet-Spion Guillaume einer der engsten Berater von Bundeskanzler Willy Brandt gewesen, die Hacker-Truppe um Koch aber tat nicht mehr, als ihr Wissen um Funktionsweise und Sicherheitssysteme westlicher Computersysteme für Geld und Drogen zu verkaufen. Zum Teil boten sie ihren nicht einmal allzu großzügigen Finanziers in Ostberlin Software an, die im Westen frei verkäuflich war. Im Prozess gegen drei Mitglieder der Gruppe im Januar 1990 sagte Markus »Urmel« Hess aus, man habe dem Führungsoffizier »Sergej« einmal für 4000 D-Mark Software verkauft, die im Laden 200 Mark kostete. Insgesamt verdienten Koch, Hess und die anderen lächerliche 90 000 D-Mark mit ihren Geschäften mit den Sowjets. Doch die öffentliche Wahrnehmung des KGB-Hacks und der Täter prägte das deutsche Bild von Hackern als selbstsüchtig, skrupel- und prinzipienlos auf Jahre hinaus.

Die Helden des Untergrunds galten nun endgültig als zwielichtige Gesellen, die nicht davor zurückschreckten, mit dem

Feind zu kooperieren. Im besten Falle waren sie »Computer-freaks«, auch das ein oft nicht freundlich gemeinter Begriff, sondern einer, der nach Sucht und Kontrollverlust klang, nach Deformation, nicht nach Wissensdurst und Cleverness. Die berühmte Gerichtsreporterin Gisela Friedrichsen beschrieb Kochs Mentor »DOB« in einem Artikel über den Prozess gegen die Truppe im SPIEGEL so: »Nur noch vor dem Terminal oder in der Kneipe hielt er sich schließlich auf, umringt von weit jüngeren Computerfreaks. Zur Tatzeit galt er, obwohl er sich längst zurückgezogen hatte von allen Kontakten, als Inte-grationsfigur in einem Kreis, den allein die Faszination der Maschine und das auf Formeln reduzierte Denken zusammen-hielt.«

Der KGB-Hack zementierte in Deutschland eine Einstel-lung, die sich schon im Laufe der Achtziger verfestigt hatte: Misstrauen, teils kaum verhohlene Ablehnung gegenüber Menschen, die selbstverständlich und freiwillig mit Com-putern umgehen. Man muss die Reaktionen auf die Taten der Gruppe um Koch vor dem Hintergrund des Kalten Krie-ges sehen: Obwohl im Frühjahr 1989 der Mauerfall bereits unmittelbar bevorstand und Michail Gorbatschow in Moskau mit Perestroika und Glasnost das Ende des kommunistischen Blocks eingeleitet hatte – noch herrschte das Gleichgewicht des Schreckens, noch schien die Möglichkeit eines globalen nuklearen Holocaustes furchteinflößend real. Tschernobyl hatte schließlich gezeigt, welche Verheerungen schon ein Zwischenfall in einem Kraftwerk haben konnte.

Fast zur gleichen Zeit wurden auch in den USA zum ers-ten Mal Hacker zum Ziel von hektischer Aktivität durch Geheimdienste und Polizei. Der im vorangegangenen Kapitel erwähnte Cyberpunk-Autor Bruce Sterling hat über diese Zeit ein Sachbuch namens »Hacker Crackdown« geschrieben. Im Jahr 1990, so Sterling, »taten sich der US Secret Service, private Sicherheitsdienste der Telefongesellschaften, regionale und lokale Strafverfolger überall im Land zusammen in einem entschlossenen Versuch, Amerikas elektronischem Untergrund das Rückgrat zu brechen«.

Die Reaktion in den USA war jedoch eine völlig andere als in Deutschland. Während hierzulande der Chaos Computer Club als einzige wirkungsvolle Vertretung der Hacker und bedeutendster Fürsprecher der digitalen Bürgerrechte und des Datenschutzes fast zugrunde ging, erstarkte in den USA eine Bewegung, die bis heute massiv und sehr erfolgreich in die Debatte über digital vermittelte Veränderungen der Gesellschaft eingreift. 1990 gründete dort ein ehemaliger Farmer, LSD-Konsument, Songtexter und Althippie gemeinsam mit einem IT-Unternehmer und Multimillionär die »Electronic Frontier Foundation«, die bis heute einflussreichste Bürgerrechtsorganisation der digitalen Welt. Die Wurzeln dieser seltsamen Allianz und die Gründe, warum ein vergleichbares Bündnis in Deutschland undenkbar gewesen wäre, machen verständlich, warum die digitale Spaltung Deutschland heute so fest im Griff hat. Schon Jahre vorher hatte sich das Verhältnis der Gesellschaft zu Computern dies- und jenseits des Atlantiks deutlich auseinanderentwickelt – allen völkerverbindenden Aktivitäten der Cracker- und Kopierer-Szene zum Trotz. Als Karl Koch und seine Kumpel den CCC in Deutschland dann vorläufig diskreditiert hatten, war zunächst jede Chance vertan, an dieser Entwicklung etwas zu ändern.

Levy und Holland: ethisch hacken

Im Jahr 1984 verbrachte ich viel Zeit im Kabuff neben dem Kleiderschrank mit »Jumpman«, »Blue Max« oder »Bruce Lee« – und, gemeinsam mit Jan, der Entwicklung unseres ersten eigenen Computerspiels, eines Text-Adventures namens »Klon dich um«, in dem es um den Kampf eines Volkes namens »Schlonzewonze« gegen das der »Wurschtler« gehen sollte, das dann aber doch nie so richtig fertig wurde. Die Firma Commodore erlebte mit dem C64 eines der besten Geschäftsjahre ihrer Geschichte und servierte trotzdem umstandslos ihren cholerischen Gründer und Kopf Jack Tramiel ab. Teut Weidemann und seine Münchner Cracker-Kumpel verkauften ein erstes selbst programmiertes Spiel an eine deutsche Software-Firma, für 2500 D-Mark. In den USA kam der Apple Macintosh auf den Markt, der erste Heimcomputer mit grafischer Benutzeroberfläche, und IBMs erster PC mit serienmäßiger Festplatte (20 Megabyte!) und 286er-Prozessor. Die Gründer des Chaos Computer Clubs knackten den nagelneuen Online-Dienst der Post, BTX. Und in New York veröffentlichte der Journalist Steven Levy ein Buch mit dem Titel »Hackers: Heroes of the Computer Revolution« (Hacker – die Helden der Computerrevolution).

Levys Buch gilt als Meilenstein. Es gelang ihm, darin ein positives, höchst faszinierendes Bild von Hackern und ihren Aktivitäten zu zeichnen, das in den USA bis heute fortbesteht. Er skizzierte eine Entwicklungslinie von den ersten Hobby-Programmierern am Massachusetts Institute of Technology (MIT) in den späten Fünfzigern über die »Hobbyisten« der Siebziger, über Bill Gates, Steve Jobs und Steve Wozniak bis hin zu Richard Stallmann, dem geistigen Vater der »Free Software«-Bewegung. Levy formulierte sechs Regeln einer »Hacker-Ethik«, die er aus den vielen Recherchegesprächen für sein Buch destilliert hatte. Bis heute gelten diese Hacker-Regeln vielen als idealtypisches ideologisch-moralisches Grundgerüst, wo es um den Umgang mit Technik geht. Wenn es so etwas wie eine Ideologie der »Netzgemeinde« wirklich gibt, dann basiert sie auf Levys Regelwerk. Er hatte etwas erreicht, das bis dahin niemandem gelungen war: All den Menschen, denen der Umgang mit Computern, Programmen und Technik im Allgemeinen Glücksgefühle und tiefe Befriedigung ermöglichte, eine gemeinsame Basis zu geben, einen Bezugspunkt, ein Identifikationsangebot. Auch in Europa fielen Levys Destillate auf fruchtbaren Boden: Einer der Gründer des Chaos Computer Clubs, der Urvater der deutschen Hacker-Bewegung, Herwart »Wau« Holland-Moritz, übersetzte Levys Regeln und erweiterte sie ein wenig. Die Erweiterungen betrafen, und das ist tatsächlich typisch Deutsch, Datenschutz und Privatsphäre.

Die sechs Regeln aus Levys Buch lauten (Übersetzung vom Autor):

- Der Zugang zu Computern und auch sonst allem, was einem etwas über die Funktionsweise der Welt beibringen könnte, soll unbegrenzt und vollständig sein. Der praktischen Erfahrung muss immer Vorrang gegeben werden!!
- Alle Information soll frei sein.
- Misstraue Autorität – fördere Dezentralisierung.
- Hacker sollen nach ihrem Hacken beurteilt werden, nicht nach Scheinkriterien wie Abschlüssen, Alter, Rasse oder sozialer Stellung.
- Man kann mit einem Computer Kunst und Schönheit schaffen.
- Computer können dein Leben zum Besseren verändern.

Wau Hollands Ergänzungen lauten:
- Mülle nicht in den Daten anderer Leute.
- Öffentliche Daten nützen, private Daten schützen.

Diese Hacker-Regeln oder doch zumindest ihren Geist zu kennen und zu verstehen ist essenziell, wenn man die digitale Welt von heute begreifen will. Obgleich wohl kaum ein 17-Jähriger sie aufzählen könnte, bestimmen sie als ideologisches Grundgerüst das Denken der digitalen Einheimischen von heute stärker als jede herkömmliche politische Ideologie. Marxismus, Leninismus und Maoismus haben als politische Gegenpositionen zum Kapitalismus weitgehend ausgedient – die Hacker-Ethik aber ist ein auf ganz eigene Weise kaum weniger radikaler Gegenentwurf. Subversiv macht sie nicht zuletzt, dass sie sich in Teilen auf ein wesentlich älteres, ungemein erfolgreiches Regelwerk stützt: die Gepflogenheiten und Ideale der internationalen Forschergemeinde. Radikal werden diese Gedanken erst, wenn man sie nicht nur auf den klar definierten Bereich des wissenschaftlichen Erkenntnisgewinns bezieht, sondern auf das gesellschaftliche Zusammenleben insgesamt. Wenn man den Begriff »Information« deutlich weiter fasst und ihn auf alles ausdehnt, was sich heute in Form von digitalen Daten speichern und weitergeben lässt.

Die Schäden, die die Musikbranche durch Raubkopien und Internet-Tauschbörsen erlitten hat, sind ebenso eine indirekte Folge der Hacker-Ethik wie das traurige Schicksal von Brockhaus, Britannica und Co. – und die Probleme, die die Whistleblower-Plattform WikiLeaks Militärs, Geheimdiensten und Politikern bereitet, indem sie sich das Recht herausnimmt, auch als streng geheim eingestufte Dokumente für jedermann zugänglich zu veröffentlichen. Totale Informationsfreiheit ist eine äußerst radikale Forderung – und Wau Holland bewies großen Weitblick, als er sie mit der Ergänzung »private Daten schützen« einschränkte.

Die Hacker-Ethik ist ein politisches Bekenntnis jenseits von rechts und links, und folgerichtig gibt es linke wie rechte Hacker. Holland, der Gründervater der deutschen Hacker-Bewegung, der 2001 mit nur 49 Jahren starb, verkörperte dieses Prinzip wie kaum ein anderer. Obwohl er selbst ein Linker war, ein Kind der Sponti-Bewegung der Siebziger, lautete eine seiner im eigenen Umfeld durchaus umstrittenen Forderungen: »Freiheit auch für Nazis«.

Wau Holland war ein Unikum, eine Art gemütlicher Gegenpol zur fiebrigen Technikbegeisterung eines Karl Koch. Aber auch einer, der rückblickend wie die Personifizierung des Clubnamens wirkt. »Wau war Chaos«, sagt Tim Pritlove, der einst als Nachmieter in Hollands ehemalige Hamburger Wohnung einzog. Holland war lebenslang korpulent, trug einen zotteligen Bart und häufig Latzhosen, in den späteren Jahren seines Lebens auch gerne lange afrikanische Gewänder. »Der Typ war die Zukunft«, sagt Pritlove über Holland, »aber er sah aus wie irgend so ein bärtiger Zausel aus dem Wald.« Er war sehr belesen, ein begnadeter Redner, der die jungen Nachwuchs-Hacker, die sich im CCC zum Basteln und Programmieren versammelten, immer wieder mit langen, mäandernden Spontanvorträgen über Freiheit und Verantwortung, die Französische Revolution, gesellschaftliche Veränderung von unten und Völkerverständigung konfrontierte. »Wau hat immer geredet wie die Bibel«, sagt Pritlove.

Egal, mit welchem seiner damaligen Weggefährten man sich unterhält – wenn sie über Holland sprechen, klingt das immer liebevoll. Es scheint schwer gewesen zu sein, diesen chaotischen, aber klugen Mann nicht zu mögen. In einer Tasche seiner Latzhose trug der Hacker-Prediger stets einen Schraubenzieher mit sich herum, und wenn ihn jemand darauf ansprach, grinste er schelmisch und erklärte, den müsse er dabeihaben, »falls ich mal telefonieren muss«.

Jahrelang war er in der Sponti-Szene aktiv gewesen, hatte sich am Aufbau eines linken Buchladens beteiligt und nebenbei Elektrotechnik, Mathematik und Informatik studiert, ohne jedoch irgendeinen Abschluss zu machen. Zeitlebens gelang es ihm kaum, größere Projekte organisiert zu Ende zu bringen. Seine Wohnungen – und zeitweise auch die ersten Räume des Clubs in der Hamburger Schwenckestraße – waren Orte des Chaos. Überall stapelten sich Zeitungen und Zeitschriften, jede Ecke war mit ausrangierten Tastaturen, Monitoren, Rechnergehäusen vollgestopft. »Ich würde nicht sagen, dass er ein Messi war«, sagt Tim Pritlove, »aber er hat schon viele Dinge gesammelt.«

Holland thronte inmitten des Durcheinanders, meist mit einer Dose Weizenbier in der Hand. In seiner Wohnung gleich neben dem Club »stand seine Pfeife«, notiert sein Biograf Daniel Kulla. Das Hacken, das Denken, das Diskutieren und das Kiffen waren in jenen frühen Tagen des digitalen Untergrunds untrennbar miteinander verbunden. Holland, sagt Pritlove, »hat praktisch auf der Metaebene gelebt«. Selbst nach tiefen Zügen aus der Pfeife und diversen Dosen Weizenbier sei er der Mittelpunkt jeder Gesprächsrunde geblieben: »Er konnte auch in nicht zurechnungsfähigem Zustand interessante Sachen sagen.« Das Organisieren besorgten andere. Holland sollte dennoch jahrelang die Integrations- und Symbolfigur der kleinen deutschen Bewegung bleiben.

Hippies mit Heimcomputern

Im Amerika der Reagan-Ära waren Steven Levys Hacker-Gebote zunächst vor allem kühne Thesen, die nach Aufbruch und Gegenkultur klangen. Und genauso nahmen sich viele der Hacker der siebziger und achtziger Jahre dort auch wahr: Immerhin liegt das Silicon Valley in unmittelbarer Nachbarschaft zu San Francisco, der Welthauptstadt der Blumenkinder. Schon in den sechziger Jahren, bei den »Trip Festivals«, die der Journalist, Fotograf, Verleger und Event-Impresario Stewart Brand und andere in Kalifornien organisierten, hatten die Hippies begonnen, Technologie für ihre Zwecke einzusetzen. Sie benutzten Musik- und Lichtanlagen, elektronische Installationen und Spielzeuge in Kombination mit LSD und anderen bewusstseinsverändernden Drogen, um Gefühle von Transzendenz und Einheit zu erzeugen. Die Einladung zum ersten von vielen »Trip Festivals« in der Longshoreman's Hall in San Francisco enthielt die Aufforderung, »sich ekstatisch zu kleiden und eigene Elektronikspielzeuge [gadgets] mitzubringen«. Steckdosen, stand auf dem Flyer, würden zur Verfügung gestellt. Auch viele Konzerte der sechziger und siebziger Jahre, allen voran die von The Grateful Dead, gerieten zu multimedialen, techno-transzendentalen Happenings, in denen elektronische Instrumente, Lichtinstallationen und technische Spielereien zentrale Rollen spielten.

Während viele Linksalternative in Deutschland bis in die neunziger Jahre hinein nahezu jeder Form von Technik gegenüber äußerst feindselig eingestellt waren, hatte die US-amerikanische Protestbewegung das Potenzial technischer Mittel schon früh erkannt, wie der Stanford-Professor Fred Turner in seinem sehr lesenswerten Buch »From Counterculture to Cyberculture« anhand einer Fülle von Quellen nachweist. Stewart Brand selbst trug mit seinem »Whole Earth Catalog«, einer Produktsammlung für Aussteiger, Landkommunarden und andere auf der Suche nach alternativen Lebensmodellen, sowie mit der Zeitschrift »CoEvolution Quarterly« entscheidend zu dieser Entwicklung bei: Der Katalog enthielt frühe Computer, Rechenmaschinen und Bücher über Kybernetik, aber auch Empfehlungen für Hirschledertuniken und Geräte zur Bodenbearbeitung. Digitale Technologie, glaubte Brand, müsse den Konzernen und Militärs entrissen werden, um dem Menschen bei seiner Selbstbefreiung zu helfen – ganz im Sinne von Levys Hacker-Ethik.

Die Mitglieder des Homebrew Computer Club, gegründet im Silicon Valley im Jahr 1975, trugen vielfach wilde Haartracht und originelle Bartformen. Zu ihnen gehörte nicht nur der Phreak-Gottvater John »Cap'n Crunch« Draper, sondern auch die Apple-Gründer Steve Wozniak und Steve Jobs, die zu dieser Zeit selbst noch »Blue Boxes« verkauften, mit denen man kostenlos (und illegal) telefonieren konnte. Der Hobbyistenverein war wohl der erste Hacker-Club der Welt und zweifellos auch Vorbild für die Gründung des deutschen Chaos Computer Clubs etwa sechs Jahre später. Auch der in Kapitel zwei bereits erwähnte Brandbrief des jungen Bill Gates über den »Diebstahl« seiner Basic-Version richtete sich explizit an die Mitglieder des Homebrew Computer Clubs.

Es gab eine Menge Überlappungen zwischen Hippie- und Hacker-Kultur im amerikanischen Westen, zwischen Spitzenforschungseinrichtungen, Computerfans, LSD-Konsumenten und Blumenkindern. Das Bekenntnis der Hippie-inspirierten »Peoples Computer Company« (PCC), die die erste Hobbyistenzeitschrift herausgab, lautete: »Computer werden hauptsächlich gegen, statt für die Menschen eingesetzt, benutzt, um Menschen zu kontrollieren, anstatt sie zu befreien; es ist Zeit, all das zu verändern.«

Wenige Jahre später wurden mit den ersten echten Heimcomputern – dem Apple II, dem Commodore PET und dem TRS-80 von Tandy – tatsächlich die digitalen Produktionsmittel in die Hände der Normalbürger gegeben.

Deutschlands Alternative und die Angst vor dem Rechner

In Deutschland studierte Wau Holland derweil die in den Kreisen dieser kalifornischen Hacker geborene Hippiezeitschrift »CoEvolution Quarterly« und Phreaker-Postillen wie das stets am Rande der Legalität operierende Blättchen »TAP«, das konkrete Anleitungen zur Überlistung der US-Telefonnetze enthielt. Holland beschloss, dass hier nun wirklich die Möglichkeiten zu einer positiven Umgestaltung der Gesellschaft vorlagen. Ohne jedoch viele seiner damaligen Mitstreiter mitnehmen zu können auf diesem Weg.

Während sich in Kalifornien der Geist der Hippies und die Leidenschaft der Hacker für das Basteln und Programmieren miteinander verbanden und eine fruchtbare Melange ergaben, pflegten weite Teile der deutschen linksalternativen Szene eine grundsätzliche Skepsis, ja Abneigung gegen jede Art von technologischem Fortschritt. Computer galten den Achtundsechzigern und ihren Nachfolgern als Unterdrückungs- und Herrschaftsinstrumente, man assoziierte sie mit Rasterfahndung, Überwachung und technokratischer Kontrolle der Bevölkerung. Die Diskussion über die Volkszählung, die in den Achtzigern so heftig geführt wurde, war immer auch eine Diskussion über digitale Datenbanken und die Möglichkeit, dass sie staatlicherseits missbraucht werden könnten.

Weitgehend vergeblich forderte der CCC, ganz im Geiste der People's Computer Company, die »Wiederaneignung der Technik«. Wau Holland predigte: »Die sozialen Bewegungen, die sich vernetzen, rütteln am System«, und nahm damit die digital organisierten Globalisierungskritiker der kommenden Jahre vorweg. Doch Deutschlands Linke waren noch längst nicht so weit. Jedenfalls in weiten Teilen. Zwar entstanden schon Mitte der Achtziger erste linke Mailboxen, hauptsächlich auf Basis einer Software namens Zerberus, die sich zum sogenannten Z-Netz zusammenschlossen. Seit Beginn der neunziger Jahre wurden sie mit dem CL-Netz in eine größere Infrastruktur eingebunden, die vor allem von Menschen aus dem linken Spektrum, von Mitgliedern der Friedensbewegung, Anti-Atomkraft-Gruppen, Amnesty International und anderen Organisationen zum Informationsaustausch und für Diskussionsforen genutzt wurden. Doch öffentliche Aufmerksamkeit erreichten diese Anstrengungen kaum.

Der größte Coup gelang 1989, als Bürgerrechtsaktivisten aus der DDR kritische Texte und Demonstrationsaufrufe über das CL-Netz in den Westen schmuggelten: Für einen Moment hatte digitale Technologie einen Spalt in den Eisernen Vorhang gerissen. 1994 hatte das CL-Netz Schätzungen zufolge in ganz Europa 20 000 Teilnehmer. Das Internet nutzten damals bereits Millionen Menschen. 1996 entschied man, sich vom Internet »abzugrenzen« und »auf eigene Strukturen« zu setzen. Damit wurde das linke Netzwerk innerhalb weniger Jahre obsolet, die meisten Nutzer wanderten zu anderen Angeboten ab. Heute existiert das CL-Netz als wenig beachtetes Webforum weiter. Verdient gemacht haben sich um die digitale Linke auch die Medienkünstler Rena Tangens und padeluun, die mit dem CL-Netz zu tun hatten und später mit dem »Big Brother Award« eine bis heute international beachtete Schelte-Institution für Datenschutzsünder schufen.

Im Vergleich zu den Linksalternativen im Bundestag waren die Gründer und Mitglieder dieser linken Netzwerke ihrer Zeit weit voraus. Noch in der zweiten Hälfte der Achtziger weigerten sich die Grünen, an einem Modellprojekt teilzunehmen, in dessen Rahmen Bundestagsabgeordnete mit vernetzten Rechnern ausgestattet werden sollten. Der CCC hatte ihnen in einem eigens bestellten Gutachten dringend empfohlen, sich diese Technologie anzueignen und deren Vorteile in ihrem Sinne zu nutzen, doch die missionarischen Hacker stießen damit auf eine unüberwindbare ideologische Barriere. »Wenn die Grünen diese von unten kommende Entwicklung ideologisch ignorieren oder verbieten, blockieren sie gleichzeitig die Chance einer praktischen Entwicklung alternativer Nutzungsformen«, mahnten die Autoren vom CCC. »Selbst die Fantasie der sogenannten Alternativ-Szene«, hieß es in der Studie weiter, sei »kaum in der Lage, das Medium Computer mit eigenen Bedürfnissen zu verbinden«. Daran sollten auch die Bemühungen der Berater aus dem Club vorerst nichts ändern.

Als die Studie der Bundestagsfraktion der Grünen vorgestellt wurde, verließen die ersten Abgeordneten schon nach Minuten entnervt den Saal. Von der Überzeugung, dass digitale Technologie von Übel und prinzipiell abzulehnen war, ließen sich Deutschlands linksalternative Parlamentarier nicht abbringen. Die Bundestagsfraktion der Grünen war die einzige, deren Büros nicht mit ISDN-vernetzten Rechnern ausgestattet wurde. Ausgerechnet den Konservativen im Bundestag, der schwarz-gelben Regierung unter Helmut Kohl, fiel somit die Aufgabe zu, die Weichen für die digitale Zukunft zu stellen. Auch sie aber taten so gut wie nichts – außer 1986 ein Anti-

Hacker-Gesetz zu verabschieden, das Einbruch in Computer-systeme und Datendiebstahl unter Strafe stellte.

Hippie-Impresario Stewart Brand, der Herausgeber des »Whole Earth Catalog«, schrieb im Jahr 1995 einen rück-blickenden Artikel für »Time«, in dem er eine ganz andere Beobachtung ins Zentrum stellte. Unter der Überschrift »Wir verdanken alles den Hippies« war da zu lesen: »Vergesst die Antikriegsdemonstrationen, Woodstock, sogar die langen Haare. Das wahre Erbe der Generation der Sechziger ist die Computerrevolution.«

Der Chaos Computer Club: BTX, Wau und VAXen

Der KGB-Hack war nicht die erste spektakuläre Tat deutscher Hacker. Bereits 1984 hatte der damals noch nicht einmal als e.V. verfasste Chaos Computer Club mit einer anderen Aktion von sich reden gemacht, die ironischerweise mehr Geld einge-bracht hätte, als die KGB-Hacker jemals verdienten mit ihrem Geheimnisverrat. Mit Hilfe eines unter mysteriösen Umstän-den erlangten Passwortes loggten sich die CCC-Hacker in die BTX-Mailbox der Hamburger Sparkasse HaSpa ein. Anschlie-ßend brachten sie ein Programm zum Laufen, das nur eine einzige Aufgabe hatte: eine gebührenpflichtige Seite inner-halb des BTX-Angebots, das der CCC selbst betrieb, aufzurufen. Und zwar immer wieder, für einen Obolus von 9,97 D-Mark je Zugriff, alles in allem 13 500-mal. Eine Nacht lang ratterte der Computer und fiepte der Akustikkoppler – und am nächsten Morgen war der Chaos Computer Club, rein theoretisch, um rund 135 000 D-Mark reicher.

Die deutschen Hacker fühlten sich jedoch einer weiter-gehenden Ethik verpflichtet als den Regeln von Steven Levy: Sie kündigten umgehend an, das Geld zurückzuschicken, sobald es auf dem CCC-Konto eingehen würde. Es sei ihnen nur darum gegangen, die Schwachstellen des BTX-Systems offenzulegen.

Tatsächlich ging es wohl nicht zuletzt darum, dem BTX-Betreiber, der Deutschen Bundespost, eins auszuwischen, und um den puren Spaß am digitalen Unfug. Der Staatsmonopolist galt den Hackern um Holland als Inbegriff von Technokratie, kreativitätshemmendem Zentralismus und staatlich gelenkter Gängelung. Wer beispielsweise einen Computer über einen Akustikkoppler ans Telefonnetz anschloss, machte sich damals tatsächlich strafbar – außer er benutzte ein von der Post gemietetes Gerät. Es soll noch heute Hacker geben, die einen eingerahmten Haftbefehl »wegen Anschließens eines Modems an das Telefonnetz« an der Wand hängen haben.

Im CCC-Jargon hieß die gelbe Post »der Gilb«. Die CCC-Hacker hatten sehr konkrete, durchaus theoretisch begründete Vorbehalte gegen den neuen Online-Dienst des Monopolisten. Zum Beispiel, dass es für BTX sogenannte Teilnehmer-, sprich Konsumentenkennungen und sogenannte Anbieterkennungen gab. Letztere waren deutlich teurer. Zudem brauchte man als Anbieter ein etwa 6000 D-Mark teures Terminal mit richtiger Tastatur zur Bedienung von BTX. Die Konsumenten dagegen mussten mit einem zigarrenkistenkleinen Kasten mit paar Knöpfen vorliebnehmen, »nur Tasten für ja, nein und kaufen«, wie ein CCC-Mitglied das später spöttisch formulierte. Der neue Dienst war ein Konsumwerkzeug, ein System, dessen technische Struktur nicht vorsah, dass Normalbürger sich produktiv damit auseinandersetzten, ein Affront gegen die Hacker-Ethik. BTX war genau die Art von rudimentärer, asymmetrischer Vernetzung, die Wau Holland für falsch und gefährlich hielt. Folgerichtig vergriff sich der CCC als erstes an der Hardware: Mit einer Bohrmaschine legte ein Clubmitglied die in der Teilnehmer-Zigarrenkiste verborgene Tastatur frei, eigene Tasten wurden ergänzt. Nun ließen sich auch mit dem Billigzugangsgerät tatsächlich Texte verfassen. Die Befreiung der verborgenen Tastatur per Bohrmaschine ist ein perfektes Bild für das, was die CCC-Gründer damals antrieb: hinter die Staffage der Konzerne und ihrer Produkte zu blicken, um das, was sich dort an Nützlichem oder Gefährlichem verbarg, für jedermann sichtbar und zugänglich zu machen.

Holland selbst nannte den BTX-Hack später genüsslich »ein wirkungsvolles Gesprächsangebot unsererseits«. Für die Bundespost, die sich als High-Tech-Unternehmen zu profilieren versuchte, war das Ganze unglaublich peinlich. Das unmittelbare Opfer der Aktion dagegen, HaSpa-Vorstand Benno Schölermann, bekundete »Hochachtung vor der Tüchtigkeit dieser Leute«, als er im »heute journal« nach seiner »Einstellung zu Hackern« gefragt wurde.

Durch den BTX-Hack schien der CCC im Orwell-Jahr 1984 auf dem besten Weg, Levys Hacker-Ethik in der deutschen Gesellschaft zu verbreiten – mit Hollands Ergänzungen: »Mülle nicht in den Daten anderer Leute« und »Öffentliche Daten nützen, private schützen«. Gerade diese Forderung nach privatem Datenschutz erscheint im Zeitalter von Facebook und Google, Vorratsdatenspeicherung und Online-Durchsuchung aktueller denn je. Man müsse versuchen, erklärte Holland die Mission des CCC einmal, »diesen Dunstschleier, der vor der ganzen Computerszene und vor der ganzen Computerwelt an sich steht, einfach wegzuwischen und reinzutreten manchmal, wenn's sein muss«.

Öffentlichkeit herzustellen jedenfalls war dem CCC mit dem BTX-Hack gelungen. Deutsche Tageszeitungen berichteten atemlos vom »elektronischen Bankraub«, und Holland und Steffen Wernéry, der zweite Kopf des Clubs, gaben Radio- und Fernsehinterviews. Die deutschen Medien waren fast ausnahmslos auf der Seite der Hacker – schließlich waren sie nett, sahen lustig aus, hatten einerseits im Dienste der guten Sache gehandelt und andererseits eine hervorragende Story geliefert, die gut zur schon damals verbreiteten allgemeinen Skepsis gegenüber Computern und deren Vernetzung passte. Der Club war dabei, zum Sprachrohr einer Bewegung zu werden, wie sie Holland vorschwebte. Einer Bewegung, die Technik zwar kritisch, aber dennoch spielerisch und letztlich optimistisch betrachtete. Schon kurze Zeit später aber geriet dieser Vertrauensvorsschuss in Gefahr.

Der KGB-Hack und Karl Kochs Tod

Eigentlich hatten Wau Holland und Karl Koch eine Menge gemeinsam. Beide waren große Fans von Robert Anton Wilson und dessen »Illuminatus«-Trilogie, beide kifften gern, beide glaubten an vernetzte Computer als Hilfsmittel zum Erreichen einer besseren, freieren Welt. Wer weiß, vielleicht hätte der gutmütige Prediger Wau den orientierungslosen, zunehmend verzweifelten Verschwörungstheoretiker Karl vor dem Untergang bewahren, das Schlimmste verhindern können. Doch Holland und Koch sind einander offenbar nie begegnet. Und Holland hatte den Überblick über die Aktivitäten all seiner Schäfchen längst verloren, von Kontrolle ganz zu schweigen. Schon Mitte der Achtziger begann eine lose Gruppe von Hackern aus dem CCC-Umfeld in großem Stil in die »VAX« genannten Großrechner des US-Herstellers Digital Equipment Corporation einzudringen, weil sie eine Lücke in deren Sicherheitssystemen entdeckt hatten. Die Rechner standen in Forschungseinrichtungen und Behörden überall im Westen, unter anderem auch bei der Nasa. Und die »Vax Busters« gingen nicht nur in den Weiten der Systeme spazieren, sie kopierten nun auch Dateien, wenngleich überwiegend harmlose Dokumente. Als jedoch klar wurde, dass die Sache auffliegen würde, machte der CCC die Sache 1987 prophylaktisch öffentlich und versuchte, das Ganze einmal mehr als gut gemeinte Aktion im Dienste der Computersicherheit zu verkaufen. Wau Holland und Steffen Wernéry hatten den Verfassungsschutz bereits vorab über die Vorgänge informiert. Trotzdem wurden ihre Wohnungen durchsucht. Seit dem 1. August 1986 war, dank dem Zweiten Gesetz zur Bekämpfung der Wirtschaftskriminalität, das »Ausspähen von Daten« und rechtswidrige »Datenveränderung« auf fremden Rechnersystemen strafbar. Die Ermittlungsverfahren gegen die CCC-Spitze wurden schließlich eingestellt, aber das Vertrauen der Öffentlichkeit in den Club als Truppe digitaler Robin Hoods war erschüttert. Auch in den Reihen der Mitglieder selbst entwickelte sich gegenseitiges Misstrauen.

Derweil hatten Karl Koch und seine Komplizen längst begonnen, weit Schlimmeres anzustellen, als ein paar Dokumente von Nasa-Rechnern herunterzuladen. Zumindest Pengo, möglicherweise auch Urmel hatten Kontakt zu den Vax Busters. 1986 gingen sie dazu über, ihr Wissen an den Feind jenseits des Eisernen Vorhangs zu verkaufen. Der Croupier und Amateurdealer Pedro fuhr nach Ostberlin und nahm in der sowjetischen Botschaft mit dem dortigen KGB-Vertreter Kontakt auf. Auch wenn der Russe den selbst ernannten Vertreter erfolgreicher Hacker aus dem Westen zunächst nicht ganz ernst nahm, ließ er sich von einer Probelieferung erhackten Materials schließlich überzeugen. Von da an pendelte Pedro regelmäßig in den Osten, zuletzt immer durch den Berliner Bahnhof Friedrichstraße, der nicht nur als regulärer Grenzübergang, sondern auch als Agentenschleuse diente. Pedro fühlte sich wie James Bond. Wenn er mit Geld in der Tasche zurückkam, feierte die Fünfertruppe: »Wir saßen alle zusammen, so'n Haufen Koks auf'm Tisch und 'n Piece Schwarzen. So is' das abgelaufen mit den Siegesfeiern.«

Für Karl, der längst dabei ist, eine Psychose zu entwickeln, sind die Drogenpartys möglicherweise der letzte Schubs, der ihn über den Rand stürzen lässt. Er dreht durch, landet in der Psychiatrie, wird, mithilfe von Freunden, in andere Kliniken verlegt, zwischenzeitlich kurz »befreit« und in einer Landkommune untergebracht, um schließlich auf eigenen Wunsch in psychiatrische Behandlung zurückzukehren.

1987 weist der amerikanische Astrophysiker und System-administrator Clifford Stoll am Lawrence Berkeley National Laboratory in Kalifornien nach, dass deutsche Hacker die Rechner seines Instituts für Datenreisen missbraucht und dabei Daten entwendet haben. Von dort aus lässt sich auch Zugriff auf Rechner des militärischen Netzwerks »Milnet« erlangen. Stoll wird durch eine Abrechnungsdifferenz über Rechenzeit im Wert von 75 Cent auf den Einbruch aufmerksam und macht sich dann, zunehmend besessen von der Jagd, an die Verfolgung der Eindringlinge. Später schrieb er ein Buch über seine Erlebnisse, das sich hervorragend verkaufte. Zunächst findet Stoll für seine Jagd wenig Unterstützung – weder CIA noch NSA oder Secret Service kann er für seine Erkenntnisse interessieren. Schließlich legt er ein besonders umfangreiches, angeblich streng geheimes Daten-File als Köder aus. Über das FBI wird ein Kontakt zu deutschen Behörden geknüpft, die Bundespost richtet eine Fangschaltung ein. Weil Urmel, der mittlerweile als Einziger der KGB-Hacker noch aktiv ist, auf den Köder hereinfällt und der Download etwa eine Stunde dauert, können deutsche Ermittler endlich feststellen, wo der Urheber der Angriffe sitzt. Urmels Wohnung wird durchsucht, Computer und Datenträger werden beschlagnahmt – nachweisen jedoch kann man ihm nichts. Die konfiszierten Disketten sind verschlüsselt, und Urmels Anwalt stellt fest, dass die Fangschaltung nicht richterlich genehmigt war. Das Verfahren wird auf Eis gelegt, aber Urmel steht von nun an unter Beobachtung. Trotzdem hackt er weiter, Pedro verkauft die Beute nach Ostberlin.

Auch die deutschen Medien interessieren sich jetzt für Urmel, doch der hält sich bedeckt. Stattdessen verfallen zwei Hörfunkjournalisten auf Karl Koch. Als er bereits in einem betreuten Wohnheim für psychisch Kranke untergebracht ist, nehmen zwei Mitarbeiter des NDR Kontakt zu ihm auf – auf der Suche nach einer saftigen Story über geheimnisvolle Hacker und ihre faszinierenden Aktivitäten. Weil Koch Geld braucht, vielleicht aber auch, weil sich endlich wieder jemand für ihn interessiert, macht er mit. Polizei und Verfassungsschutz bekommen Wind von dem, was Koch den beiden berichtet. Obwohl sich die Geschichten im Nachhinein zum Großteil als erfunden erweisen, gerät er ebenfalls ins Blickfeld des Geheimdienstes.

Nach einiger Zeit und einigen Wirrungen, in denen die beiden NDR-Journalisten, die Redaktion des ARD-Magazins »Panorama« und der Verfassungsschutz teils wenig rühmliche Rollen spielen, sagen sowohl Pengo als auch Koch vor Verfassungsschützern aus. Der unter Psychopharmaka stehende Koch wird immer wieder stundenlang verhört und anschließend für weitere Verhöre ans Bundeskriminalamt (BKA) weitergereicht. Im Detail kann man die Geschichte im »23«-Buch von Schmid und Gutmann nachlesen. Die Verhöre, der Druck, seine Drogenabhängigkeit, die Medikamente und die Psychose setzen Karl Koch in dieser Zeit massiv zu. Pedro sagte später über »Hagbard«, der auf Wunsch der Behörden seine Kumpane aushorchen soll: »Seine Illuminatenscheiße verwandelte sich jetzt in Wirklichkeit.«

Am 1. März 1989 werden Pedro, Pengo, Urmel, DOB und auch Karl verhaftet. Letzterer kommt allerdings innerhalb von Stunden wieder frei, da er als Kronzeuge aussagen soll. Am Abend läuft in der ARD der »Brennpunkt«, in dem »Panorama«-Chef Joachim Wagner den KGB-Hack mit der Guillaume-Affäre vergleicht.

Der Hamburger Chaos Computer Club, mit dem die Öffentlichkeit die Hannoveraner Hacker automatisch assoziiert, steht nun vor einem weitaus größeren Problem als je zuvor. Diesmal nämlich scheinen alle Vorwürfe berechtigt – und dass man von den Aktivitäten der Vax Busters nichts gewusst hätte, kann in der Hamburger Schwenckestraße niemand wirklich behaupten. Dass Urmel und die anderen jedoch Informationen an den KGB verkauft haben, wusste in der CCC-Spitze niemand. Für Wau Holland ist dies der Sündenfall. »Das sind keine Hacker«, sagt er, entscheidet spontan, den Kontakt zu den Beschuldigten sofort abzubrechen.

Später betrachtete Holland diesen Schritt als großen Fehler. Schmid und Gutmann sagte er: »Egal, mit was für finsteren Situationen man zu tun hat, es ist grundsätzlich der falsche Weg, Kommunikation abzubrechen, da muss man weitermachen.« Er machte sich auch deshalb Vorwürfe, weil er das Ganze nicht verhindert hatte. Im Gespräch mit Schmid erinnerte er sich, dass es zu Beginn der KGB-Hacks eine Art Hilferuf aus Hannover gegeben habe, er aber aus Zeit- und Geldmangel nicht hingefahren sei: »Jetzt im Rückblick war das einer der Punkte, wo ich noch hätte Einfluss nehmen können und sagen können: Da lasst mal lieber die Finger von!« Für Kochs Überzeugung, man könne der Welt nur den Frieden bringen, wenn man auch dem Ostblock freien Zugang zu Informationen verschaffe, bekundete Holland zwar durchaus Sympathie, hielt ihn rückblickend aber doch für »ein bisschen naiv«: »Man bringt nicht Computer in den Osten, indem man irgendwelche Tapes an den KGB verkauft, sondern indem man sie an Bürgerrechtler und Aktivisten verteilt. Das wäre meines Erachtens der richtige Weg gewesen.«

Urmel, DOB und Pedro landen in Untersuchungshaft und werden im Februar 1990 zu Bewährungsstrafen verurteilt. Während des Prozesses wird viel gelacht, weil das Gericht augenscheinlich nicht versteht, worüber hier überhaupt verhandelt wird. »Der Vorsitzende, Leopold Spiller, 53, bittet die Angeklagten, als wären sie Sachverständige, um Informationen über die Fach-Termini«, berichtet Giesela Friedrichsen im SPIEGEL. Das Gericht befindet schließlich, dass »nachweisbarer erheblicher Schaden weder für die Bundesrepublik Deutschland noch für die Vereinigten Staaten von Amerika festzustellen war«.

Karl Koch ist zu diesem Zeitpunkt schon tot. Am 30. Mai 1989 findet die Polizei seine verkohlte Leiche in einem Wald bei Gifhorn. Vermutlich hat Koch sich am 23. Mai, einem Datum, mit dem »Illuminatus«-Fans und Verschwörungstheoretiker zahlenmystische Bedeutung verknüpfen, selbst mit Benzin übergossen und angezündet. Die Überschrift des SPIEGEL-Artikels zu Kochs Tod ist ein Zitat aus der »Illuminatus«-Reihe: »Alle großen Anarchisten starben am 23.« In einer Todesanzeige in der »tageszeitung« klagen Karls Schwester Christine und einige Freunde an: »Wir sind wütend und traurig über den Tod unseres Freundes. Wir sind sicher, Karl wäre noch am Leben, wenn Staatsschutz und Medien ihn nicht durch Kriminalisierung und skrupellose Sensationsgier in den Tod getrieben hätten.«

In der Folge enthauptet der CCC sich beinahe selbst. Holland zieht sich weitgehend zurück. Gegen andere Köpfe des Clubs wird der Vorwurf erhoben, sie arbeiteten heimlich mit dem Verfassungsschutz zusammen. Die alte Garde ist tief zerstritten. Am Ende bleibt nur Andy Müller-Maguhn, bis heute einer der bekanntesten Köpfe des CCC. Mit 19 Jahren wird er Kassenwart, Sekretär und Büroleiter. Tim Pritlove, damals gerade nach Hamburg umgezogen, erlebt die Situation so: »Damals war der Club gar nicht als solcher erkennbar. Da war nur noch Andy.«

Holland-Biograf Kulla fasst die katastrophalen Konsequenzen für den CCC und dessen mühsam erhackte Glaubwürdigkeit als Sachwalter einer positiven, friedlichen Computernutzung so zusammen: »Jetzt, angesichts des offenkundigen Bruchs jeder noch so weiten Auslegung der Hackerethik, war klar, dass die weiße Weste nicht sauberzuhalten war. Die Enttäuschung brach sich Bahn und traf eigentlich die Falschen. Die ›unmoralischen‹ Hacker hatten ja nie behauptet, sich an Levys oder Waus Gebote zu halten; im Gegenteil waren sie in manchen Fällen davon ausgegangen, Sippenschutz zu genießen, egal, wie weit sie gehen würden.«

Die deutsche Öffentlichkeit machte kurzerhand alle Hacker für die Taten der Hannoveraner Verräter verantwortlich. Aus der »Hochachtung vor der Tüchtigkeit dieser Leute«, die Sparkassenchef Schlömann nach dem BTX-Hack bekundet hatte, war innerhalb weniger Jahre ein tiefes Misstrauen gegenüber den offenbar völlig skrupellosen »Computerfreaks« geworden. Ihnen in Fragen von Datenschutz, Netzwerkarchitektur oder digitalen Bürgerrechten zu vertrauen, erschien unmöglich. In deutschen Parlamenten war ohnehin kaum jemand zu finden, der sich für diese Themen interessiert hätte. Jetzt war auch die einzige nichtkommerzielle Lobbygruppe, die sich der Gestaltung der digitalen Revolution hätte annehmen können, aus dem bundesdeutschen Diskurs bis auf weiteres ausgeschlossen. Eine faszinierte, aber verwirrte Öffentlichkeit wandte sich mit einer gewissen Erleichterung wieder ab von den unheimlichen digitalen Weiten, die da draußen offenbar existierten.

Kapitel 5
Althippies, Acid Phreaks und die Freiheit der Netze

»Internet ist, da man schwer hineinkommt und sich dort schwer zurechtfindet, hauptsächlich eine Welt der Computerjockeys. Aber, sagt [Mitch] Kapor: ›Man muss sich von der Idee lösen, dass es nur für Nerds ist und die Schönheit in seiner Seele erkennen.‹ Man stelle sich ein benutzerfreundliches Multimedia-Internet vor, das über ein Glasfasernetz läuft: Praktisch unbegrenzte Kapazität und Reichweite in einer Welt billiger Videoausrüstungen, subtil interaktiver Software und so weiter. Die Nutzungsweisen dieses Netzwerks wären wie unterschiedliche Mischungen aus Fernsehen, Radio, Telefonen, Computern, Magazinen, Massen-Mailings, CB-Funk – ein neues Medium von solcher Flexibilität und Macht, dass man tatsächlich nicht vorhersagen kann, wie es genau sein wird. Das ist die Vision der Hacker.«

Das liberale US-Magazin »New Republic« im Jahr 1993
über Mitch Kapors Vision vom Netz

Die Aktionen, die Strafverfolger, Sicherheitsleute von Telekommunikationsunternehmen und vor allem der Secret Service der USA kurz nach dem Prozess gegen die KGB-Hacker durchführten, waren weitaus umfassender als das, was in Deutschland geschehen war. Es gab Dutzende unangekündigter Hausdurchsuchungen; Computer, Modems, ja sogar Drucker und Mäuse wurden beschlagnahmt, viele Mailboxen auf diese Weise urplötzlich zum Verschwinden gebracht. Agenten traten Türen ein und hielten unbescholtenen Bürgern Waffen unter die Nase. Die Jugendzimmer von Teenagern wurden durchsucht, verwirrte und verzweifelte Eltern blieben ohne

Erklärung – und meist ohne Telefon – zurück. Der Secret Service beschlagnahmte Dutzende Computer und weit über 20 000 Disketten voller Daten. Aus dem Verkehr gezogen wurden auch diverse Mailboxsysteme, einschließlich aller dort ausgetauschten privaten Kommunikation, gelesener wie ungelesener E-Mails. Eine ganze Reihe echter oder vermeintlicher Hacker landete vor Gericht, in diversen US-Bundesstaaten und aufgrund unterschiedlichster Vorwürfe.

Die Beamten in den US-Polizeibehörden und die Geheimdienste waren vermutlich wegen des auch in den USA mit besorgtem Interesse verfolgten Auffliegens des KGB-Hacks nervös. Es gab allerdings in den Vereinigten Staaten ebenfalls eine Reihe von Vorfällen, die ein massives, konzertiertes Vorgehen gegen den digitalen Untergrund zu rechtfertigen schienen. Da war zum Beispiel der »Martin Luther King Day Crash« im Januar 1990: Beträchtliche Teile des Telefonnetzes von AT&T versagten innerhalb von Minuten ihren Dienst, Anrufe liefen ins Leere, AT&T-Kunden waren telefonisch nicht zu erreichen. Gab es da nicht diese Leute, die sich Phreaks nannten und ständig illegale Dinge mit den Telefonnetzen anstellten, die kostenlose Ferngespräche führten, stundenlange internationale Telefonkonferenzen abhielten und, Gipfel der Dreistigkeit, gelegentlich sogar Strafverfolger anriefen, um sie zu verhöhnen? Diese Kerle waren doch sicher verantwortlich für das, was da geschehen war.

Hinzu kam eine Reihe weiterer Vorfälle, von denen der wichtigste die Veröffentlichung des sogenannten E911-Dokuments im Hacker-Digitalmagazin »Phrack« war. Das Dokument, benannt nach der amerikanischen Notruf-(Emergency-) Nummer 911, das ein Mitglied der Hacker-Gruppe »Legion of Doom« sich auf illegale Weise verschafft hatte, beschrieb bürokratische Prozeduren zur Wartung, Organisation und Aufrechterhaltung des Notrufdienstes im Netz des Telekommunikationsunternehmens BellSouth. Als Anleitung für

Hacker war es gänzlich ungeeignet, denn es enthielt weder technische Spezifikationen noch Passwörter oder andere geheime Informationen. Tatsächlich war das Dokument für Menschen, die mit den Hierarchien und dem internen Jargon des Telekommunikationsunternehmens nicht vertraut waren, gänzlich unverständlich. Seine Veröffentlichung – bereinigt um tatsächlich kritische Details wie die Durchwahlen von Bell-South-Technikern – war kaum mehr als ein symbolischer Akt im Dienste der totalen Informationsfreiheit. Dennoch strengte BellSouth, nachdem das Dokument bereits viele Monate lang nicht nur bei »Phrack« verfügbar gewesen war, sondern auch bereits einem US-Strafverfolger vorlag, schließlich einen Prozess gegen einen der beiden Herausgeber der Hacker-Postille an. Einen jungen Mann, der sich »Knight Lightning« (Blitzritter) nannte.

Die wohl kurioseste unter den Hausdurchsuchungen, die der Secret Service durchführte, betraf jedoch den Schöpfer des »Illuminati«-Kartenlegespiels (siehe Kapitel drei): Die Räumlichkeiten des Spieleverlags Steve Jackson Games (SJG) wurden durchsucht, sämtliche Rechner und Peripheriegeräte beschlagnahmt. Einer der Angestellten war in seiner Rolle als Mitglied der »Legion of Doom« mit dem E911-Dokument in Berührung gekommen – nun wurde sein Arbeitgeber nicht nur rein prophylaktisch mit verdächtigt, sondern auch noch seines gesamten Werkzeugs beraubt. Die Aktion des Secret Service brachte Steve Jackson Games an den Rand des Bankrotts, Anklage wurde gegen das Unternehmen jedoch nie erhoben. Besonderes Interesse erweckten bei den Geheimagenten Unterlagen zu einem Spiel namens »Cyberpunk«, einem Rollenspiel, das in einer Welt à la William Gibson spielt, mit Hackern, Gehirnimplantaten und gefährlichen Reisen durch fremde Datennetze. Die Agenten hielten die Anleitungsbücher für Ausbildungsmaterialien für Digitalanarchisten und Cyber-Kriminelle. Viel Sympathie aufseiten der Presse, geschweige

107

denn der Behörden, fand Jackson nicht. Schließlich galten Rollenspiele nach wie vor als die Jugend verderbende, mindestens suspekte Machwerke. Dass jemand, der damit sein Geld verdiente, auch mit böswilligen Hackern unter einer Decke steckte, schien durchaus plausibel.

Anders als in Deutschland jedoch lösten die konzertierten Aktionen gegen den digitalen Untergrund eine massive Gegenbewegung aus. So kam es, dass in den USA 1991 eine Organisation zur Verteidigung der Bürgerrechte im digitalen Raum entstand.

John Perry Barlow und The Well: elektronisches Grenzland

Der erste Streich, der schließlich zur Schaffung der Electronic Frontier Foundation führte, war ein Schlag gegen den einstigen Hippie-Konzern Apple. Schon Mitte der achtziger Jahre waren die Gründer Steve Jobs und Steve Wozniak aus dem Unternehmen ausgeschieden. Eine Führungsmannschaft aus Berufsmanagern hatte stattdessen das Ruder übernommen. Manchen Apple-Fans und alteingesessenen Angestellten des Unternehmens missfiel das außerordentlich, Apple verlor einige seiner kreativsten Köpfe.

Im Sommer 1989 wurde der Konzern dann bestohlen. Jemand, der sich »NuPrometheus League« nannte, kopierte ein Stück hauseigene Software, das einen Display-Chip für Macintosh-Computer steuerte. NuPrometheus fertigte Kopien des proprietären Codes an und verschickte Disketten mit der Software an diverse Personen, die mehr oder weniger eng mit Apple zu tun hatten, aber nicht selbst für den Konzern arbeiteten. Nutzen konnte aus der Tat wohl kaum jemand ziehen – schließlich war die Software eigens für Hardware aus dem Hause Apple geschrieben worden. Doch die Verbreitung des Diebesgutes war eben ein weiterer symbolischer Akt, ganz im Sinne von Levys Hacker-Ethik: »Alle Information soll frei sein.«

Die Tatsache, dass der Täter sich ausgerechnet nach dem Halbgott Prometheus nannte, der der griechischen Mythologie zufolge den Göttern das Feuer stahl und es den Menschen brachte, spricht einerseits für eine gewisse Hybris – andererseits aber auch für eine Haltung gegenüber der Firma mit dem Apfel, die an Verehrung grenzt. Apple jedoch reagierte auf die ungefragte Verteilung eines Stückes Software aus den eigenen Schatzkammern schnell und kompromisslos: Man bat das FBI um eine Untersuchung des Falles. Bis heute ist Apple alles andere als zimperlich, was den Schutz der eigenen Interessen vor Ideendieben angeht. Daran hat auch die Rückkehr von Steve Jobs an die Unternehmensspitze nichts geändert.

Im Falle NuPrometheus aber ging das FBI augenscheinlich zu weit. Weil man nicht genau wusste, an wen die ominösen Briefe mit dem Software-Schnipsel gegangen waren, statteten FBI-Agenten einer ganzen Reihe von Menschen überraschende Besuche ab, die irgendwie mit dem Konzern oder seinen Mitarbeitern in Verbindung standen. Darunter war auch John Perry Barlow, ein Althippie, Songtexter, ehemaliger Rinderfarmer, Teilzeitjournalist und zu diesem Zeitpunkt bereits bekannter Bewohner des frühen amerikanischen Cyberspace.

Barlow ist ein Mann, der in keine Schublade passt: Er hatte seit 1970 für The Grateful Dead Songtexte geschrieben, mit Verve die Hippiekultur der siebziger Jahre genossen, war eigenen Angaben zufolge einmal mitten in einem LSD-Trip von der Polizei verhaftet worden. Er hatte sich Mitte der Achtziger aber auch einmal um eine Kandidatur für den Senat seines Heimatstaates beworben – als Republikaner. Kurz darauf entdeckte er die von Stewart Brand und seinen Hippiefreunden ins Leben gerufene Online-Plattform namens »The Well« (Whole Earth 'lectronic Link) und stürzte sich mit Begeisterung auf dieses frühe Forum der digitalen Welt. Er beteiligte sich enthusiastisch an den dort stattfindenden Debatten und wurde schnell zu einer der prominenteren Persönlichkeiten in der aus einigen tausend Menschen bestehenden Gemeinde von Freigeistern, Althippies, Sozialrevolutionären und Computerfreaks – wobei ihm sein Talent für den Umgang mit Sprache zweifellos zugute kam.

The Well war in etwa das, was man heute ein Forum nennen würde: Es gab Unterseiten für bestimmte Themen, von »Agriculture« bis »Writers«, von »Telekommunikationsrecht« bis zu »Spiritualität«, eigene Diskussionsgruppen für Waffennarren ebenso wie für Homosexuelle. Allein für Fans von The Grateful Dead existierten dort Anfang der Neunziger sechs dieser »Konferenzen« genannten Themenportale. Jeder, der den Mitgliedsbeitrag bezahlte, konnte sich über Computer, Telefon und Modem mit einem eigenen Login-Namen und Passwort in die digitale Debattenarena einwählen – wenn gerade einer der wenigen Plätze frei war. Bis Herbst 1989 hatte The Well 20 Telefonleitungen, das heißt, 20 Nutzer gleichzeitig konnten online sein. Im November '89 erhöhte ein Software-Upgrade diese Zahl auf 64. Innerhalb jeder einzelnen Konferenz gab es eine Vielzahl einzelner Diskussionsstränge, die Teilnehmer konnten mitlesen, sich einmischen oder selbst eine neue Diskussion über ein beliebiges Thema starten. Es gibt kaum ein Buch oder einen Artikel über die Anfänge des Internets und die Ursprünge digital vermittelter Kommunikation, in denen The Well nicht eine prominente Rolle spielt. Möglicherweise wird die Bedeutung der Plattform überschätzt, angesichts von über hunderttausend anderen Mailboxen in den USA, und angesichts der Tatsache, dass The Well 1990 nur 4000 bis 5000 regelmäßige Nutzer hatte. Doch überproportional viele dieser Nutzer waren Journalisten und Autoren, die ihre ersten Erfahrungen mit dem Cyberspace dort machten und anschließend begeistert darüber schrieben – etwa Howard Rheingold, dessen Buch »The Virtual Community: Homesteading on the Electronic Frontier« dem Stanford-Professor Fred Turner zufolge »den Weg bereitete für Studien über die sozialen Implikationen von Computernetzwerken«.

Zudem war The Well Sammelpunkt für viele, die später die Entwicklung des Netzes entscheidend mitgestalteten, für seine berühmtesten Theoretiker und auch ein paar sehr einflussreiche Praktiker. Kevin Kelly zum Beispiel, den ersten »Wired«-Chefredakteur und Erfinder des Begriffs »New Economy«, oder Craig Newmark, dessen kostenloser Internet-Kleinanzeigendienst Craigslist im Alleingang das Kleinanzeigengeschäft der gesamten US-Zeitungsbranche fast vollständig ausgelöscht hat. Craigslist begann als Kleinanzeigen-Mailing-Liste für den digitalen Freundeskreis bei The Well, heute ist die Website in den USA der De-facto-Monopolist für private und gewerbliche Kleinanzeigen im Netz.

Jeder, der einmal ein Internetforum besucht hat, sei es für Online-Rollenspiele, Autos oder Kanarienvögel, kennt die Prinzipien, auf denen The Well basiert, auch wenn Beschränkungen wie die der Gesamtzahl der gleichzeitig anwesenden Nutzer längst der Vergangenheit angehören. Damals war all das aufregend und neu, und die vor allem aus der Gegend um San Francisco stammenden »Wellbeings« genossen ihre neue digitale Freiheit, zu reden, worüber sie wollten, und dabei auf einen Fundus an ebenso kommunikationsfreudigen Gleichgesinnten zu treffen. Die Besucher dort hatten mit den regelmäßigen Gästen der Cracker- und Hacker-Boards wenig gemeinsam. Sie waren im Schnitt älter, nämlich 30 bis 40 Jahre alt, sie gingen ordentlichen Berufen nach – häufig in der IT-Branche, dem Bildungswesen oder den Medien, und sie verdienten vergleichsweise gut. Die Teilnahme an The Well ist bis heute kostenpflichtig – natürlich ist die Diskussionsplattform inzwischen längst ins WWW übergesiedelt. Jahrelang kostete The Well die Betreiber trotz der Teilnahmegebühr Geld, aber das machte augenscheinlich kaum jemandem etwas aus. Geleitet wurde das Unternehmen bis in die neunziger Jahre hinein von einer Reihe ehemaliger Landkommunarden aus Stewart Brands gewaltigem Bekanntenkreis. The Well verkörperte die Vermählung von Hippiegeist, Erdverbundenheit und den neuen elektronischen Kommunikationsmöglichkeiten wie kein anderes Unternehmen jener Tage. Ein Ort, der wie gemacht schien für den »Deadhead« und Sprachkünstler Barlow. Schnell stieg er zu einem der Stars der Plattform auf.

Bruce Sterling beschreibt den Barlow jener Tage in »The Hacker Crackdown« so: »Ein großer, bärtiger Mann aus Wyoming mit zerfurchtem Gesicht und tiefer Stimme, in einem schmucken Western-Outfit aus Jeans, Jacke und Cowboystiefeln, mit einem geknoteten Halstuch und immer einer Grateful-Dead-Anstecknadel am Revers.« Barlow war und ist eine eindrucksvolle Erscheinung.

Das Zusammentreffen zwischen Barlow und einem FBI-Agenten namens Baxter im Jahr 1990 muss ein denkwürdiges Ereignis gewesen sein. Der Polizeibeamte verstand rein gar nichts von den digitalen Untaten, die zu verfolgen er geschickt worden war. Mit Barlow dagegen verstand er sich schnell ziemlich gut – schließlich war der Viehzüchter, und Viehdiebstahl war Agent Baxters Spezialgebiet. Schnell hatte Barlow den Beamten auf seine Seite gezogen. Er erklärte ihm zunächst einmal, was so ein Datendiebstahl eigentlich war. Baxter lauschte mit großen Augen und ließ sich an Barlows Rechner vorführen, wie das Einloggen in eine virtuelle Community wie The Well funktionierte. Barlow zufolge hatte Agent Baxter nicht nur absolut keine Ahnung von Computern, Software und Vernetzung. Er litt auch an einer Reihe eklatanter Fehlwahrnehmungen, die vermutlich auf FBI-internen Missverständnissen beruhten. Baxter, berichtet Barlow, sei beispielsweise überzeugt gewesen, dass das Grafik-Software-Unternehmen Autodesk, der Hersteller der 3-D-Gestaltungs-

Software AutoCAD, »in großem Stil an der Entwicklung des Star-Wars-Verteidigungssystems beteiligt sei«. Der FBI-Mann glaubte außerdem, John »Cap'n Crunch« Draper sei der Chef von Autodesk. Barlow: »Sobald ich aufgehört hatte zu lachen, begann ich mir Sorgen zu machen.« Seine Kurzbeschreibung der Situation: »Kafka im Clownskostüm«.

Verbrechen und Verwirrung

Barlows Rechner wurde nicht beschlagnahmt, und das FBI behelligte ihn auch sonst nicht weiter – doch die Begegnung mit den eifrigen, aber offensichtlich planlosen Strafverfolgern nährte in ihm eine Befürchtung, die er schon seit einiger Zeit gehegt hatte: Der Staat, namentlich Bundespolizei und Geheimdienste, schienen sich plötzlich in die Belange jener Pioniere einmischen zu wollen, die den Cyberspace zu ihrer neuen Heimat gemacht hatten, und zwar bar jeder Kenntnis des Terrains. Das vertrug sich gar nicht mit den Vorstellungen von Freiheit und neuen, endlich wieder unbegrenzten Möglichkeiten, die in The Well und andernorts gepflegt wurden.

In einem berühmt gewordenen Text mit der Überschrift »Crime and Puzzlement« (Verbrechen und Verwirrung), gewissermaßen dem Gründungsdokument der Electronic Frontier Foundation, formulierte Barlow diese Hoffnungen und Visionen später, indem er auf William Gibsons Wortschöpfung zurückgriff: »Der Cyberspace hat, in seinem gegenwärtigen Zustand, viel mit dem Westen des 19. Jahrhunderts gemeinsam. Er ist riesig, nicht kartiert, kulturell und juristisch vieldeutig, knapp in seinen sprachlichen Äußerungen (außer man ist zufällig ein Gerichtsstenograf), schwierig zu bereisen und für jedermann zu haben. Große Institutionen behaupten bereits, dieser Ort gehöre ihnen, aber die meisten echten Eingeborenen sind vereinzelt und unabhängig, manchmal bis an den Rand des Soziopathischen. Selbstverständlich ist er ein perfekter Nährboden für Gesetzlose ebenso wie für neue Vorstellungen von Freiheit.«

Barlow hatte mit diesen »Gesetzlosen« durchaus schon seine eigenen Erfahrungen gemacht: Im Laufe einer vom Magazin »Harper's Bazaar« orchestrierten Debatte über Freiheit, Regeln und Rechte in den neuen Online-Welten, die in den virtuellen Räumlichkeiten von The Well abgehalten wurde, war er mit zwei jugendlichen Hackern namens Acid Phreak und Phiber Optik aneinandergeraten. Man konnte sich nicht darüber einigen, ob Einrichtungen, die ihre Computersysteme nicht ausreichend gegen Eindringlinge schützten, selbst schuld seien – oder ob der Einbruch in ein ungenügend geschütztes Computersystem gleichzusetzen sei mit dem Ausrauben eines Hauses, dessen Tür nicht abgeschlossen ist. Barlow bekannte, er schließe seine Haustür aus Prinzip nicht ab. Phiber Optik überzeugte ihn zunächst mit Sticheleien, seine Postadresse im Forum zu veröffentlichen. Dann verschaffte er sich, angespornt von der demonstrativen Furchtlosigkeit Barlows, Informationen über dessen Kreditwürdigkeit und Bankgeschäfte aus den digitalen Beständen einer Finanzauskunftei – und veröffentlichte diese bei The Well. Barlow war schockiert: »Ich bin schon mit schulterlangen Locken in Redneck-Bars gewesen, auf Acid in Polizeigewahrsam und nach Mitternacht in Harlem, aber niemand hat mich je so erschreckt wie Phiber Optik das in diesem Moment getan hatte«, schrieb Barlow später.

Doch im Anschluss an diesen Zusammenstoß vertiefte sich der Kontakt zwischen dem Hippie und den Hackern, Barlow lernte Phiber Optik und Acid Phreak persönlich kennen, die sich als geschniegelt aufretende 18-Jährige entpuppten, Barlow zufolge »so gefährlich wie Enten«. Wenige Monate vor Barlows unerwarteter Begegnung mit dem FBI hatten auch seine beiden neuen Freunde Besuch bekommen. Spezialagenten des Secret Service durchsuchten die Wohnungen der beiden Teenager und beschlagnahmten Computer, Kassettenrekorder und anderes. Acid Phreak lebte noch bei seiner Mutter. Als Secret-Service-Agenten bewaffnet in die Wohnung eindrangen, trafen sie dort nur seine zwölfjährige Schwester an und »schafften es, sie eine halbe Stunde in Schach zu halten, bis ihre Beute nach Hause kam«, wie Barlow danach spottete. Einer der Agenten erklärte Acids Mutter, ihr Sohn werde verdächtigt, für den teilweisen Zusammenbruch des Telefonnetzes von AT&T neun Tage zuvor verantwortlich zu sein, den Martin Luther King Day Crash. Tatsächlich war der Zusammenbruch von Teilen des nordamerikanischen Telefonnetzes durch einen Software-Fehler in den Schaltstationen von AT&T verursacht worden, nicht durch äußere Einflüsse. Aber es dauerte eine Weile, bis die Ingenieure des mächtigen Telekommunikationskonzerns das herausgefunden hatten. Zunächst einmal verlegte man sich, womöglich inspiriert durch die Ereignisse in Deutschland, auf einen naheliegenden Sündenbock: böswillige Hacker.

Barlow hatte in seinen Well-Postings immer wieder betont, der Cyberspace sei die neue »Frontier«, das mythische Grenzland zwischen der vermeintlich zivilisierten Welt und unerforschten Regionen. Sein launiger Bericht auf The Well über den Besuch des FBI-Mannes und seine Warnung, dass das eben erst entdeckte Reich der Freiheit und des uramerikanischen »Frontier Spirit« bedroht sei durch Technokraten, Bürokraten und übereifrige Gesetzeshüter, erreichten neben vielen anderen auch den Multimillionär Mitch Kapor.

Der Reiche und der Hippie: die Gründung der Electronic Frontier Foundation

Kapor, der mit der damals revolutionären Tabellenkalkulation »Lotus 1-2-3« sehr reich geworden war, galt in den achtziger und frühen neunziger Jahren als das zweite Genie des Software-Business neben Bill Gates. Er investierte sein beträchtliches privates Vermögen in eine Reihe von Hightech-Startups und unterhielt einen Privatjet, um seinen Schützlingen regelmäßige Besuche abzustatten. Kapor war überdies ein ehemaliger Lehrer für transzendentale Meditation, hatte in Kalifornien als Progressive-Rock-DJ gejobbt, war begeisterter Leser und Sammler des »Whole Earth Catalog« – und ein regelmäßiger Gast in den Diskussionsforen von The Well. Auch er war von Bundespolizisten in Sachen NuPrometheus befragt worden, denn er hatte tatsächlich zum Kreis der Empfänger der ominösen Disketten mit einem Stückchen Apple-Code gehört. Als er nun, dank Barlows pointiertem Text, begriff, wie weit das FBI sein Fahndungsnetz im Dienste Apples gespannt hatte, hatte er das Gefühl, etwas tun zu müssen. Barlow hatte Kapor in seiner Eigenschaft als Journalist schon einmal für eine Computerzeitschrift interviewt, man hatte sich bestens verstanden. Der Millionär bestieg seinen Jet und stattete dem Hippie in Pinedale, Wyoming, einen Besuch ab.

Die beiden Männer waren sich in ihrem stundenlangen Gespräch bald einig in ihrer Einschätzung der Situation, und wenig später, im Juni 1990, vereinbarten sie die Gründung einer Stiftung. Die Electronic Frontier Foundation (EFF), schrieb Barlow in »Crime and Puzzlement«, sei eine »Zwei-(möglicherweise Drei-)Mann-Organisation, die Mittel für Bildung, Lobbyarbeit und juristische Schritte im Zusammenhang mit digitaler Redefreiheit und der Ausweitung der Verfassung auf den Cyberspace sammeln und verteilen wird«. Als ein Artikel in der »Washington Post« erschien, in dem ziemlich ungenau berichtet wurde, Kapor habe einen »Verteidigungsfonds für Hacker« gegründet, sorgte das für weiteren Zulauf. Apple-Mitgründer Steve Wozniak erbot sich, für jeden von Kapor eingesetzten Dollar einen weiteren zu spenden. John Gilmore von Sun Microsystems, noch ein Silicon-Valley-Millionär, bot Barlow per E-Mail eine sechsstellige Summe zur Unterstützung des Vorhabens an. Schnell fanden sich weitere Sponsoren, darunter einige der prominentesten Figuren der gerade entstehenden digitalen Intelligentsia der USA, viele davon alteingesessene »Wellbeings«.

Innerhalb weniger Jahre feierte die neu gegründete Organisation erste, sehr prominente Erfolge. Der Prozess gegen Knight Lightning von »Phrack« wegen der Veröffentlichung des E911-Dokuments wurde eingestellt – weil Verteidigung und Sachverständige belegen konnten, dass das Schriftstück keineswegs gefährlich und auch nicht sonderlich geheim war. Knight Lightning, der in Wahrheit Craig Neidorf heißt, studierte Jura und wurde kurze Zeit später einer der ersten Angestellten der EFF.

Steve Jackson Games verklagte mithilfe der EFF den Secret Service der Vereinigten Staaten auf Schadensersatz und gewann – der Geheimdienst musste dem Spieleproduzenten 50 000 Dollar Entschädigung für den durch die Beschlagnahmung seiner Rechner erlittenen Gewinnausfall zahlen und die noch weitaus höheren Gerichtskosten tragen.

Diese ersten Erfolge waren gut für das öffentliche Image der EFF, die von vielen zunächst als Spinnerei, als teures Hobby einiger Silicon-Valley-Millionäre betrachtet worden war. Im Laufe weniger Jahre jedoch entwickelte die Organisation unter Kapors auf Kooperation und ständigem Netzwerken basierender Führung einen so großen Einfluss, dass man heute mit Fug und Recht sagen kann, sie sei mitverantwortlich dafür, wie das Internet heute aussieht. Wenn man sich alte Kapor-Sätze aus den frühen Neunzigern ansieht, ist man geneigt, dem Mann eine prophetische Gabe zu attestieren. Bruce Sterling zitiert den Millionär beispielsweise mit folgenden Worten – aus einem Interview im Jahr 1993, dem Jahr, in dem der erste Webbrowser Mosaic entwickelt wurde: »Ich sehe eine Zukunft, in der jeder einen Knotenpunkt im Netz haben kann. In der jeder ein Verleger sein kann. Das ist besser als die Medien, die wir heute haben. Es ist möglich. Wir arbeiten aktiv daran.« In einem Interview mit dem SPIEGEL sagte Kapor 1994: »Elektronische Post wird das nächste große, universelle Kommunikationsmedium sein.« Die Redakteure fragten ungläubig zurück, wozu man da denn einen Computer brauche, »wo es doch das Telefon gibt«. Alternativ könne man schließlich auch einen Brief schreiben.

E-Mail, Netzzugang und die Möglichkeit, selbst zu publizieren – heute ist das selbstverständlich. Doch damals hätte die Entwicklung digitaler Kommunikationsnetze auch noch in eine ganz andere Richtung laufen können. Dass es so und nicht anders kam, dass Kabelnetzbetreiber, Telekommunikationsunternehmen und andere Interessenten den Cyberspace nicht von vornherein nach ihren Gesetzen aufteilten und ihre Regeln für alle verbindlich machten, dazu trug Kapor mit klassischer Lobbyarbeit bei: Im Jahr 1993 hatte sein Wort auf den Fluren der Macht in Washington bereits so viel Gewicht, dass er eingeladen wurde, gemeinsam mit dem damaligen Vizepräsidenten Al Gore eine Strategie für die digitale Zukunft zu entwerfen. Als Gore seine »National Information Infrastructure« der Öffentlichkeit präsentierte, ließ er es sich nicht nehmen, auf seinen Co-Autor Kapor zu verweisen. Ein Kerngedanke des Papiers übertrug das Tabula-rasa-Prinzip des leeren Bildschirms mit unbeschränkten Gestaltungsmöglichkeiten auf die Architektur des Internets: Ein Schlüsselwort des neuen Plans für die vernetzte Zukunft lautete »Open Platform«. Das Internet sollte für jedermann zugänglich sein, die Protokolle, auf denen es basierte, offen und öffentlich bleiben, damit jeder darauf zugreifen und Datenübertragungen darüber abwickeln könne. Jeder sollte einen Internet-Server betreiben, jeder einen Knotenpunkt im globalen Netz schaffen können (sofern er die nötigen finanziellen Mittel besaß). Genauso kam es, trotz des Widerstands etwa der US-amerikanischen Kabelnetzbetreiber, die gerne jeden Haushalt mit Settop-Boxen für Fernseher ausgestattet hätten, über die man auf *ihr* Internet hätte zugreifen können, in dem Datenaustausch und Erstellung von Inhalten nach *ihren* Regeln hätten ablaufen müssen. Das wäre dann in etwa so gewesen wie BTX, mit einem Kästchen mit Knöpfen für ja, nein, kaufen.

Nun aber setzte sich die Idee eines offenen Internets mit gleichberechtigtem Zugang für alle durch, auch wenn die konkrete Ausgestaltung ab 1995 in erster Linie den Unternehmen überlassen wurde. Mit seinem »High Performance Computing and Communications Act« hatte der Demokrat Gore bereits 1991 die Grundlagen für die Netzpolitik der kommenden Jahre gelegt – und das unter der Regierung des Republikaners George Bush senior. Unter anderem ermöglichte das Gesetz die staatlich geförderte Forschungseinrichtung, in der dann unter der Führung von Marc Andreessen der erste Webbrowser Mosaic entwickelt wurde. Gore hatte schon in den Achtzigern begonnen, den Wissenschaftlern, die das frühe Internet am Laufen hielten, sehr genau zuzuhören. Mit Kapor hatte er einen Berater gefunden, der sowohl die unternehmerische Seite des Ganzen verstand, als auch ein sicheres Gespür dafür hatte, wie viel Offenheit und Freiheit eine solche Architektur brauchte, um ein bisschen von der Magie von The Well einer breiteren Öffentlichkeit zugänglich zu machen. Das Netzwerk, das als Arpanet unter primär militärischer und wissenschaftlicher Ägide begonnen hatte, war im Herbst des Jahres 1990 noch eines von vielen. Es umfasste gerade einmal 313 000 Rechner. 1996 waren es bereits knapp zehn Millionen.

Gore, Kapor, Barlow und die EFF hatten maßgeblichen Anteil daran, dass das Internet die offene, einheitliche Plattform geworden ist, die wir heute für selbstverständlich halten, dass wir keine proprietären, von einzelnen Unternehmen kontrollierten Netze haben, wie sie damals gang und gäbe waren. Aus heutiger Sicht erscheint es wie ein Wunder, dass Kapor seine von der Hacker-Ethik inspirierte Vision dieses offenen, hierarchiefreien Internets gegen die Interessen all der mächtigen Konzerne durchsetzen konnte. In den geschlossenen Netzen, wie sie etwa von Compuserve und AOL betrieben wurden, mit eingeschränktem Zugang zum »echten« Internet, wäre niemals Wikipedia entstanden, kein Napster, kein Skype und kein Twitter. Ohne die Anwendung des Tabula-rasa-Prinzips auf die Vernetzung unserer Rechner gäbe es heute vermutlich auch keine digitalen Widerstandsmittel in den Händen der Unterdrückten in Ländern wie Iran oder China – aber wohl auch keine Al-Qaida-Websites und keine Weblogs, in denen Essstörungen als gut und richtig gefeiert werden. Kurz: Ohne den »Hacker Crackdown« von 1990/91, ohne Barlow, Kapor und die EFF sähe die Welt im Jahr 2011 anders aus.

Für die Angehörigen der Generation C64 war das Versprechen des Internets unmittelbar verständlich: Man hatte wieder eine Tabula rasa vor sich, eine frei formbare Struktur, die wenige Vorgaben machte, dafür aber schier unbegrenzte Möglichkeiten bot. Viele der Älteren dagegen stellten sich das Internet noch lange Zeit als eine Art verbessertes Fernsehen vor.

Während in den USA diese seltsame Allianz aus Tech-Unternehmern, Althippies, Wissenschaftlern und Politikern die Grundlagen für die digitale Gegenwart legte, übte man sich in Deutschland weiterhin und noch lange Zeit in wohlwollender Ignoranz. Bundeskanzler Helmut Kohl antwortete einem RTL-Reporter im März 1994 auf eine Frage nach der Bedeutung der »Datenautobahn«, das alles sei ja noch »heftig umstritten«. Zwar laufe »die Zukunft in diese Richtung«, aber, so Kohl: »Wir sind ein föderal gegliedertes Land, und Autobahnen sind elementar – auch mit Recht – in der Oberhoheit der Länder. Der Zustand, den wir jetzt auf den Autobahnen haben, ist dergestalt, dass wir wissen, wann wir überhaupt nur noch von Go und Stop auf Autobahnen reden können.« Das lässt an Barlows böses Wort von »Kafka im Clownskostüm« denken.

Die Politik, viele Medien und große Teile der Wirtschaft hierzulande verschliefen diese entscheidende erste Phase in der Geschichte des Internets und des World Wide Web nahezu vollständig.

Kapitel 6
Digital ist besser

»Wer also glaubt, eine Kunst in Buchstaben zu hinterlassen, und wieder, wer sie annimmt, als ob aus Buchstaben etwas Deutliches und Zuverlässiges entstehen werde, der möchte wohl großer Einfalt voll sein und in der Tat den Wahrspruch des Ammon nicht kennen, indem er glaubt, geschriebene Reden seien etwas mehr als eine Gedächtnishilfe für den, der das schon weiß, wovon das Geschriebene handelt.«
Sokrates erklärt im Dialog mit Phaidros die Schrift für ein potenziell gefährliches Hilfsmittel. Aufgeschrieben hat das natürlich erst Platon.

»Mit geschriebenen Büchern nämlich lassen sich gedruckte nie auf die gleiche Stufe stellen. Denn um die Rechtschreibung und sonstige Ausstattung kümmern sich die Drucker gewöhnlich nicht.«
Johannes Trithemius, Abt von Sponheim, verteidigt in »De laude scriptorum« das handschriftliche Kopieren von Büchern gegenüber dem neumodischen Buchdruck. Geschrieben wurde das Buch 1492, gedruckt 1494.

Meine ersten Arbeitszeiten am Computer waren Nachtschichten. Im Betrieb meiner Eltern stand ein PC mit einem für damalige Verhältnisse übergroßen Bildschirm – er konnte zwei Schreibmaschinenseiten nebeneinander darstellen – und einer für PC-Monitore sensationellen Eigenschaft: Der Bildschirmhintergrund war weiß, die Schrift schwarz. Eine willkommene Abwechslung gegenüber den Grünmonitoren, die Anfang der Neunziger noch die Büros dominierten. Auch in unseren Tagen noch gilt grüne Schrift auf schwarzem Grund als Inbegriff der Computerhaftigkeit. Sie taucht in Filmen wie »Die Matrix« auf und spiegelt sich in Brillengläsern, wann immer ein Journalist ein Symbolbild für »Hacker« braucht. Der rasende Wandel bringt immerfort solche seltsamen Anachronismen hervor. Wie die kleinen Telefonhörerpiktogramme, mit denen die Anrufannahmetasten von Handys markiert sind, obwohl beim Mobiltelefon längst kein Telefonhörer mehr abgehoben wird.

Auf dem PC im Büro meiner Eltern lief eine revolutionäre Software namens PageMaker, die eine völlig neue Art des Publizierens ermöglichte: Desktop-Publishing. 1986 hatte der Hersteller Aldus einen Preis bekommen für die »beste neue Verwendung eines Computers«. Sechs Jahre später kam die elterliche High-Tech-Maschine meinen Klassenkameraden und mir sehr gelegen: Wir bastelten damit unsere Abiturzeitung. Ich habe diese nächtlichen Layoutsitzungen in bester Erinnerung. Wir tranken ungesunde Mengen Kaffee und Schwarztee, und mit fortschreitender Uhrzeit wurden alle Beteiligten immer übermüdeter und alberner. Am Ende zitterten uns die Hände, aber wir hatten die teure Technik bezwungen.

PageMaker stellte Seiten auf dem Bildschirm tatsächlich so dar, wie sie aussehen würden, wenn man sie ausdruckte. Es war unsere erste Begegnung mit dem WYSIWYG-Prinzip: »What You See Is What You Get«. Inzwischen erscheint all das längst selbstverständlich, jedes Textverarbeitungsprogramm kann das. Damals mutete es sciencefictionhaft an, denn was auf PC-Bildschirmen erschien, hatte mit Objekten aus der wirklichen Welt meist wenig zu tun. Das begann sich nun zu ändern. Apple hatte den Wandel mit der Einführung grafischer Benutzeroberflächen eingeleitet, auch der Commodore Amiga hatte schon ein »Graphical User Interface« (GUI). Doch das erste Windows, das sich auf PCs wirklich flächendeckend durchsetzte, war Version 3.1x, und die kam erst im Frühjahr

1992 auf den Markt. Bis dahin begrüßten einen PCs in der Regel ähnlich radikal wie der C64: mit einem schwarzen Bildschirm und einem blinkenden Cursor. Wer die Sprache der Maschine nicht beherrschte, scheiterte schon an der Eingangstür.

Wir hatten keine Ahnung, wie schnell die wirkliche Welt dann doch auf Computerbildschirmen auftauchen würde. Wie schnell sich die Rechenmaschinen nahezu alle Medien einverleiben würden, nicht nur Texte, sondern Musik, Fotos und schließlich ganze Spielfilmkollektionen. Wir haben die Digitalisierung nicht vorhergesehen – aber als sie dann kam, hat sie uns auch nicht überrascht. Dass Computer lernen können, hatte uns ja schon der C64 gelehrt.

Ich layoutete schon in den Achtzigern Schülerzeitungen auf eine Art, die einem nur ein Vierteljahrhundert später wie eine Übung aus lang vergangenen Zeiten vorkommt. Texte wurden mit der Schreibmaschine getippt, immer in der gleichen Schriftart, die in »Word« heute »Courier« heißt. Überschriften und Grafiken wurden mit der Schere aus großen Layoutbögen ausgeschnitten und mit Pritt-Stift in die Textlücken geklebt. Es war ein mühsames, pappiges Geschäft, weil die Papierfitzelchen immer an den Fingerspitzen kleben blieben statt dort, wo man sie hinhaben wollte. Die Ergebnisse sahen aus wie Erpresserbriefe bei »Derrick«.

Die Publikationskultur der deutschen Jugend der Achtziger basierte auf Schere, Kleber – und Betteln. Das Kopieren und Drucken von Exemplaren kostete Geld, deshalb gehörte es zu den wichtigsten Aufgaben innerhalb einer Schülerzeitungsredaktion, Buchläden, Tanzschulen und Schreibwarenhandlungen abzuklappern, um den Inhabern ein paar Mark für eine Viertelseite Werbung abzuschwatzen. Wir schwafelten von perfekter Zielgruppenansprache und mogelten bei der Auflage. Man muss sich all das ab und zu vor Augen führen, um zu begreifen, wie wertvoll die nahezu unbegrenzten Publikationsmöglichkeiten sind, die das Internet heute bietet.

Natürlich ging auch beim Computerlayouten ständig etwas schief. Bereits eingefügte Texte verschwanden oder erschienen plötzlich in einer anderen Type, Textblöcke hüpften wie Rumpelstilzchen über den Bildschirm. Wie für Angehörige meiner Generation typisch vermieden wir dennoch den Blick in Anleitungsbücher (für PageMaker gab es mehrere, jedes dicker als das örtliche Telefonbuch). Im Kampf mit den Videorekordern unserer Eltern – in jedem Haushalt wurden diese widerspenstigen Monster von den Kindern programmiert – hatten wir die Grundsätze der Menüsteuerung auf die harte Tour gelernt. Die Prinzipien unsichtbarer Hierarchien, durch die man mit Pfeiltasten, Mausklicks oder Steuerkreuzen navigieren kann, waren tief in unserem Bewusstsein verankert. Wer die VHS-Geräte der Achtziger bezwungen hatte, den konnte später keine Benutzeroberfläche mehr schrecken. Wenn mein Vater dagegen mit seinem Navigationssystem spricht, klingt das bis heute wie die Kommunikation zwischen einem verunsicherten Menschen und einem Alien mit heimlichen Invasionsplänen.

Längst war, ohne dass unsere Eltern oder wir selbst das explizit begriffen hätten, eine Kluft entstanden. Nahezu jeder Angehörige meiner Generation kennt diese langen Telefongespräche, in denen man ein Elternteil oder älteren Verwandten Klick für Klick, Tastendruck für Tastendruck durch die Menüs einer Benutzeroberfläche führt, immer wieder, weil die Abläufe in den in einer analogen Welt ausgebildeten Denkapparaten dieser Generation einfach nicht hängen bleiben. Die Interaktion mit der Maschine ist für sie von unterschwelliger Angst geprägt. Das liegt auch daran, dass die Generation unserer Eltern nicht verstehen kann, dass Computer zu Vergebung fähig sind. Wir haben uns längst an die Gnade und Geduld des »Undo«-Buttons gewöhnt, haben gelernt, uns ihm anzuvertrauen. Wir probieren einfach aus, schließlich gibt es ein Zurück. Software ist auf die unauslöschliche Fehlbarkeit des Menschen eingestellt, fast immer bereit, ungeschehen zu machen, was man eben verbrochen hat. Inzwischen hat selbst die Videospielbranche dieses Konzept übernommen: In aktuellen Autorennspielen kann man zurückspulen und nochmal losfahren, wenn man zu schnell war und aus der Kurve geflogen ist. Es ist eine bessere, gnädigere Welt.

Unsere Eltern hingegen fürchten ständig, einen katastrophalen Fehler zu begehen. Die Beratungstelefonate werden deshalb regelmäßig von erschrockenen, abgerissenen Ausrufen wie »oh nein, jetzt hab' ich …« unterbrochen, von nicht abgesprochenen Panikreaktionen, die alles nur noch schlimmer machen. Die Mittdreißiger von heute reagieren auf die vermeintliche Begriffsstutzigkeit ihrer Eltern manchmal mit Ungeduld, weil deren Unverständnis einfach unverständlich bleibt.

Dabei waren wir selbst früher auch ziemlich begriffsstutzig. Die Kunst dessen, was man heute »Usability« nennt, war in den Achtzigern nicht sehr weit fortgeschritten, wir aber waren trotzdem längst der Meinung, dass Technik zu gehorchen hatte, ohne dass man ihre Gesetzbücher studierte. Es dauerte eine Weile, bis es wirklich so weit war.

Eine der schlechtesten Erfindungen in der Geschichte des Unternehmens Microsoft war die animierte Büroklammer, die in »Office«-Produkten ungefragt auftauchte und den Nutzer mit unerwünschten Ratschlägen zur Weißglut trieb: »Anscheinend wollen Sie einen Brief schreiben. Brauchen Sie Hilfe?« Es dauerte zehn Jahre, bis Microsoft die nervige Klammer und die übrigen »Office«-Assistenten endlich beerdigte, obwohl sie direkt nach ihrer Einführung mit Office 97 bereits mit Inbrunst verachtet wurden. Selbst der Zeichner, der »Clippy« auf Deutsch »Karl Klammer« – gestaltete, nennt den digitalen Klugscheißer heute »eine der nervigsten Figuren aller Zeiten«. Clifford Nass, ein Kommunikationsforscher an der Eliteuniversität Stanford, der Clippys Vorgänger »Bob« entworfen hatte, nannte Clippys Verhalten später reumütig »passiv-aggressiv, im schlimmsten Fall schlicht feindselig«. Nass: »Wir wissen, wie wir mit solchen Leuten verfahren. Wir hassen sie.«

Der ungeliebte »Clippy« hatte mittlerweile Auftritte in Fernsehserien wie den »Simpsons«, Komiker haben Sketche über ihn geschrieben, und es gibt Hunderte von Cartoons, Videos und Texte, in denen er ein grausames Ende findet. In einer besonders brutalen Variante löscht ein entnervter Nutzer zunächst Karl Klammers Frau und Kinder von der Festplatte, die Büroklammer erschießt sich daraufhin, überlebt aber auch das (»Oh, jetzt läuft mir Blut in die Augäpfel«) und wird schließlich von H. P. Lovecrafts Tentakelmonster Cthulu in einen schwarzen Strudel gezerrt. Sogar wissenschaftliche Arbeiten gibt es zu der Frage »Warum die Menschen die Büroklammer hassen«. Die Antwort ist einfach: Computernutzer möchten nicht von einem aufdringlichen digitalen Besserwisser belehrt werden. Sie wollen, dass Software tut, was sie soll, und ansonsten die Klappe hält.

Inzwischen beugt sich Anwendungssoftware diesen Ansprüchen: Man muss mit ihr umgehen können, ohne etwas nachzuschlagen, der Computer hat sich nach dem Menschen zu richten und nicht umgekehrt. Ohne die ungeschriebenen Gesetze der Usability wäre das WWW von heute undenkbar: Webseiten müssen ohne Anleitung nutzbar sein. So weit war es damals noch nicht. Wenn ich in den Morgenstunden nach einer der nächtlichen PageMaker-Sitzungen erschöpft ins Bett fiel, träumte ich von Mauszeigern, Pixel-Linealen und Aufklappmenüs.

Das Verschwinden des Analogen

Nach dem Abitur absolvierte ich ein Praktikum in der Landkreisredaktion unseres Lokalblatts »Main Post«. Der interessanteste Ort des Redaktionsgebäudes war die Dunkelkammer: Sie war nur über eine Lichtschleuse zu erreichen, eine Röhre, die man von einer Seite betreten und dann von innen drehen musste. Auf der anderen Seite, in einem nur mit einer roten Glühbirne erleuchteten, immer überheizten Raum arbeiteten ausschließlich Frauen, die ich als freundliche, untersetzte Damen mittleren Alters in Erinnerung habe, trotz ihrer finsteren Arbeitsstelle stets gut gelaunt. Ihre Arbeitsplätze existieren heute nicht mehr.

Die Damen in den weißen Kitteln sind meine privaten Stellvertreter einer großen Gruppe von Menschen: Im Verlauf ihres Arbeitslebens schlug die Digitalisierung zu und veränderte Berufe radikal oder brachte sie komplett zum Verschwinden. Gleichzeitig machte diese Veränderung technische Mittel und Möglichkeiten, die zuvor höchstens Profis zur Verfügung gestanden hatten, für eine breite Masse verfügbar. Manchmal gingen die Veränderungen in Privathaushalten und kleinen Unternehmen schneller voran als auf Schlachtschiffen wie der »Main Post«: Die Redakteure dort wären vermutlich dankbar gewesen, wenn sie 1992 schon mit einer Software wie Page-Maker hätten arbeiten dürfen, ihr Redaktionssystem war im direkten Vergleich vorsintflutlich. Sogar die Layouts wurden noch von Hand geklebt.

Heute sind die Abstände zwischen den Werkzeugen der Profis und denen der Laien gewaltig geschrumpft. In der Fotografie zum Beispiel. Früher galt es als das große Privileg der Profis, nahezu unbegrenzt viele Aufnahmen von einem Motiv, einem Ereignis machen zu können, um am Ende eine oder zwei gelungene auszuwählen. Im Zeitalter der Digitalkamera und rasant fallender Preise für Speichermedien sind auch für Hobbyfotografen alle Mengenbeschränkungen verschwunden. 500 Bilder kosten nicht mehr als fünf. Ausgaben für Filme, Entwicklung und Abzüge fallen nicht mehr an – außer man möchte doch mal ein Bild ausdrucken und in ein Album kleben oder verschenken. Auch das aber geschieht immer seltener.

Es gibt für diese Entwicklung klare, objektive Anhaltspunkte, etwa den Aktienkurs des einstigen Branchengiganten

Kodak: Er fiel allein zwischen den Jahren 2000 und 2010 von über 65 auf unter 4 Dollar. Und es gibt die ganz persönlichen, privaten Anhaltspunkte: All die Fotogeschäfte etwa, die im Laufe der letzten 15 Jahre verschwanden, weil einfach niemand mehr kommt, um Filme zu entwickeln oder Abzüge zu bestellen. Der in ganz Deutschland sichtbare Endpunkt der Blüte der analogen Hobbyfotografie war der Untergang von Photo Porst: Die orangeroten Leuchtbuchstaben der Kette gehörten jahrzehntelang in ganz Deutschland zum Stadtbild selbst kleinerer Gemeinden. 2002 ging das Unternehmen in die Insolvenz, der Markenname an einen Händlerverbund namens Ringfoto, die Rechte für das Bildgeschäft übernahm Kodak.

Die verbleibenden Fotohändler halten sich heute mit Abzügen von auf CDs oder USB-Sticks angelieferten Bildern über Wasser, mit Vergrößerungen, Rahmungen, Passfotoservice. Ihre Kundschaft altert mit ihnen. Ihre Auslagen wirken wie Grüße aus vergangenen Tagen. In Baumärkten findet man nun Automaten des Herstellers Fujifilm, der den schleichenden Untergang der analogen Fotografie weit besser überstanden hat als der Konkurrent Kodak. Sie sehen aus wie Geldautomaten und haben vorne Schlitze für CDs, DVDs, USB-Sticks und ein halbes Dutzend Speicherkartenformate. Über einen Touchscreen kann man Bilddateien auswählen und sie auf der Stelle ausdrucken. Negative gibt es nicht mehr. Dafür braucht es heute keinen Hausbrand mehr, um eine private Fotosammlung zu vernichten. Ein Festplattencrash reicht.

Mein Freund Jan hat sich eine Zeitlang in weiser und leicht morbider Voraussicht als Leichenfledderer dieser sterbenden Branche betätigt. Immer wenn er an einem schließenden Fotoladen vorbeikam, bat er um die Überreste der Schaufensterdekorationen und andere übrig gebliebene Bilder. Man sieht darauf grauenvolle Frisuren, gewaltige Brillengestelle, wild gemusterte Pullover, Hochzeitspaare mit kieferorthopädischem Optimierungsbedarf. Verblassende, wellig gewordene Zeugnisse einer untergegangenen Epoche.

Es ist unmöglich herauszufinden, wie viele Fotos heute jeden Tag gemacht werden, aber es dürften um Zehnerpotenzen mehr sein als 1990. Nicht nur, weil in jedem Handy eine Digitalkamera steckt und praktisch jedes Ereignis von minimaler persönlicher Relevanz fotografisch dokumentiert wird, sondern auch, weil man im Urlaub heute nicht, sagen wir mal, fünf Filme à 36 Bilder vollknipst, sondern 2000 oder 3000 Digitalbilder schießt. Menschen, die in Großstädten leben, blieben früher gelegentlich stehen oder machten einen Bogen, damit ein Tourist seine Gattin vor einer Sehenswürdigkeit fotografieren konnte. Inzwischen verschwindet diese Höflichkeitsgeste langsam: Erstens würde ein Spaziergang in einer Innenstadt sonst wegen der allgegenwärtigen Fotografiererei zum Stop-and-Go oder zum Slalom, und zweitens ist es egal, wenn eine Aufnahme ruiniert wird – die nächste kostet ja auch nichts.

Ambitionierte Hobbyfotografen quälten ihr Umfeld einst gern mit Diaabenden, auf denen sie schlimmstenfalls ein paar hundert Urlaubsbilder vorführten. Heute sind diese Abende oft ungleich länger und nervtötender. Versierte Fotovorführer werben damit, dass sie wirklich nur die besten Bilder ausgewählt haben. Versierte Fotoabendbesucher fragen misstrauisch nach, wie viele.

Entfallen sind dafür die Listen mit Nachbestellungswünschen, die früher nach Klassenfahrten oder Gruppenreisen kursierten. Heute verschickt man Fotos auf CD, per E-Mail oder lädt sie gleich auf eine Bilderplattform wie Flickr oder Picasa hoch. Oder zu Facebook, StudiVZ oder Wer-Kennt-Wen, wo man sich mit den Mitreisenden womöglich ohnehin schon digital verbunden hat.

All das konnte Anfang der Neunziger noch niemand ahnen. Halbwegs erschwinglich wurden Digitalkameras erst in der zweiten Hälfte des Jahrzehnts, wirklich zur Massenware erst nach dem Jahrtausendwechsel. In weniger als 15 Jahren gewöhnte sich die Menschheit das Fotografieren auf chemischer Basis fast vollständig ab. Heute ist Analogfotografie ein Hobby für Spezialisten, wie Malerei oder Makramee.

Datenträger sterben einsam

Die klassische Fotografie ist nur eines unter vielen Opfern, die die Digitalisierung am Wegrand zurücklässt. Weil nach und nach alles digital wird, verschwindet ein analoger Datenträger nach dem anderen. Als Nächste sind die digitalen dran. Irgendwann werden nur noch die reinen Daten übrig sein, unabhängig vom Speichermedium, ausdehnungs- und gewichtslos, gespeichert auf lokalen Festplatten oder irgendwo im Internet. Schon erwischt hat es die Schallplatte, die Videokassette, die Audiokassette, inzwischen ist sogar die CD von Aussterben bedroht. Bei Musik und Fotografie ist die Entwicklung am weitesten fortgeschritten, sie liegen schon jetzt oft als reine Daten vor. Folgen dürfte das, was man bis heute umgangssprachlich Zelluloid nennt, obwohl Filmstreifen längst auf Polyesterbasis hergestellt werden. Kinos in aller Welt rüsten derzeit für sehr viel Geld auf digitale Projektion um, weil es viel einfacher ist, Filme in Dateiform um den Globus zu schicken als in gewaltigen Blechdosen, die bis zu zwölf Kilogramm wiegen. Weil Filmkopien enorm teuer sind, digitale aber nichts kosten. Und weil neue Projektionstechniken, die etwa für Filme in 3D unabdingbar sind, mit transparenten Filmstreifen als Datenträger einfach nicht mehr funktionieren.

Der älteste aller heute gebräuchlichen Datenträger wird diesem Prozess wohl als Letzter zum Opfer fallen: das Papier. Es wird vermutlich noch lange dauern, aber in diesem Bereich ernsthafte Prognosen abgeben zu wollen, wirkt im Licht vergangener Entwicklungen doch sehr gewagt.

Im Frühjahr 2011 teilte der Internetbuchhändler Amazon erstmals mit, dass er in den vorangegangenen Monaten in den USA mehr E-Bücher für sein digitales Lesegerät »Kindle« verkauft habe als gedruckte Buchausgaben. Das lässt keine Aussagen über den US-Buchmarkt insgesamt zu, denn Kindle-Bücher kann man nur bei Amazon kaufen, nirgends sonst. Aber es ist doch eine erstaunliche Entwicklung – immerhin gibt es den Kindle erst seit Ende 2007. Auch die Auflagen von Tageszeitungen in den USA und hierzulande gehen kontinuierlich zurück, während eine wachsende Zahl von Menschen sich ausschließlich online über das Weltgeschehen informiert. Trotzdem werden Unmengen von bedrucktem Papier verkauft. Das papierlose Büro, das man uns immer wieder angekündigt, angedroht, versprochen hat – noch liegt es in weiter Ferne. In Redaktionen, Agenturen, Ämtern, Universitäten, Schulen, Bibliotheken und Büros wird gedruckt und kopiert, was das Zeug hält. Nach wie vor gibt es kaum jemanden, der längere Texte wirklich lieber am Bildschirm liest. Das aber ist eine Frage der verfügbaren Technik und auch der von klein auf erworbenen Gewohnheiten, und damit nur eine der Zeit.

Wenn es so kommt, wie es nun schon so oft gekommen ist, wird auch das Primat des Papiers irgendwann eine vorübergehende Phase gewesen sein. Noch um die Jahrtausendwende wurden unter Fotobegeisterten erbitterte Streitgespräche darüber geführt, ob die Digitalfotografie sich jemals durchsetzen würde, ob Profis irgendwann bereit sein würden, sich dieser unstofflichen, geisterhaft wirkenden Technik mit der miesen Auflösung anzuvertrauen. Doch die Qualität der Bilder wuchs rasant, während die Preise für Kameras im selben atemberaubenden Tempo fielen. Eine digitale Spiegelreflexkamera kostet heute so viel, wie 1998 eine gute analoge gekostet hat. Und wer versucht, in einer Großstadt einen Diafilm zu kaufen, muss sich auf erstaunte Gesichter und längere Fußmärsche gefasst machen.

Damit das Digitale das Analoge aussticht, das hat die Geschichte vielfach gezeigt, braucht es nur drei Faktoren: Die Qualität muss stimmen, der Komfort – und der Preis. Das Totenglöcklein der CD begann in dem Moment zu läuten, in dem das MP3-Format erfunden wurde, das Musikdateien in akzeptabler Klangqualität ermöglichte, als Musiktauschbörsen diese Dateien dann für den besten Preis von allen verfügbar machten: gratis. Das Ende der VHS-Kassette begann, als die erste DVD gepresst wurde, und das der DVD, als die ersten Online-Videotheken Filme zum direkten Download anboten. Dass Film-Downloads sich noch nicht flächendeckend durchgesetzt haben, liegt vor allem an Faktor drei, dem Preis: Sie sind nicht, wie das eigentlich sein sollte, weil ja weder Ladengeschäfte noch Datenträger und Hüllen vorgehalten werden müssen, preiswerter als Leih- oder Kauf-DVDs. Sie kosten mehr. Die Branche verteidigt das von ihr selbst als lukrativer betrachtete Geschäft mit einer restriktiven Preispolitik. Also verschafft sich die Kundschaft Produkte eben zum Nulltarif, wieder über Internet-Tauschbörsen oder illegale Download-Websites.

Den freien Fall der Musikbranche hat erst Apple mit der Einführung von iTunes und bezahlbaren Preisen für Musikdateien stoppen können. Für die Branche war das sehr unangenehm. Noch heute sind Musikmanager auf Apple-Chef Steve Jobs nicht gut zu sprechen, weil er ihnen auf sehr kompromisslose Weise die Bedingungen diktiert, nach denen das Geschäft zu laufen hat: nur ein Preis, 99 Cent pro Song, keine Staffelung, keine Rabatte, keine Aufschläge. Und natürlich ein saftiger Obolus für den Konzern mit dem Apfel. Man wird der Film- und Fernsehbranche in den kommenden Jahren womöglich dabei zusehen können, wie sie die gleichen Fehler macht, in die gleichen Fallen stolpert wie die Manager des Musikbusiness. Aber wer weiß, vielleicht kriegt Hollywood die Kurve ja doch noch. Die Verlagsbranche beobachtet das Geschehen mit großem Interesse. Ihre digitale Revolution hat gerade erst begonnen.

Die nostalgische Generation

Nostalgie ist eine der Eigenschaften, die den Menschen vom Tier unterscheiden, weil er ein Bewusstsein seiner selbst und für seine eigene Geschichte besitzt. Die Vergangenheit sieht im Rückblick immer hübscher aus als die Gegenwart. Meist auch hübscher, als sie eigentlich war. Früher war alles besser, und zwar schon immer (von extremen Erlebnissen wie Kriegen oder Hungersnöten einmal abgesehen). Vermutlich deshalb, weil früher schon vorbei ist und man es ja überlebt hat. So schlimm kann es also nicht gewesen sein. Die Vergangenheit wirkt vertraut und deshalb nicht bedrohlich, im Gegensatz zur Zukunft, die ungewiss und damit furchteinflößend ist.

Vermutlich ist der Mechanismus einer, der einst Steinzeitmenschen davor bewahrte, durch schreckliche Erlebnisse so nachhaltig traumatisiert zu werden, dass sie dadurch lebensunfähig geworden wären. Es war einfach gesünder, den Hungerwinter oder die Begegnung mit dem Säbelzahntiger im Rückblick nicht mehr ganz so schlimm finden zu müssen. Wahrscheinlich wären wir ohne Nostalgie alle depressiv.

Manche Leser werden das Vorangegangene mit einem Stirnrunzeln oder heftigem Kopfschütteln zur Kenntnis genommen haben. Für jeden, wirklich jeden der genannten sterbenden Datenträger finden sich Fans, Aficionados, manchmal Besessene, die bereit sind, ihn bis aufs Blut zu verteidigen. Datenträgernostalgiker. In ihren Predigten kommt immer das Wort »niemals« vor, meistens kombiniert mit Begriffen wie »Sinnlichkeit«, »haptisch« oder »emotional«. Es mag paradox anmuten, aber gerade in meiner Generation ist das sehr häufig. Beispielsweise gibt es in der Altersgruppe unter 40 eine große Zahl von glühenden Verehrern der Vinylschallplatte. Vinyl erlebt seit Jahren einen sensationellen Aufschwung, Plattenläden und Versandhändler verzeichnen erfreut und verwundert, dass eine wachsende Zahl von Menschen lieber einen großen, glänzenden Datenträger aus Plastik in einer Papphülle kauft als eine CD oder ein Bündel Dateien. Plattenspieler sind jetzt Luxusobjekte, die Tausende, ja Zehntausende von Euro kosten können. Die Verfechter der Schallplatte preisen einen Klang, den sie als »wärmer« empfinden, die haptischen Eigenschaften der Platten selbst, ihr Gewicht, natürlich die großen Hüllen, das Artwork, die »Liner Notes«. Sie begeistern sich aber auch für das Unpraktische an der Platte, für das Ritual des Aus-der-Hülle-Nehmens, die eigentlich doch ziemlich lästige Notwendigkeit, eine Platte vor dem Hören mit einem Miniaturbesen zu fegen, ja sogar für die Tatsache, dass man nach der Hälfte eines Albums aufstehen und die Platte umdrehen muss. Es ist eine gewissermaßen kantianische Begeisterung für Schwierigkeiten, die da durchscheint: Nur, was hart erarbeitet werden muss, ist wirklich etwas wert. Dass man mit der gleichen Begründung Fernbedienungen für TV-Geräte ablehnen könnte, kommt Vinylnostalgikern nicht in den Sinn. DJs, die darauf verweisen können, dass das Handwerk des Musikmischens nun einmal traditionell mit Plattenspieler, »Pitch Control« und Crossfader ausgeübt wird, sind die wenigsten von ihnen.

Der meistverteidigte Datenträger aber ist derzeit das Zeitungspapier: Immer wieder ist zu lesen, das Internet könne die Zeitung als Nachrichtenmedium niemals ersetzen, weil Papier so schön raschelt, weil man Seiten von Hand umblättern muss, wegen des Geruchs der Druckerschwärze. Und weil, das allerdings wird nie so recht begründet, Journalismus auf Papier irgendwie »besser« sei. Frank Schirrmacher, Mitherausgeber der »Frankfurter Allgemeinen Zeitung«, pries sogar die Langsamkeit des Setz- und Druckprozesses einmal als unschlagbares Argument für die Zeitung und gegen das Netz. Nur die langsame Zeitung, so seine Argumentation, schaffe die Zeit zum Nachdenken, die guten Journalismus möglich mache. Die Zeitung sei »das verzögernde Moment in der gesellschaftlichen Kommunikation«. Das mache sie »für immer unverzichtbar«.

Das erinnert ein bisschen an die These, Platten klängen besser, weil man sie von Hand umdrehen muss.

Ins gleiche Horn stieß der Chefredakteur der »Süddeutschen Zeitung«, Hans-Werner Kilz, bei einer Veranstaltung im September 2010. Die Zeitung, die auf Papier gedruckte wohlgemerkt, sei ein »separates Geschäft und eine völlig eigene Form von Nachrichtenjournalismus«, sagte Kilz. Und sprach dann in einem Nebensatz auch an, worin vermutlich das eigentliche Problem mit dem Internet liegt: Für Online-Werbung wird viel schlechter gezahlt als für gedruckte Anzeigen. Für Kilz ist das jedoch nebensächlich: »Selbst wenn die Online-Angebote genug Geld einbringen würden, um alles allein produzieren und auch senden zu können, ist doch eines klar: Der Nachrichtenjournalismus im Netz wird nie so in die Tiefe gehen oder den investigativen Journalismus gar ersetzen können.« Warum das so sein sollte, bleibt unklar ebenso wie die Frage, woher Kilz die Erkenntnis hat, dass es im Internet keinen investigativen Journalismus gebe. Es ist verblüffend, wie intensiv der Datenträger Papier mit bestimmten, geradezu mythischen Eigenschaften aufgeladen wird – obwohl doch auch die »Bildzeitung«, Hardcore-Pornografie und sogar »Mein Kampf« auf Papier gedruckt werden. Die einzige Erklärung ist, dass hier wieder einmal jemand der so unbedingten wie anlasslosen Überzeugung ist, dass Papier als Datenträger Bildschirmen überlegen sei. Dass Nachrichten irgendwie besser, wahrer, wertvoller werden, wenn man sie auf Papier druckt, das danach quer durchs Land gekarrt werden muss, damit die Papierstapel frühmorgens überall auf den Türschwellen der Abonnenten abgelegt werden können. Die Tageszeitung ist in ihrer Darreichungsform längst ein Anachronismus, und diese kaum zu leugnende Erkenntnis bereitet so manchem solche Schmerzen, dass er sein Heil in begründungslosen Behauptungen sucht.

Ich habe dafür viel Verständnis. Ich bin, was das Papier angeht, selbst Datenträgernostalgiker. Ich habe eine Tages-

und eine Wochenzeitung abonniert und natürlich den SPIE-GEL. Das Bücherregal ist das raumgreifendste Möbelstück in meinem Wohnzimmer, und ich habe in meinem ganzen Leben noch nie ein Buch weggeworfen. Ich liebe Bücher in Papierform und möchte sie auch in Zukunft nicht in einem Standardfont auf einem E-Ink-Bildschirm lesen oder gar auf einem PC-Monitor. Sie brauchen keine Batterie, Sand macht ihnen nichts aus, und man kann sie sogar in die Badewanne fallen lassen und mit einem bisschen Glück anschließend trotzdem noch zu Ende lesen. Mit einem Kindle geht das nicht. Aber ich bin auch Realist: Sobald Preis, Qualität und Komfort stimmen, werden gedruckte Bücher den gleichen Weg gehen wie Vinylschallplatten: Sie werden zu kostspieligen Nostalgieobjekten werden, die sich nur leistet, wer bereit und fähig ist, für nostalgisches Wohlgefühl einen Aufpreis zu entrichten.

Die letzte Zuflucht derer, die ihren Lieblingsdatenträger vom Untergang bedroht sehen, sind stets ästhetische Argumente. Immer gibt es haptische, olfaktorische oder emotionale Gründe dafür, dass das Alte besser, schöner, echter ist als das Neue. Es gibt sogar Menschen, die Disketten lieben. Als Sony 2010 ankündigte, die Produktion von 3,5-Zoll-Disketten endgültig einzustellen, erschienen weltweit melancholische Abgesänge. Ein Redakteur der US-IT-Website »ZDNet« bekannte: »Na gut, ich nehme noch manchmal eine in die Hand, nur um die Metallabdeckung hin und her schnalzen zu lassen.« Die Diskette wird in Sammlungen überleben – und, wie der gute alte Telefonhörer, als anachronistisches Piktogramm. Schließlich ist sie unser universelles Zeichen für »Speichern«. Unsere Kinder werden uns eines Tages fragen, warum.

Heute sind selbst 18-Jährige schon nostalgisch. Je mehr Wandel, je rasanter die Veränderung, desto schneller und früher setzt offenbar die Nostalgie ein, der wehmütige Blick zurück. Die Jugend der Generation C64 war zwar geprägt von der Angst vor dem Kalten Krieg und der Umweltzerstörung – doch sie spielte sich in weitgehender ökonomischer Sicherheit ab, behütet und abgeschirmt gegen die realen Übel dieser Welt. Aus heutiger Sicht erscheint sie wie eine Jugend im Paradies – der ideale Nährboden für nahezu schrankenlose Nostalgie.

Der Strom der Veränderung, der zunehmend schneller Produkte, Moden, Technologien wegschwemmt, schuf auch eine Vielzahl von Altwassern an seinen Ufern. Weil sich so viel verändert hat wie nie zuvor in der Geschichte der Menschheit, gibt es jede Menge Objekte, an denen wohlig-wehmütiges Erinnern ankert. Folgerichtig finden wir Nostalgiker jeder Couleur – die Vinylbegeisterten sind nur eine Gruppe unter vielen. Anfang 2010 veröffentlichte die britische Band The XX eine melancholische Single namens »VCR« (Videorekorder). Ihre Mitglieder sind alle um die 20 Jahre alt.

Andere sammeln alte Spielkonsolen, Disneys »Lustige Taschenbücher« oder alte TV-Serien wie »Ein Colt für alle Fälle«, »Magnum« oder »Das A-Team« auf DVD. Manche sehen regelmäßig »Die Sendung mit der Maus« oder hören Kinderhörspiele wie »Die drei Fragezeichen«. Je länger dieser Trend andauert, desto ehrlicher wird er: Die anfänglich noch vorgeschobene Ironie löst sich in Luft auf.

Dass dieses Phänomen kein rein deutsches ist, zeigen auch die Hollywood-Produktionen der vergangenen Jahre. Die neuen »Star Wars«-Filme, die George Lucas ab 1999 den Originalen nachschob (beziehungsweise voranstellte, wenn man der internen Lucas-Chronologie folgt), waren perfekte Produkte, um den unstillbaren Hunger dieser Generation nach Aktualisierungen früherer Glücksmomente zu befriedigen, ebenso wie die Neuauflage von »Indiana Jones« im Jahr 2008, in der ein 65-jähriger Harrison Ford noch einmal aus fahrenden Autos springen musste. Ein Hollywood-Remake des »A-Teams« kam 2010 in die Kinos, eine Kinoversion von »Ein Colt für alle Fälle« ist in Planung. Für all die Nerd-Kultur-Filme von »Batman« bis »Herr der Ringe« gilt dasselbe: Sie zeigen, wie tief die Sehnsucht dieser Generation nach dem guten alten Eskapismus ist. Nostalgische Gefühle zielen aber nicht nur auf Unterhaltung, sondern auf wirklich fast jedes Produkt, das in dieser Zeit des Turbokonsums entstanden und wieder vergangen ist, von Pfefferminzbonbons bis zu Limonadensorten. Selbst die Autos, die für diese Generation gebaut werden, sollen wieder so aussehen wie damals, vom New Beetle über den Mini bis hin zum Fiat 500.

Im Pop ist das Revival bereits vor Jahren zum Dauerzustand geworden, bei immer schnellerer Abfolge der Stilrichtungen. Zuerst waren die Sechziger dran, das war Mitte der Neunziger, als Britpop-Bands wie Oasis und Blur die Beatles und die Rolling Stones als Vorbilder priesen. Dann kamen die Siebziger, Bands wie Jamiroquai brachten Schlaghosen, Afros und alte Turnschuhmodelle zurück in den Mainstream, und auch Punk kam wieder. Die Strokes zitierten die Stooges, Green Day die Buzzcocks (auch wenn die davon nicht beeindruckt waren – Buzzcocks-Gitarrist Steve Diggle sagte 2005, nach einem Zufallstreffen mit Green Day: »Ich hatte keine Ahnung, wer die sind. Jedenfalls keine Punks«).

In diesen Tagen erleben die Achtziger ihre Renaissance. Bands, deren Mitglieder damals vielleicht gerade geboren wurden, klingen wie »New Order« oder »The Cure«. Die Popjournalisten, die sie in den Himmel loben, haben in ihrer Jugend die Originale gekannt, auch sie gehören eben zur Generation der Dauernostalgiker. Selbst Schulterpolster und asymmetrische Haarschnitte sind wieder da. Als Nächstes werden mit an Sicherheit grenzender Wahrscheinlichkeit zuerst Grunge und dann Techno, Triphop und Drum 'n Bass wiederauferstehen oder besser: aus den Nischen, in denen sie überwintert haben, zurück in den Fokus der popkulturellen Aufmerksamkeit wandern.

Einen klar definierten Popkultur-Mainstream gibt es längst nicht mehr, die verschiedenen Epochen und ihre modischen, musikalischen, künstlerischen Zeichen existieren friedlich und gleichberechtigt nebeneinander, alle gehen ein in den großen postmodernen Fundus, aus dem sich jeder seine Subkulturidentität zusammenbasteln kann. Natürlich spielt daneben weiterhin Neues eine Rolle: Manga-Comics aus Japan sind jetzt deutscher Mainstream, wir haben die Otaku-Kultur geerbt, die Comic-Held-Verkleidungen zum modischen Statement erhoben hat, und Visual Kei, die Subkultur mit den geschminkten Jungs, den Haarsprayskulpturen und dem schrillen Synthipop. Deutschlands derzeit erfolgreichste Band Tokio Hotel verkörpert die popkulturelle Flexibilität der heute um die 20-Jährigen sehr anschaulich: Während Frontmann Bill Kaulitz wie ein Visual-Kei-Elf aussieht, gibt sein Bruder Tom mit Rastazöpfen den Alternativrocker, die beiden übrigen Bandmitglieder rotieren in ihrem Äußeren durch den Fundus der Popgeschichte, von Rocker bis zum Britpopper. Nachschub ist unerlässlich, denn schon sehr bald werden die zitablen Strömungen der Vergangenheit aufgebraucht sein. Die Nostalgiewelle kommt immer näher. Was wohl passiert, wenn sie sich an den Küsten der Gegenwart bricht?

Aggressive Wehmut

Meist ist Nostalgie harmlos und friedfertig, gelegentlich aber nimmt sie aggressive Züge an. Ungemütlich wird es immer dann, wenn jemand aus der Verklärung des Vergangenen eine Ablehnung des Gegenwärtigen ableitet. Der Musikpsychologe Adrian North von der University of Leicester etwa veröffentlichte 2006 eine Studie, derzufolge die MP3-Datei Musik entwerte: »Im 19. Jahrhundert wurde Musik als wertvoller Schatz mit grundlegenden und fast mystischen Kräften zur menschlichen Kommunikation betrachtet. Sie wurde in klar definierten Kontexten erlebt, und ihr Wert stand in unmittelbarem Bezug zu diesen Kontexten«, schrieb North. Heute sei es damit vorbei. Und schuld daran sei Steve Jobs.

Nicht der Apple-Chef direkt und allein. Aber all die großen und kleinen Steve Jobs dieser Welt, die Musik über das Internet verkaufen und von da aus direkt in die Gehörgänge der Jugend von heute schleusen. »Weil Musik unterschiedlichster Arten und Genres jetzt so weithin verfügbar ist, über tragbare MP3-Player und das Internet, lässt sich argumentieren, dass die Menschen Musik jetzt viel stärker aktiv in alltäglichen Hör-Kontexten nutzen als je zuvor.« Schlimmer noch, »die Hörkontexte entscheiden am Ende über den Wert, den die musikalische Erfahrung für den jeweiligen Zuhörer hat.« Und da wird es für North problematisch: »Der Grad der Verfügbarkeit und Auswahlmöglichkeiten hat zu einer eher passiven Einstellung zu Musik geführt, die man im Alltag hört.«

Im Klartext: North will herausgefunden haben, dass wir Musik einfach nicht mehr genug lieben. Es ist zu vermuten, dass der Musikologe Balzacs Gesellschaftsromane aus dem 19. Jahrhundert nicht kennt, in denen die bessere Gesellschaft zwar ständig in die Oper geht, aber nicht um Musik als »wertvollen Schatz mit grundlegenden und fast mystischen Kräften« zu erleben, sondern um während der Vorstellung zu tratschen und Intrigen zu spinnen. Ähnliches ließe sich für zahllose andere Arten des vor- und frühindustriellen Musikkonsums nachweisen. Auch Gin trinkende Arbeiter in den Kneipen von Sheffield oder Manchester Mitte des 19. Jahrhunderts nahmen den Fiedler auf der Bühne vermutlich eher beiläufig wahr.

Fast gleichzeitig mit North meldete sich 2006 Pete Townshend zu Wort, der ehemalige Gitarrist von »The Who«, die jahrelang als lauteste Band der Welt im Guinness-Buch der Rekorde standen. Er hört heute sehr schlecht, weil er viele Jahre lang neben vorsätzlich bis zum Anschlag aufgedrehten Lautsprechertürmen Gitarren zerschlagen hat. Townshend warnte jedoch nicht vor Rockkonzerten – sondern vor MP3-Playern: »Wenn Sie einen iPod oder so etwas benutzen oder Ihr Kind, KÖNNTEN Sie Glück haben … Aber meine Intuition sagt mir, dass entsetzliche Probleme auf Sie zukommen«, schrieb Townshend auf seiner Website. MP3s seien schlecht für die Ohren.

Die Warnung ist durchaus berechtigt – allzu lautes Musikhören mit Kopfhörern ist Ohrenärzten ein Graus. Doch dass ausgerechnet der von ehrlichem, analogem Boxenlärm beschädigte Townshend diese Warnung formulierte, mutet doch seltsam an. Townshend ist nicht der einzige Musiker, der Probleme mit Musikdateien hat. Neil Young zum Beispiel sprach im Zusammenhang mit MP3s einmal von Sound auf »Kinderspielzeugniveau«. Musik sei zu einer Art Tapete geworden, sei heutzutage eher »Muzak«, Fahrstuhlmusik: »Wir haben heute schöne Computer, doch es fehlt an hochaufgelöster Musik.« Dabei weinen verliebte Teenager selbstverständlich immer noch genauso zu ihrem Lieblingssong wie 1970, als der schlechte Sound eben nicht aus Kopfhörern, sondern den Monolautsprechern von Kofferradios kam. Als hätten Youngs Fans von damals alle 4000-Dollar-Stereonalagen von Nakamichi im Regal gehabt.

In Wahrheit gehören North, Townshend und Young zu den vielen radikalen Datenträgerbewahrern. Ihre Begeisterung für die Vergangenheit wendet sich explizit gegen den Lebensstil der Gegenwart. Deshalb finden sie, dass MP3s keine richtige Musik mehr sind. Dass sie die Ohren kaputt machen und der Musik die Seele rauben. Die Linie derer, die auf die jeweils Jüngeren herabblicken, verläuft heute von den »Gitarren-und-echter-Schweiß«-Verfechtern über die Vinylfetischisten bis hin zu den CD-Käufern, die jetzt – endlich! – wenigstens auf die MP3-Hörer herabblicken dürfen. Ihre Warnungen und Wertungen klingen zunehmend schriller. Weil sie insgeheim wissen, dass der Wandel nicht aufzuhalten ist.

Die aggressive Art der Nostalgie findet man auch bei Jüngeren, besonders häufig aber ist sie bei den Angehörigen jener Generation anzutreffen, die nicht mit freundlichen Computern als Spielgefährten im Kinderzimmer aufgewachsen ist. In deren Leben die Digitalisierung scheinbar unvermittelt und mit unerwarteter Wucht eingebrochen ist und als unverrückbar geltende Überzeugungen über den Haufen geworfen hat. Diese zuweilen regelrecht wütende Abwehrhaltung bezieht sich nicht nur auf Detailaspekte des technologischen Wandels, sondern oft auch auf das große Ganze. Gerade in Deutschland begegnen Teile der Gesellschaft dem Internet und allem, was es mit sich bringt, mit Verunsicherung, Furcht und gelegentlich unverhohlener Abscheu. 35 Prozent der Deutschen waren Studien zufolge 2010 noch sogenannte Offliner. Unter ihnen, notierten die Autoren des jährlich erscheinenden (N)Onliner-Atlas, sind die Ängste und negativen Einstellungen gegenüber dem Internet besonders ausgeprägt.

Eine defensiv-aggressive Weigerung, den Wandel zu akzeptieren, ist eine zentrale Ursache für den tiefen Graben zwischen (meist) älteren und (meist) jüngeren Bewohnern dieses Landes, zwischen den analogen und den digitalen Deutschen. Beherrscht aber wird das Land noch von Ersteren.

In den Altersgruppen, die mit dem permanenten technologischen Wandel einer zunehmend digitalisierten Umwelt groß geworden sind, nimmt das wehmütige Rückerinnern meist harmlosere, friedfertigere Züge an. Sie versuchen, das Vergangene zu bewahren, indem sie sich kleine, besonders lieb gewonnene Stückchen davon als private Anker erhalten, die aggressive Ablehnung des Neuen ist ihnen fremd. Schließlich wäre sie wenig hilfreich in einem Leben, in dem ständige Neuerungen von Anfang an die Regel waren.

Die Cracker, Democoder und Mailbox-Fans der Achtziger hatten uns, wenn auch nur unterschwellig, eines gelehrt: Programmierbare Maschinen ermöglichen immer wieder Dinge, die man ihnen eigentlich nicht zugetraut hätte. Sie machen Vertrautes obsolet und schaffen Neues, Interessantes, Aufregendes. Morgen wird die Welt womöglich schon wieder anders aussehen als heute. Das Tabula-rasa-Prinzip wurde uns unbewusst aber unauslöschlich eingeimpft. Und bereitete uns so auf das vor, was als nächstes kam.

Die größte Tabula rasa der Welt war zu der Zeit, als meine Klassenkameraden und ich mit »PageMaker« digital publizieren lernten, Anfang bis Mitte der Neunziger, noch ziemlich unterentwickelt – und doch schon kurz davor, die Welt radikaler zu zu verändern, als die Digitalisierung allein das geschafft hätte: das Internet.

Kapitel 7
Werkzeuge für Weltenschöpfer

Am 10. Dezember 1993 veröffentlichte ein Computeradministrator der Eliteuniversität Carnegie-Mellon in Pittsburgh, Pennsylvania, im universitären Intranet folgenden Brandbrief: »Seit ›Doom‹ heute veröffentlicht wurde, haben wir festgestellt, dass das Spiel das Campusnetzwerk zum Stillstand bringt [...] Das Rechenzentrum ersucht alle ›Doom‹-Spieler, keinesfalls im Netzwerkmodus zu spielen. Die Nutzung von ›Doom‹ im Netzwerkmodus verursacht ernsthafte Leistungsabfälle des Netzwerks, das wegen der Examenszeit ohnehin maximal ausgelastet ist. Wir könnten gezwungen sein, die PCs jener Nutzer, die das Spiel im Netzwerkmodus spielen, vom Netz abzukoppeln.«

Zu Beginn der Neunziger konnten selbst die Besitzer eines schnellen Computers noch nicht ahnen, was da auf sie zukommen würde: Dass ihre Rechner binnen weniger Jahre zu den unfassbar mächtigen Multimediamaschinen herangezüchtet werden würden, an die wir uns heute schon gewöhnt haben. Zu Fenstern in fremde Welten, Fernsehern, Bildbearbeitern, Radios. Personal Computer waren in erster Linie Werkzeuge, und so sahen sie auch aus: Das Arbeitstier PC versteckte sich gewöhnlich in einem quaderförmigen, kniehohen Gehäuse in der Farbe von Sichtbeton oder Zahnstein, es machte laute Klackergeräusche und nervte mit dem beständigen Fönen seines Lüfters. Ein PC war offenkundig ein industrielles Werkzeug.

Schön war das nicht, aber gerade für Studenten ging ohne Rechner sehr schnell nichts mehr: mühsam auf der Schreibmaschine getippte Semesterarbeiten waren schon Anfang der Neunziger die Ausnahme. So wie wir als Kinder unsere Eltern zum Kauf eines C64 überredet hatten, indem wir, dreist lügend, auf Lernmöglichkeiten und »Hausaufgaben« verwiesen, wurden in den Neunzigern studentische Budgets erweitert, um einen PC anschaffen zu können, natürlich des Studiums wegen. Der klassische Heimcomputer war zu diesem Zeitpunkt eigentlich schon tot, auch wenn der C64 bis 1994 weitergebaut wurde und in vielen Studentenzimmern noch Amigas, Atari-Computer und ein paar Schneider-Rechner standen. Der PC bahnte sich seinen Weg, wurde zum universellen, globalen Standard. Apple-Rechner, deren Hersteller sich nicht an die vom alten Branchenriesen IBM definierten offenen PC-Standards halten wollte, landeten abgeschlagen auf Platz zwei. Obwohl sie schon damals viel hübscher aussahen.

Ihren Status als Spiel- und Spaßgeräte verloren die Maschinen auch in den Studentenzimmern nie. Im Gegenteil: Rechner und Drucker für die paar Studienarbeiten hätte man jederzeit in den Computerräumen und Bibliotheken der Universitäten gefunden. Einen PC zu besitzen war für Studenten – von angehenden Ingenieuren und Designern einmal abgesehen – vor allem aus einem Grund attraktiv: Man konnte damit spielen. In den hässlichen Arbeitstieren versteckten sich wundersame, schreckliche, faszinierende Welten, die Nachfolger des »Elite«-Universums.

Für den durchschnittlichen 40-Jährigen hingegen, der 1994 an seinem Arbeitsplatz an einem Computer arbeiten musste, war die Maschine auch emotional so grau und uninteressant, wie sie aussah, nichts womit man sich freiwillig auch noch in seiner Freizeit beschäftigt hätte. Computer als Freunde und Spielgefährten waren in seiner Biografie ja nicht vorgekommen. Meist spielte der direkte Nachfolger der Schreib- und Rechenmaschine dieselbe untergeordnete Rolle wie seine Vorgänger. Chefs rühmten sich, auf ihren Schreibisch käme unter keinen Umständen eines dieser Ungetüme. Viele tun das noch heute, eine absurde, angeberisch reaktionäre Form der Selbstentmachtung.

Es hatte lange gedauert, bis auch für PCs Computerspiele auf den Markt kamen, die mit den Angeboten für C64, Amiga und Co. mithalten konnten. Bis in die späten Achtziger waren die eigentlich doch sehr leistungsfähigen Bürorechner für Spieler allenfalls zweite Wahl.

Erst im Dezember 1993 änderte sich das endgültig. In einer Medizinerwohngemeinschaft, in der ich in den ersten Jahren meines Studiums viel Zeit verbracht habe, gab es einen, wie man das nannte, IBM-kompatiblen PC mit für damalige Verhältnisse fantastischen Grafikfähigkeiten. Darauf lief ab Anfang 1994 wochenlang jeden Abend ein einziges Spiel. Es machte ein Genre weltberühmt, das bis heute erbitterte Feinde hat. »Doom« (Verhängnis, Verderben) war der erste wirklich erfolgreiche Ego-Shooter der Geschichte, die Mutter aller »Killerspiele«.

Mein Freund Georg hatte sich seinen PC selbst gebaut. In einem Wochenendseminar der örtlichen Volkshochschule hatte er gelernt, aus selbst gekauften Komponenten einen Rechner zusammenzuschrauben. Der 486er, den Georg sich bastelte, sei eine »rattenscharfe Maschine« gewesen, erinnert er sich heute, auch wenn sie noch unter DOS lief und es deshalb mit Aufwand verbunden gewesen sei, den gesamten Arbeitsspeicher auszunutzen. Dass PCs heute neben Konsolen wie Microsofts Xbox 360 und Sonys Playstation 3 die mächtigsten Spielgeräte der Welt sind, hat wieder viel mit dem Tabularasa-Prinzip zu tun. Ein Personal Computer ist ein Rechner, der sich an bestimmte Standards in Sachen Hardware zu halten hat, die jedoch offenliegen und für jedermann zugänglich sind. Jedes Unternehmen kann PC-Hardware bauen, Grafikkarten, Speicherchips, Festplatten. Aus diesen Komponenten, deren Anschlüsse und Datenformate ebenfalls bestimmten Standards entsprechen müssen, kann man sich einen Rechner in nahezu beliebiger Form zusammenstellen. Wird die alte Grafikkarte mit den neuen Spielen nicht mehr fertig, die Festplatte zu klein, baut man einfach eine neue ein. Ein PC ist ein »generatives System« im Sinne des Oxford-Juristen Jonathan Zittrain: Wir können heute damit Dinge anstellen, die sich gestern noch niemand vorzustellen vermochte. So ist es möglich, Hardware einzubauen, die es bei seiner Konstruktion noch gar nicht gab – Blu-ray-Laufwerke zum Beispiel oder Grafikkarten mit 3-D-Fähigkeiten –, und man kann verschiedene Arten von Software installieren, sogar völlig unterschiedliche Betriebssysteme. Nicht nur Windows. Georg sagt, er zehre bis heute von dieser Erfahrung und habe immer noch keine Angst, »bei jedwedem PC mal zum Schraubenzieher zu greifen und einen größeren Vergasertopf unter die Haube zu bauen«.

Nachts wurde der Monitor seines Eigenbauboliden zum Eingangstor in eine düstere Welt. Wer sie einmal betreten hatte, war ihr schnell verfallen. »Doom« beginnt auf einer Marinebasis auf dem Mars, die von wahnsinnig gewordenen Weltraum-Marines und gehörnten Dämonen mit überraschend pinkfarbenen Hauttönen bevölkert wird. Ein skrupelloses Wirtschaftsunternehmen hat bei seinen Experimenten versehentlich ein Portal zur Hölle geöffnet, und nun wandeln die Geschöpfe Satans laut grunzend über den roten Planeten. Der Plot erinnert an eine Mischung aus H. P. Lovecraft und Ridley Scotts »Alien« – eine klassische Nerd-Kultur-Melange von Genrezitaten. Bis heute ist das »Die Geister, die ich rief«-Motiv eine der Standardgeschichten von Ego-Shootern, wie der Medienwissenschaftler Matthias Mertens notierte. »Quake«, »Half-Life«, »Descent«, »Far Cry«, »Bioshock« und andere Spiele, die nach diesem Muster funktionieren, versetzen den Spieler an dystopische Orte, die allein menschliche Hybris so schrecklich und gefährlich gemacht hat. Weil ein Tor ins Grauen geöffnet oder der eigene Lebensraum zerstört wurde, weil künstliche Wesen oder Roboter außer Kontrolle geraten sind. Das Spielgenre, das wie kein anderes kontinuierlich Hardware-Aufrüstung einfordert, transportiert ein ums andere Mal die Warnung vor den Gefahren unkontrollierten technischen Fortschritts.

In »Doom« steigt der Spieler nach und nach in immer grausigere Gefilde hinab, bereist die Marsmonde Phobos und Deimos und schließlich die Hölle selbst. Mit einem Waffenarsenal, das von der Pistole über Schrotflinte und automatische Waffen bis hin zu einer Kettensäge und einer Plasmawaffe namens BFG 9000 (was angeblich für »Big Fucking Gun« steht) reicht, muss er nicht enden wollende Horden von abscheulichen Kreaturen niedermetzeln, in ständiger Angst, dass sich eines der hässlichen Wesen von hinten anschleichen könnte. Manche von ihnen können sich sogar unsichtbar machen. Zu sehen ist auch die Spielfigur selbst nie: »Doom« etablierte den Blick über den Lauf der eigenen Waffe hinweg als Standardperspektive für Computerspiele und hievte Spieler auf bis dahin unbekannte Stresslevel.

Aus dem Blick durch die Frontscheibe eines Raumschiffs war der Blick durch die Augen einer unsichtbaren Spielfigur geworden. Folgerichtig zeichnen sich Ego-Shooter-Helden in der Regel durch vollständige Abwesenheit einer erkennbaren Persönlichkeit aus. Sie sind leere Hüllen, vom Spieler selbst mit Emotion und Motivation zu füllen. Ego-Shooter basieren auf dem genauen Gegenteil einer auktorialen Erzählweise: Statt durch die Augen eines allwissenden Erzählers sieht der Spieler die Welt durch die eines nichts wissenden, oft auch namenlosen Protagonisten. Das Gefühl des Geworfenseins in eine feindliche, unübersichtliche Welt transportieren diese Spiele deshalb besser als alle anderen. Dazu passt, dass sie besonders häufig im Krieg spielen: Die trotz schwerster Bewaffnung faktische Ohnmacht eines einfachen Soldaten, der nur Befehle befolgt und ständig um sein Leben fürchten muss, fängt dieses Genre perfekt ein. Sogenannte 3rd-Person-Spiele – in denen man eine Beobachterperspektive einnimmt, seine Spielfigur sehen kann, wie die »Lara Croft«-Reihe, wie »Grand Theft Auto« oder »Resident Evil« – erzählen im weitesten Sinne Abenteuergeschichten, oft genug solche, in denen die Hauptfiguren Verzweifelte auf der Suche nach Erlösung sind: Hard-boiled-Krimis, Zombie-Horror, Heldenreisen. Ego-Shooter dagegen haben mehr mit Kafka und Remarque gemein als mit Joseph Conrad und Jack London. Auch wenn das hinter all den Explosionen und Schießereien manchmal kaum zu erkennen ist.

Beleuchtet wurde »Dooms« trostlose Spielwelt von flackernden Neonröhren und rot glühenden Lavaströmen. Wenn man sich nach fünf, sechs Stunden Spielen ins Bett legte, träumte man von endlosen, schlecht beleuchteten Gängen und dem albern-grässlichen Grunzen der Dämonen. »Doom« war schrecklicher, blutiger und faszinierender als alles, was die Spielebranche bis dahin hervorgebracht hatte. Zu schrecklich für den deutschen Jugendschutz: Ende Mai 1994 wurde das Spiel hierzulande auf den Index der jugendgefährdenden Medien gesetzt, durfte fortan weder beworben noch öffentlich zum Verkauf angeboten oder gar an Jugendliche unter 18 abgegeben werden. Dem Erfolg von »Doom« auch in Deutschland tat das jedoch keinen Abbruch. Uns Dämonenjäger in der Mediziner-WG interessierte die Kritik am Spiel ohnehin herzlich wenig, schließlich waren wir erwachsene Männer. Wenn wir von »Doom« Albträume bekamen, war das unsere Sache.

Die Rechenkraft für solche 3-D-Welten besaßen bald nur noch die eigentlich als Arbeitsmaschinen gedachten PCs. Das Wettrüsten, das uns die hochgezüchteten Rechner von heute gebracht hat – mit Prozessoren, die um Größenordnungen schneller arbeiten als Georgs 486er damals, mit Grafikkarten, die für sich genommen mehr Arbeitsspeicher besitzen als ein kompletter Hochleistungsrechner Mitte der Neunziger – verdanken wir den Gründern des »Doom«-Herstellers id Software, John Carmack und John Romero. Sie etablierten die heute allgemein akzeptierte Tatsache, dass ein aktuelles Spitzenspiel in der höchsten Auflösung nur auf einem aktuellen Spitzenrechner läuft. Die Tatsache, dass man mit einem handelsüblichen PC heute Videos in HD-Auflösung schneiden kann – eine Fähigkeit, die vor zehn Jahren nur unbezahlbare Spezialgeräte hatten –, verdanken wir der Grafikbesessenheit Carmacks und seiner Fans. Der Chefentwickler des Grafikkartenherstellers Nvidia hat über einen der beiden »Doom«-Entwickler einmal gesagt: »Carmacks Spiele gehen immer bis an die Grenze.«

In Wahrheit waren die Dämonen im ersten »Doom« übrigens noch zweidimensionale Pixel-Pappkameraden. Hätte man einen von ihnen tatsächlich im virtuellen Raum umrunden können, wäre er von der Seite betrachtet dünn wie ein Blatt Papier gewesen, wenig furchteinflößend. Die Dämonen waren jedoch klug genug, einem stets ihre hässliche Front zuzuwenden.

»Doom« markiert in vieler Hinsicht einen Wendepunkt. Schon die Art seiner Veröffentlichung und Verbreitung war ein Meilenstein: Carmack und Romero waren Veteranen der über Telefonleitungen vernetzten Bulletin Boards oder Mailboxen, sie hatten schon Jahre zuvor begonnen, sich in Computerdiskussionsforen im Stile von The Well einzuwählen, und dort viel von dem gelernt, was sie über Programmierung wussten. Sie hatten zweifellos auch von den Crackern und ihren illegalen »Warez-Boards« gelernt, mit eigenen Augen gesehen, wie rasant sich Spiele verbreiteten, wenn sie nichts kosteten. Den Geist des Teilens und Mitteilens, der dort herrschte, verwandelten sie in ein für diese Branche völlig neues Geschäftsmodell: »Doom« wurde verschenkt. Nicht die komplette Version des Spiels, nur die ersten acht Level wurden als »Shareware« unter die Leute gebracht, mit der expliziten Aufforderung, sie weiterzugeben – ganz legal. Das Marketing sollten die Spieler selbst erledigen. Wer die übrigen 16 sowie zwei »geheime« Level spielen wollte, musste sich die Vollversion bestellen und dafür bezahlen. Das System funktionierte besser, als Carmack und Romero das zu hoffen gewagt hätten. Die kostenpflichtige Version des Spiels verkaufte sich weit über eine Million Mal.

Lange bevor »Doom« veröffentlicht wurde, hatte sich eine immense Erwartungshaltung entwickelt. Mit den Vorläufern »Commander Keen« und vor allem »Wolfenstein 3-D«, in dem die Spieler auf uniformierte Nazis Jagd machten (und das wegen Verwendung verfassungsfeindlicher Symbole in Deutschland verboten wurde), hatte id Software eine treue Fangemeinde gewonnen, und die wartete nun ungeduldig auf das in Online-Foren von den Firmengründern selbst vollmundig angekündigte »Doom«. In der Firmenzentrale gingen Anrufe ein, in denen die Angestellten wüst beschimpft wurden, wie der Journalist David Kushner in seinem Buch »Masters of Doom« berichtet. Wann das Spiel denn bitteschön endlich fertig werde? Als der heiß ersehnte Tag schließlich gekommen war, standen sich die Fans selbst im Weg: Der Server einer Universität, auf den der Marketingmanager von id Software das Ur-«Doom« am 10. Dezember 1993 hochladen wollte, war durch den Ansturm der Wartenden so überlastet, dass der frustrierte Vermarkter selbst keinen Zugang bekam: »Es war, als ob sich tausend Menschen vor dem Ticketschalter eines Konzerts drängten und damit dem Einzigen, der den Schalter öffnen konnte, den Weg versperrten«, schrieb der Sachbuchautor J. C. Herz später in »Joystick Nation«. Schließlich gelang es dem Id-Angestellten, die Fans in den angeschlossenen Chatrooms zum Platzmachen zu überreden. Er lud »Doom« auf den Server, und sofort begann eine Welle um den Globus zu rollen, die noch zwei Jahre später nicht verebbt war.

»Doom« war das erste Spiel, das sich überwiegend als Download verbreitete. Der Medienwissenschaftler Mathias Mertens hat dem Spiel in seinem Buch »Kaffeekochen für Millionen«, über die Meilensteine in der Geschichte des Internets, ein ganzes Kapitel gewidmet. »Nicht nur, dass ›Doom‹ mittels des Internets erfolgreich war, weil es so ingeniös verbreitet wurde«, schreibt Mertens, »es machte auch das Internet selbst erfolgreich, indem es als erste Software Menschen miteinander im Netz interagieren ließ.« Wobei diese Interaktion sich überwiegend darauf beschränkte, aufeinander zu schießen. Eine der langfristig erfolgreichsten Neuerungen in »Doom« war das »Death Match« für mehrere Spieler: eine Online-Schlacht, jeder gegen jeden. Für jeden Abschuss gibt es Punkte, für jeden virtuellen Tod der eigenen Spielfigur einen Punktabzug.

Das Spiel verbreitete sich wie ein Virus, Schätzungen zufolge war es zum Höhepunkt seiner Popularität auf 10 Millionen Rechnern in aller Welt installiert, und das zu einer Zeit, als ein PC noch nicht zur Standardausrüstung eines bürgerlichen Heims gehörte. Große Unternehmen wie Intel und Mitch Kapors Lotus Development erließen offizielle »Doom«-Verbote, weil der Multiplayer-Modus die Firmennetze lahmlegte. An der University of Louisville in Kentucky entwickelte ein findiger Systemadministrator ein kleines Programm, das nur einen Zweck hatte: Es durchsuchte alle Universitätsrechner nach »Doom«-Installationen und löschte sie.

Der Sensationserfolg war kein Strohfeuer, er hielt jahrelang an. Bei einer Werbeveranstaltung für Microsofts brandneues Betriebssystem Windows 95 im namengebenden Jahr hatten die Dämonen und Zombie-Marines einen Gastauftritt: Auf der Leinwand erschien der Lauf der Schrotflinte, es folgte eine typische Sequenz, in der einige uniformierte Zombies und ein gehörnter Dämon niedergeschossen wurden, begleitet von den immer gleichen synthetischen Grunzern und Todesseufzern. Sieht man sich das Video heute an, fällt auf: »Doom« sah noch ziemlich mies aus im Vergleich zu dem, was PCs heute an hochauflösenden, fotorealistischen Grafikwelten erzeugen können. Plötzlich aber wurde im Microsoft-Clip ein Teil der Szenerie höchst realistisch. Man hörte ein Seufzen, die Flinte senkte sich, und der Schütze trat scheinbar hinter der Kamera hervor, nun in normaler Fernsehauflösung, nicht als Computergrafik.

Er trug einen langen, dunklen Trenchcoat, die Flinte in der rechten Hand. Als er sich zur Kamera umdrehte, dürfte ein Raunen durch die Reihen der Zuschauer gegangen sein: Der Mann im Trenchcoat war Bill Gates, unter dem Mantel trug er eine wenig martialisch wirkende Strickjacke. »Diese Spiele«, sagte Gates im offenkundigen Bemühen, beeindruckt zu wirken, »werden wirklich realistisch. Vielleicht spiele ich nächstes Jahr sogar bei diesem großen ›Doom‹-Turnier mit.«

Mit dem Clip sollten Entwickler und Geschäftspartner auf die Spielefähigkeiten von Windows 95 hingewiesen werden. Gates sprach, zwischen den blutigen Pixel-Leichen seiner letzten Opfer stehend, über die Grafik, den einfachen Installationsprozess (»unter DOS war das ja unmöglich«) und vernetzte Multiplayer-Spiele. Dazwischen drehte er sich kurz zur Seite und »erschoss« einen ins Bild wankenden, brabbelnden Zombie-Soldaten: »Unterbrich mich nicht.« Der Clip endete mit einem schwarzen Bildschirm, auf dem eine leicht abgewandelten Version des Microsoft-Werbespruchs »Where do you want to go today?« erschien. Umrahmt von Blutspritzern stand da: »Wen wollen Sie heute exekutieren?«

Es ist unwahrscheinlich, dass Microsoft sich heute einen vergleichbaren Scherz erlauben würde. Doch damals war »Doom« noch kein böses Killerspiel, das womöglich Kinder zu Amokläufern macht. Das Highschool-Massaker im US-Städtchen Columbine ereignete sich erst 1999. Als sich herausstellte, dass die beiden Täter unter anderem gerne »Doom« gespielt hatten, brach die Debatte über Computerspielgewalt los, die bis heute nicht verstummt ist. 1995 aber galt »Doom« noch nicht als Gefahr, sondern als Blick in die Zukunft. Es war Rock ’n’ Roll. Und den brauchte der Windows-Konzern damals so nötig wie heute. Weil man selbst wenig davon zu bieten hatte, lieh man sich eben ein bisschen Coolness von id Software – mit Erfolg.

»Doom« etablierte den PC als Spieleplattform der Wahl, zumindest für Erwachsene. Mit einiger Berechtigung kann man behaupten, dass Microsoft John Carmack und John Romero einen nicht unwesentlichen Teil seines Erfolgs verdankt, denn ohne Spiele hätten sich PCs niemals so schnell verbreitet. Spielkonsolen gab es damals nur von zwei Herstellern, Sega und Nintendo. Beide konzentrierten sich auf fröhliche, bunte, kindgerechte Spiele, ihre Helden waren ein blauer Igel namens Sonic und Nintendos berühmter Klempner Mario mit seiner roten Mütze. Bis der erste wirklich erfolgreiche Ego-Shooter für eine Spielkonsole herauskam, ein James-Bond-Spiel namens »Goldeneye 64«, sollte es noch Jahre dauern: bis 1997. »Doom« aber verankerte dieses Genre auf dem vermeintlichen Arbeitsgerät PC. Und es schuf als Abfallprodukt etwas, das man »user generated content« nennt: Fans des Spiels eigneten sich die »Doom«-Grafik-Engine schnell an, sie begannen, eigene Level, eigene Spielumgebungen, völlig neue Szenarien zu entwerfen. Bald veröffentlichte id Software den Quellcode des Spiels ganz offiziell, sodass diese Modifikationen völlig legal waren.

Eine Gemeinschaft wuchs heran, die regen Austausch pflegte, die Werkzeuge entwickelte und neue Ideen umsetzte. Es gibt »Doom«-Versionen, die im »Star Wars«-Universum spielen, und andere, in denen die Schwerkraft niedriger ist und die Figuren – im Gegensatz zum Original – auch in die Luft springen können. Fans entwickelten eigene Editoren, die das Erstellen neuer Spielumgebungen auch Menschen ohne jedes Verständnis für Programmierung erlauben. Die Nerd-Kultur hatte plötzlich ein mächtiges neues Werkzeug bekommen. Einen Welten-Editor – auch wenn die Welten noch reichlich pixelig waren und die Geschichten, die sich in ihnen abspielten, meist eher schlicht und ziemlich blutig.

Damit war John Carmacks eigene Prophezeihung in Erfüllung gegangen: »Wenn ich ein Spiel erschaffe, erzähle ich keine Geschichte«, hat er dem Magazin »Wired« einmal gesagt. »Ich erschaffe eine Umgebung, in der interessante Dinge passieren werden.«

Die Weltenbauer machen sich selbständig

Carmack und Romero verwandelten Arbeitsgeräte in Spiel-
maschinen. Ihre Fans wiederum machten aus dem Stück
Software namens »Doom« ein eigenes generatives System,
innerhalb dessen sich wiederum Neues schaffen, eigentlich
gar nicht Vorgesehenes umsetzen ließ. Auf flexibler Hardware
läuft flexible Software, die sich ihrerseits abändern, erweitern,
zweckentfremden lässt. Es passieren, um es mit Carmack zu
sagen, »interessante Dinge«.

Die bislang interessanteste, aber bis heute auch umstrittenste
aller Spätfolgen von Carmacks Weltentwürfen entstand ein
paar Jahre später, 1999, als sich zwei Studenten, ein Amerika-
ner namens Jess Cliffe und der Vietnam-Kanadier Minh Le, über
das Internet kennenlernten. Sie teilten eine intensive Liebe zu
Spielen im Allgemeinen und dem heute als Klassiker geltenden
Ego-Shooter »Half-Life« im Besonderen. Die beiden angehenden
Informatiker interessierten sich aber darüber hinaus für die
Möglichkeiten, die der Umbau solcher Spielwelten bietet, die
Anwendung des Tabula-rasa-Prinzips auf Ego-Shooter. Spätestens
seitdem Carmack und Romero die »Doom« zugrunde liegende
Software als Open Source jedermann zur freien Verfügung
überlassen hatten, boomte diese Szene. Cliffe und Le begannen
nun ihrerseits, gemeinsam eine sogenannte Mod (»modifica-
tion«) ihres Lieblingsspiels zu entwickeln, eine abgewandelte
Version von »Half-Life«. Sie brachten die von Aliens überrannte,
von wissenschaftlicher Hybris an den Abgrund gebrachte Welt
des Originals zum Verschwinden und erschufen etwas völlig
Neues und gleichzeitig Uraltes: eine über Netzwerkkabel oder
das Internet spielbare Version von »Räuber und Gendarm«. Sie
nannten ihre Schöpfung »Counter-Strike«. Dieses Hobbyprojekt
gestattete eine Spielweise, die bis dahin für Shooter eher ungewöhnlich war: Man kann darin in Teams gegeneinander antreten. Die kooperativen Spiele, die meine Schwester und ich am

64er in den achtziger Jahren so vermisst hatten, fehlten auch Cliff und Le. Also entwickelten sie selbst eines.

In »Counter-Strike« steht eine Mannschaft von meist vier oder fünf »Terroristen« einer in der Regel ebenso großen Zahl von »Antiterrorkämpfern« gegenüber. Die Spielrunden sind kurz, meist maximal fünf Minuten. Die einen müssen entweder eine Bombe legen oder Geiseln bewachen, die anderen die Bombe entschärfen oder die Geiseln befreien. Wird eine Spielfigur getötet, muss der Spieler bis zum Beginn der nächsten Runde zusehen. »Counter-Strike« gilt als der erste »taktische Shooter« – wenn die Teammitglieder nicht koordiniert zusammenspielen, haben sie kaum eine Chance. Auf genau so etwas hatte die Spielerszene gewartet. Innerhalb weniger Wochen wollten Zehntausende »Counter-Strike« spielen. Es ist für Computerspiele das, was Wikipedia für Lexika und Linux für Betriebssysteme ist: der erste Welterfolg, der von Amateuren unentgeltlich in ihrer Freizeit entwickelt wurde. Gleichzeitig ist es eines der langlebigsten Computerspiele der Geschichte. Was wiederum mit seiner Flexibilität zu tun hat: Bis heute entwickeln »Counter-Strike«-Spieler in aller Welt ständig neue »Maps«, Spielarenen, die wieder neue taktische Herausforderungen schaffen. Der langfristige Erfolg des Hobbyprojekts aus dem Jahr 1999 ist nicht zuletzt der unermüdlichen Arbeit all dieser Hobbyweltenschöpfer zu verdanken.

Der Hersteller des Rohmaterials »Half-Life«, aus dem Le und Cliffe ihren Überraschungserfolg geformt hatten, reagierte gelassen und klug auf die kostenlose Konkurrenz. Das Spielestudio Valve bot den beiden Studenten einen Job an. Im November 2000 erschien »Counter-Strike« als offizielles Valve-Produkt. Es verkaufte sich in den folgenden Jahren 4,2 Millionen Mal, die beiden aufpolierten Nachfolgerversionen noch einmal über 4 Millionen Mal. Zu jedem beliebigen Zeitpunkt, ob tags oder nachts, sind Zehntausende rund um den Globus mit dem Taktik-Shooter beschäftigt. Aus der Welt der Computerspielturniere, in denen Spieler unter Wettkampfbedingungen gegeneinander antreten und Profis heute stattliche Summen verdienen, ist »Counter-Strike« nicht wegzudenken. Es gilt wegen seiner extremen Popularität als »Fußball des E-Sports«.

Dass ausgerechnet dieses Spiel, in dem Kooperation wesentlich ist, hierzulande als Paradebeispiel für die verderbliche Wirkung von Computerspielen gilt, entbehrt nicht einer gewissen Ironie. Spätestens seitdem der Erfurter Robert Steinhäuser am 26. April 2002 in seinem ehemaligen Gymnasium in Erfurt 16 Menschen und anschließend sich selbst erschoss, ist »Counter-Strike« in Deutschland zur Chiffre geworden, zum Kampfbegriff. Es gilt seither als das prototypische Gewaltspiel, vor dem Politiker und Pädagogen warnen, obwohl die Untersuchungskommission, die das Massaker aufklären sollte, befand, dass der Amokschütze sich zwar wohl auch von brutalen Computerspielen habe inspirieren lassen, aber zugleich klarstellte, »dass Robert Steinhäuser nicht die Nächte durch ›Counter-Strike‹ gespielt hat und ›Counter-Strike‹ kein Dauerbrenner von Robert Steinhäuser gewesen ist«. Tatsächlich hatte der PC des pathologischen Einzelgängers gar keinen Internetanschluss – und allein kann man »Counter-Strike« nicht spielen. Die Behauptung, Steinhäuser sei ein »Counter-Strike« Fanatiker gewesen, entstammt einer gefälschten Website, die kurz nach der Tat von einem Trittbrettfahrer ins Netz gestellt wurde.

Trotzdem bleibt es für viele das »Killerspiel« schlechthin, schließlich zahlen sich exakte Kopfschüsse darin besonders aus. Die Art und Weise, wie in Deutschland über »Counter-Strike« gesprochen wurde und wird, treibt seine Fans bis heute zur Weißglut, was unter anderem damit zu tun hat, dass der Kurzschluss »›Counter-Strike‹-Amoklauf« nach wie vor verbreitet ist, bei Politikern ebenso wie in den Medien.

Die Spieler fühlen sich mittlerweile verfolgt und reagieren, manche mit Demonstrationen, Petitionen und Unterschriftensammlungen. Andere gehen subtiler vor: Sie zelebrieren ihr Spiel als abgeschlossene Subkultur. Um »Counter-Strike« herum ist ein regelrechter Kult entstanden, bei YouTube allein finden sich über 450 000 Videos zum Thema. Einige Fans modifizieren sogar die Modifikation: Sie lassen statt maskierten Terroristen und Spezialeinheiten zum Beispiel Bart und Homer Simpson gegeneinander antreten.

Schon vor Jahren haben auch Street-Art-Künstler wie Banksy »Counter-Strike« als eine Art digitalen öffentlichen Raum entdeckt. In manchen Arenen zieren subversive Graffiti die Wände: »Diese Map wird bald Nike-Map heißen.« Andernorts findet man Banksys pinkelnden königlichen Gardisten an den Wänden, komplett mit Bärenfellmütze und Paradegewehr.

Die vermeintlichen potenziellen Killer verfügen durchaus über Selbstironie. Es gibt satirische »Counter-Strike«-Cartoons, Zeichentrickfilme und eine Menge Heimvideos, in denen junge Männer in Tarnanzügen die absurderen Seiten des Spiels persiflieren: die abgehackten Bewegungen der Spielfiguren, immergleiche Türquietschgeräusche, aus dem Nichts auftauchende Gegner. Um über »Counter-Strike«-Humor allerdings wirklich lachen zu können, muss man selbst Spieler sein.

Die Beispiele »Counter-Strike« und »Doom« machen deutlich, wie verzweigt und unvorhersehbar die Konsequenzen sein können, wenn generative Systeme in die Hände vieler Menschen geraten. Die flexible Hardware des PC, die flexible Shooter-Software, die flexible Architektur des Netzes und die scheinbar grenzenlose Kreativität der Szene haben ein Ökosystem hervorgebracht, in dem nun bereits seit vielen Jahren weiterhin ständig Neues entsteht. Ohne das Internet hätte all das nicht funktioniert, obwohl es, als »Doom« herauskam, eigentlich noch immer in den Kinderschuhen steckte. Um als deutscher Student in der ersten Hälfte der Neunziger einen Zugang zu diesem faszinierenden, geheimnisvollen neuen Medium zu bekommen, musste man noch einige Hürden überwinden.

Kapitel 8
Die Liebe, der Sex und das Netz

Am 3. Mai 2000 gingen weltweit E-Mails mit der Betreffzeile
»ILOVEYOU« ein. Wer den harmlos aussehenden Anhang namens
»LOVE-LETTER-FOR-YOU« öffnete, startete damit ein Programm,
das einen E-Mail-Wurm sofort an das gesamte eigene Adress-
buch weiterleitete. Dann lud es ein weiteres Programm herunter,
das alle E-Mail-Adressen und Passwörter auf der Festplatte auf-
spürte und auf die Philippinen schickte sowie Grafik- und Musik-
dateien löschte. Chaos war die Folge. Mail-Server rund um den
Globus kollabierten. Die Tagesschau meldete »Staus im Internet«,
Innenminister Otto Schily stellte ein Antivirengesetz in Aussicht.
ILOVEYOU befiel weltweit geschätzte 10 Prozent aller ans Inter-
net angeschlossenen Rechner, 45 Millionen in den ersten 24
Stunden. Der Gesamtschaden wird auf 5,5 Milliarden Dollar
geschätzt. Am Tag nach dem Ausbruch konstatierte das Online-
Magazin »Salon« wehmütig: »Über Nacht ist ›Ich liebe dich‹ im
Internet zum furchterregendsten aller Sätze geworden.«

Das Rechenzentrum der Universität Würzburg liegt auf
einem Hügel. Von dort hat man einen weiten Blick über die
Stadt mit ihren Kirchtürmen bis hinüber auf die Hänge auf
der anderen Seite des Maintals, auf die Feste Marienberg
und ein barockes Kirchlein namens Käppele. Um als Student ins Netz zu gelangen, musste man Mitte der Neunziger
den Blick von der Stadt abwenden und in den Keller hinab-
steigen. Den Weg ins Tiefgeschoss versperrte eine Gittertür,
beobachtet von einer Überwachungskamera. Um das Gitter
zu öffnen, wedelte man mit einer kleinen graue Plastikkarte
(10 D-Mark Pfand) so lange vor einem Sensor herum, bis ein

Piepsen anzeigte, dass der Weg in die Weiten des Netzes nun frei war.

Im Keller gab es Sichtbeton, klimatisierte Server-Räume, lange Flure mit Büros und ein paar Computer-Pools, in denen auf langen weißen Kunststofftischen Desktop-PCs und klobige Monitore standen. Betreten durften diese Schatzkammern nur Auserwählte: Studenten der Mathematik oder Informatik. Sie missbrauchten dieses Privileg, wie bis heute nahezu jeder, dem ein Rechner zu Arbeitszwecken gestellt wird. 1994 traf ich dort einen Informatiker namens Jürgen, der gerade mit einem Bekannten in Norwegen Backgammon spielte. Ein anderer schäkerte online mit seiner Freundin, die ein Jahr in England studierte, einige spielten Rollenspiele wie »Multi User Dungeon« (MUD) oder das deutsche »Morgengrauen«. Frühe Online-Fantasy-Spiele waren schon ein bisschen wie »World of Warcraft« – mit Orks, Magiern, verwunschenen Orten –, aber ohne Grafik, maximal abstrahiert, weit weg von »Elite«, von »Doom« ganz zu schweigen. Von herkömmlichen Computerspielen unterschieden sie sich aber dadurch, dass sie bewohnt waren, und zwar von echten Menschen. Manchmal, verriet mir mit Verschwörermiene ein Informatiker mit schwarzem T-Shirt, Brille und langem Haar, würde in den digitalen Universen da draußen im Internet sogar geheiratet. Virtuell, versteht sich. Natürlich, fügte er mit einer gewissen Schamhaftigkeit hinzu, wisse man nie, ob die Elfenschönheit, der man da gerade das Jawort gegeben hatte, nicht vielleicht auch ein bleicher Student in einem Sichtbetonkellerverlies war.

Das WWW existierte damals zwar bereits, aber es war eine kleine, wenig genutzte Unterkategorie des Internets. Einer der Studenten zeigte mir stolz den Mosaic-Browser, der am amerikanischen National Center for Supercomputing Applications entwickelt worden war. Mit dem Geld übrigens, das Al Gore unter dem Einfluss Mitch Kapors für die Entwicklung der Netztechnologien lockergemacht hatte. Mosaic zeichnete sich dadurch aus, dass er nicht nur Text, sondern auch Grafiken anzeigen konnte, ohne dass man sie eigens herunterladen musste. Das Programm war der Vorläufer des legendären ersten kommerziellen Browsers Netscape. Dessen Gründer Marc Andreessen leitete auch das Team, das Mosaic entwickelte. Die ersten paar Web-Seiten, die es damals zu sehen gab, waren jedoch noch nicht sonderlich spektakulär.

Tim Berners-Lee hatte das Prinzip WWW am Kernforschungszentrum Cern in Genf erfunden und im Sommer 1991 erstmals öffentlich gemacht. Im Grunde tat er nichts anderes, als eine uralte wissenschaftliche Konvention technisch neu umzusetzen: den Querverweis. Der so simple wie geniale Einfall des Hypertextes, der ein Stück Text in eine Verbindung zu einem anderen Dokument verwandelt, war eigentlich schon viel älter. Schon 1945 hatte ein in der US-Rüstungsforschung tätiger Ingenieur namens Vannevar Bush einen wegweisenden Artikel mit dem Titel »As we may think« (Wie wir vielleicht denken werden) veröffentlicht. Darin entwarf er den Gedanken eines maschinellen Universalgedächtnisses, in dem jede Art von Information gespeichert und mit anderen Informationen verknüpft sein würde. Sein »Memory Extender«, kurz Memex, war den tatsächlichen technischen Möglichkeiten der Zeit jedoch so weit voraus, dass er damals überwiegend als Science-Fiction betrachtet wurde. Das Konzept war somit bereits erfunden, als der Soziologe Ted Nelson 1960 das Wort »Hyptertext« dafür prägte. Nelsons »Project Xanadu« sollte eine praktische Umsetzung der digitalen Universalbibliothek werden, die Vannevar Bush sich 1945 ausgemalt hatte, doch es kam über die Prototypenphase nie hinaus. Es dauerte weitere 31 Jahre, bis Berners-Lee die erste Web-Seite der Welt ins Netz stellte. Seine Idee des WWW hatte aber noch eine andere wichtige Implikation, wieder ganz im Geiste der Hacker-Ethik Steven Levys: Jede WWW-Seite sollte für jedermann zugänglich sein, geschlossene Bereiche waren nicht vorgesehen. Jede Seite sollte gleichrangig neben allen anderen stehen dürfen, keine Information prominenter, leichter zugänglich sein als andere.

Ich selbst konnte die Begeisterung der Informatikstudenten für diese brandneue Technologie namens »World Wide Web« 1994 nicht so recht verstehen. Die Tatsache, dass da gerade jemand mit seiner Freundin in England ein getipptes Live-Gespräch führte, fand ich viel interessanter. In dem Artikel, den ich am Ende über den Besuch in den kybernetischen Katakomben schrieb, kamen Mosaic und das WWW nicht einmal vor. Die Überschrift lautete »Liebesgeflüster durch den Computer«.

Warum es so viele deutsche Kopierkatzen gibt

Hätte mich nicht die »Main Post« als Reporter geschickt, wäre mir damals, Ende 1994, der Zugang zu den Kellern des Rechenzentrums verwehrt worden. E-Mail für alle gab es erst später, und auch die Studenten im Keller hätten eigentlich arbeiten und nicht spielen sollen. Doch der für die Computerräume verantwortliche Mitarbeiter des Rechenzentrums hatte bereits weitgehend resigniert. Die Rechner für fachfremde Zwecke zu nutzen, sei zwar »offiziell verboten«, erklärte er. Das aber sei »schwer zu kontrollieren«. An den Türen der Rechnerräume dokumentierten mahnende Aushänge aus dem Nadeldrucker seine Hilflosigkeit, überschrieben mit den Worten: »Es reicht!«

Im Nachhinein betrachtet war der Missbrauch die sinnvollste Art und Weise, sich mit dem neuen Medium zu beschäftigen: Nur diejenigen, die seine Möglichkeiten in all ihren Facetten erforschten, waren wirklich gerüstet, auf neue Ideen zu kommen, was man mit dem Internet noch alles anstellen könnte. Dieses elementare Faktum eint praktisch alle erfolgreichen

Internetunternehmer der Gegenwart, von Xing-Schöpfer Lars Hinrichs, dem einzigen Gründer eines börsennotierten Netzunternehmens in Deutschland, bis hin zu den Gründern von Google, Ebay oder Facebook. Sie alle begannen einst damit, spielend die Möglichkeiten des vernetzten Rechners zu erkunden. Der Bastlergeist, die Lust am Gestalten der Tabula rasa der Cracker und Hacker der Siebziger und Achtziger trieb auch die Schöpfer des Internets von heute an. In Deutschland aber blieb ein experimentierfreudiger, spielerischer Umgang mit Technik lange Zeit ein Regelverstoß: »Es reicht!« Spaß war als Motivator für die Beschäftigung mit Technologie nicht vorgesehen. Was viele nicht davon abhielt, sich welchen zu verschaffen, leider jedoch meist im Verborgenen und damit außerhalb des Blickfelds von Politik, Wirtschaftsförderung oder Wagniskapitalgebern. Die deutsche Wirtschaft leidet an diesem Defizit bis heute. Spieleentwickler Teut Weidemann hat, was den Kontakt mit den tonangebenden gesellschaftlichen Gruppen in Deutschland angeht, keine guten Erinnerungen an diese Zeit: »Hier muss alles einen ernsten Charakter, einen ernsten Hintergrund haben, und dazu gehören beispielsweise Spiele nicht.« Man habe damals verzweifelt versucht, an die Politik, an Film und Fernsehen heranzutreten, sei aber ausschließlich auf Ablehnung gestoßen. In der Branche habe damals gegolten: »Ein Bordell bekommt von den Banken eher einen Kredit als ein Spieleentwickler.«

SAP-Mitgründer Hasso Plattner, der in Potsdam 1998 ein nach ihm benanntes Institut gründete, um eine, wie er das nennt, »Ingenieurskultur« zu etablieren, formulierte seine Wahrnehmung des Problems in einer Rede im Jahr 2002 so: »Motorenbauer sind mit dem Automobil gedanklich fest verbunden: Sie fahren fast alle selbst Auto und kennen daher jeden Aspekt eines Motors im praktischen Betrieb. Bei unseren Software-Ingenieuren ist eine Vertrautheit mit dem Anwendungsgebiet nur selten der Fall.«

Dabei haben die Softwareentwickler und Programmierer selbst oft sehr gute Geschäftsideen. Schließlich wissen sie, was machbar ist und was nicht. So wie der Informatiker Pierre Omidyar, der 1995 das Internetauktionshaus Ebay gründete. Nach Deutschland kam das Prinzip der Online-Auktionen erst im Jahr 1999. Aufgebaut wurde das deutsche Tochterunternehmen des amerikanischen Internetkaufhauses allerdings nicht von Ebay-Erfinder Omidyar, sondern den deutschen Brüdern Marc, Oliver und Alexander Samwer. Mit einer Verkaufsplattform namens Alando hatten sie eine schamlose Kopie des US-Angebots ins Netz gebracht. Sechs Monate nach dem Start von Alando kaufte der US-Konzern den kleinen, dreisten Konkurrenten kurzerhand auf, für etwa 50 Millionen Euro. Die Samwers etablierten damit ein Muster, das in Sachen Internetunternehmertum in Deutschland bis heute existiert: Sehr viele der Neugründungen, mit denen hierzulande online Geld verdient werden soll, sind mehr oder minder direkte Kopien US-amerikanischer Vorbilder. Amerikanische Investoren und Unternehmer belächeln den deutschen Internetmarkt als »Copycat Culture«.

StudiVZ ähnelte Facebook anfangs so sehr, dass das US-Unternehmen sogar einen Prozess anstrengte. Im Jahr 2009 einigte man sich außergerichtlich, StudiVZ zahlte eine unbekannte Summe an Facebook. Die deutsche Kopie der US-Nachrichtenseite digg, auf der Nutzer durch Abstimmung entscheiden, was wichtig ist und was nicht, heißt YiGG, das Vorbild des deutschen Handarbeitsmarktplatzes Dawanda heißt Etsy. Die Originalversion des Online-Lesezeichendienstes Mister Wong heißt del.icio.us. Die Liste ließe sich fortsetzen.

Der Deutsche Konstantin Guericke, der einst in den USA das Businessnetzwerk LinkedIn mit ins Leben rief, sieht eines der Probleme darin, dass in Deutschland Web-Unternehmen meist von ehemaligen Wirtschaftsstudenten gegründet werden, nicht von Menschen, die selbst programmieren können.

»Die Innovationen kommen eben aus der Technik.« Xing-Gründer Lars Hinrichs investiert sein Vermögen heute mit Vorliebe in Internet-Startups – aber nur in solche, in denen die Programmierer das Sagen haben: »Wenn das zwei Tech-Typen und ein Business-Typ sind, ist die Sache für mich schon gestorben.« Hinrichs hat eine Art Meta-Unternehmen zur Förderung des kreativen Programmierernachwuchses und seiner Startups gegründet und es »HackFwd« (Hack-Forward) getauft: Nur die Hacker, sagt schon der Firmenname, können uns voranbringen. Hinrichs: »Das sind die Leute, die die besten Ideen haben, weil sie wirklich wissen, was technologisch funktioniert.« Für Hinrichs ist das Problem kein deutsches, sondern ein europäisches: »Das einzige europäische Unternehmen, das es im Internet wirklich geschafft hat, ist Skype.« Der Internet-Telefonie-Dienst Skype wurde im Frühjahr 2011 von Microsoft aufgekauft – für die sagenhafte Summe von 8,5 Milliarden Dollar.

Hinrichs ist in gewisser Weise ein typischer Vertreter des harten Kerns der Generation Heimcomputer. Er verkehrte in Cracker-Kreisen, begeisterte sich für gut programmierte Cracker-Intros, interessierte sich sehr früh für Datenverbindungen zwischen Rechnern, für kostensparende Manipulation von Telefonverbindungen und fand schließlich eine Zeitlang Anschluss an die Zirkel im Umfeld des Chaos Computer Clubs. Er habe es sehr früh als spannend empfunden, sich mit Netzwerksystemen auseinanderzusetzen. »Das war deine Leitung in die Welt. In Sekunden war man in Paris.« Zuerst kam das Spiel – die lukrativen Ideen folgten später.

Auch die Samwer-Brüder hatten nach dem Ebay-Coup noch eine durchaus profitable Idee, die sie allerdings deutschlandweit unbeliebt machte: Sie gründeten den Klingeltonhändler Jamba, der mit seinen unerträglich aufdringlichen und bewusst irreführenden Werbespots, mit denen auch an Minderjährige Abonnements verkauft werden sollten, für viel

Kritik sorgte. 2004 verkaufen sie auch dieses Unternehmen, rechtzeitig vor dem Ende des Klingelton-Booms, für 270 Millionen Euro. Heute sind die drei als Investoren tätig, unterstützen Deutsche und internationale Startup-Unternehmen und halten einen kleinen Anteil an Facebook. Wie die Samwers und Lars Hinrichs machen es auch andere erfolgreiche Internet-Firmengründer hierzulande: Sie investieren ihr Geld in Startups, weil sie das Gefühl haben, dass auf diesem Sektor in Deutschland nach wie vor nicht genug geschieht. Lukasz Gadowski, Gründer des Unternehmens Spreadshirt, bei dem man personalisierte T-Shirts drucken lassen kann, betätigt sich heute ebenso als Investor wie der Gründer des Handy-Startups Cellity, Sarik Weber, der seine Firma an Nokia verkaufte. Als Gadowski 2008 gefragt wurde, warum er das tue, antwortete er: »Ich bin ein großer Fan von Unternehmertum und glaube, dass Deutschland hier riesigen Nachholbedarf hat. Viele sind nicht besonders ambitioniert und risikoscheu. Hier wird zu lange und zu theoretisch ausgebildet.«

Es sei auch nicht einfach, Wagniskapital für gute Ideen zu bekommen, schon gar nicht für neue, sagt Lars Hinrichs: »In Europa wird ja nichts finanziert, für das es noch keinen Markt gibt. Europäische Wagniskapitalgeber sind liebend gern dabei, kopierte amerikanische Geschäftsmodelle zu finanzieren.« Auf der Website seines Startup-Förderunternehmens HackFwd steht als Motto folgerichtig: »No Copycats«. Dass man mit dieser Methode die USA noch einholen kann im Wettbewerb um die besten Plätze im Internet, glaubt er nicht. »Aber können wir von Europa aus globale Produkte machen? Das auf jeden Fall.« Derzeit, fügt er hinzu, gebe es in der von dem Marktforscher Alexa erstellten Hitliste der 100 meistgenutzten Web-Angebote der Welt nur einen einzigen Eintrag aus Europa: der Internetauftritt der BBC.

Das digitale Paradies

Im Herbst 1995 hatte ich die einmalige Gelegenheit, in das Mutterland der BBC zu reisen, wo die universitäre Nutzung elektronischer Medien weit fortgeschrittener war als in Deutschland. An der University of Bristol im Westen Englands bekam jeder Student automatisch eine E-Mail-Adresse und Zugang zu den Rechner-Pools der Fakultäten. Die lagen in der Regel nicht irgendwo im Keller, die meisten davon hatten sogar Fenster und waren mit freundlichem blauem Teppichboden ausgestattet. Manche Professoren verschickten Aufgaben für Hausarbeiten ausschließlich per E-Mail – in Deutschland zu dieser Zeit eine unerhörte Vorstellung. Es gab sogar öffentliche Internet-Terminals, im Gebäude der studentischen Selbstverwaltung etwa, von denen aus sich die Studenten kostenlos einloggen konnten (mit den ungeduldigen Blicken der hinter ihnen Wartenden im Nacken). Ich fand diese Selbstverständlichkeit im Umgang mit dem Netz so faszinierend, dass eine meiner ersten E-Mails aus England an meinen Freund Jan (der an seiner Universität Hilfskraft war und deshalb eine offizielle E-Mail-Adresse besaß) von nichts anderem handelte (»Wie Telefonzellen!«).

Jedes Mal, wenn ich im Computerraum endlich an einem freien Rechner mit Internetzugang saß, erlebte ich ein Gefühl nahezu ungetrübten Glücks. Zwar sah das, was da auf dem Bildschirm erschien, nicht ansprechender aus als die Benutzeroberfläche des C64: Das Mail-Programm, das auf den Universitätsrechnern lief, präsentierte graue Schrift auf blauem Grund, außer Text in einer Standardschriftart gab es nichts zu sehen. Auf einigen wenigen Maschinen war auch schon der Webbrowser Netscape installiert, aber man musste Glück haben, um eine davon zu erwischen. Beglückend war jedoch ohnehin das, was die schmucklose Benutzeroberfläche eigentlich transportierte: mein digitales Sozialleben.

167

E-Mails wurden innerhalb weniger Wochen zu einer meiner Lieblingsbeschäftigungen. Nur an die technisch Zurückgebliebenen zu Hause, die noch nicht in der Lage waren, elektronisch zu kommunizieren, schrieb ich gelegentlich Briefe und Postkarten. Mit zunehmendem Widerwillen, weil Briefmarken ja Geld kosteten. Ich investierte mein bisschen Geld lieber im Pub als im Post Office.

Menschen, die erst spät als Erwachsene mit Rechnern zu tun bekamen, können dieses elementare Glücksgefühl vermutlich kaum nachvollziehen. Man kann es mit der sich über die Jahre wandelnden emotionalen Bedeutung herkömmlicher Briefpost vergleichen: Für einen 17-Jährigen ist (oder war, damals) ein Brief in aller Regel etwas Erfreuliches. Jemand hat an einen gedacht, sich hingesetzt und etwas aufgeschrieben, sich die Mühe gemacht, es in einen Umschlag zu stecken und einzuwerfen. Im Erwachsenenalter wandelt sich diese Haltung nach und nach, der Gang zum Briefkasten verliert seinen Reiz und wird meist zu einer Pflichtübung. Briefe sind nun vor allem Träger wenig inspirierender Botschaften. Rechnungen. Werbepost. Mahnungen.

Meine eigene erste Erfahrung mit E-Mails war von den Mühen und Belästigungen des Alltags von Erwachsenen völlig ungetrübt, und das wirkt bis heute nach. Obwohl E-Mails jetzt zu meinen schlimmsten Plagen gehören, weil ich täglich Hunderte erhalte, öffne ich meinen Posteingang nach wie vor mit gespannter Erwartung. Das ist ein emotionales Überbleibsel, ein Relikt aus diesen frühen Tagen.

Keineswegs waren E-Mails damals mit weniger Aufwand und Einsatz verfasst als handschriftliche Briefe, auch wenn Datenträgernostalgiker das bis heute behaupten. Sie waren nichts anderes als Briefe, mal lustig, mal ernst, manchmal erschütternd, sie erzählten von Exzessen auf der Party, von gebrochenen Herzen, aufregender Musik, alten Wunden, neu gefundenen Freunden. E-Mail war die Erfüllung eines Traums, von dem wir gar nicht gewusst hatten, dass wir ihn hegten. Allein die elektronische Post an meinen Freund Jan aus den zehn Monaten, die ich in Bristol verbrachte, würde 50 Buchseiten füllen. Weil Jan ein akribischer Archivar ist, besitze ich dieses wertvolle Dokument meines Übermuts noch heute.

Sein E-Mail-Archiv enthält auch Restbestände der Frühformen dessen, was man heute Internethumor nennt. Das multimediale Netz war noch in weiter Ferne. Trotzdem breitete sich das, was in den USA »College Humor« heißt, über die Mailboxen der internationalen Studentenschaft rasant aus. Ich lernte zum Beispiel »50 Methoden, wie du deinen Zimmergenossen wahnsinnig machst«, darunter Vorschläge wie »Kaufe eine Schusswaffe. Reinige sie täglich«, »Verschicke eure Zimmertür an die Eltern deines Mitbewohners, per Nachnahme«, oder »Lass Stofftiere von Henkersschlingen an der Decke baumeln. Wenn du an ihnen vorbeikommst, murmle: ›Ihr hättet das eben nicht tun sollen.‹« Nach der Lektüre war ich doppelt froh, im englischen Wohnheim ein Einzelzimmer zu haben.

Für Studenten in aller Welt war das Internet Mitte der Neunziger nicht der »Information Superhighway«, von dem Al Gore und die US-Telekom-Branche träumten, sondern vor allem ein soziales, ein privates Medium. Die wenigen Websites und sonstigen Angebote, die es so gab, waren gelegentlich interessant, oft lustig, manchmal nur dämlich: Uni-Homepages mit Listen von Forschungsprojekten, seitenlange, euphorische Erfahrungsberichte von Drogenkonsumenten samt Empfehlungen für die passende Musik, öde Firmen-Websites mit wenig mehr als einer Adresse und einer Telefonnummer, einige wenige private Homepages mit schauerlicher Typografie und Fotos des stolzen Besitzers und seiner Familie im Urlaub in Florida. Bis heute berühmt ist die »Trojan Room Coffee Cam«, die Wissenschaftler an der University of Cambridge installiert hatten, um jederzeit den Füllstand ihrer Kaffeemaschine in der institutseigenen Küche

kontrollieren zu können. Weil die Live-Bilder des Brühauto-
maten über das WWW transportiert wurden, konnte sie ab
1993 jeder Internetnutzer sehen, und sehr viele nutzen diese
Gelegenheit. 2,4 Millionen insgesamt, von 1993 bis 2001.
Und da die »Coffee Cam« das vermutlich erste Live-Bild des
WWW war, kamen Besucher aus aller Welt vorbei. Manche
beschwerten sich über mangelnde Sichtbarkeit, sodass die
Erfinder der Kaffeekamera schließlich folgende Botschaft auf
der Seite hinterließen: »Das Licht im Trojan Room ist nicht
immer eingeschaltet, aber wir bemühen uns, eine kleine, auf
die Kanne gerichtete Lampe anzulassen, sodass man sie auch
nachts sehen kann.« Als die Kamera im Jahr 2001 endgültig
abgeschaltet werden sollte, berichteten der britische »Guardian«, die Londoner »Times« und sogar die »Washington Post«.
SPIEGEL ONLINE ersteigerte die berühmte Kaffeemaschine
schließlich für über 10 000 D-Mark, um sie für die Nachwelt
zu retten. Im frühen WWW war die reine Machbarkeit interessant genug, um einen Kult auszulösen. Wirklich motivierend
war für Nicht-Techniker aber vor allem die Möglichkeit der
Kommunikation, und die erhielt durch die E-Mails Flügel.

Mein aus den USA stammender Wohnheim-Mitbewohner
Ezra vermittelte mir eine elektronische Brieffreundschaft
mit einer Bekannten an seiner Heimatuniversität, einer angehenden Schriftstellerin mit unbegrenztem Mitteilungsdrang
und abseitigem Humor. Wir entwickelten schnell einen
Kommunikationsstil, der von immer zotigeren Einlassungen
und Witzen geprägt war. Wir schrieben einander Dinge, die
man niemandem ins Gesicht sagen würde, und amüsierten
uns bestens. Als wir uns viele Monate später tatsächlich persönlich begegneten, gingen wir miteinander um wie alte
Freunde. Schließlich hatten wir jedes denkbare Tabu schon
gemeinsam gebrochen, wenn auch nur schriftlich und im
Spaß.

Keine Exhibitionisten, nirgends

Die Internetznutzung derjenigen, die mit diesem Medium wirklich aufgewachsen sind, der heute 15- oder 20-Jährigen, entspricht dem, was wir damals erlebten, noch ziemlich genau. Natürlich kaufen die Jungen heute außerdem online ein, verschaffen sich Musik- oder Filmdateien, lesen Nachrichten oder suchen sich Unterhaltung im Netz. Primär aber nutzen auch sie das Internet als Kommunikationsmedium: Sie besprechen die Party der vergangenen Nacht, die Chancen, bei Christiane doch noch zu landen, die neue Platte von Danger Mouse oder die Planung für Freitagabend. Es gehört zu den weit verbreiteten Missverständnissen über die habituellen Internetnutzer von heute, dass sie ihr Privatleben wahllos vor jedermann ausbreiten und ständig Kontakte zu Menschen pflegen, denen sie noch nie begegnet sind. Das Gegenteil ist richtig.

Als das Hans-Bredow-Institut für Medienforschung in Hamburg im Jahr 2009 eine repräsentative Studie mit dem Titel »Heranwachsen mit dem Social Web« veröffentlichte, sorgte das zunächst für relativ wenig mediale Aufmerksamkeit. Dabei entkräftete die Studie im Handstreich nahezu jedes Vorurteil, das die kulturpessimistischen Kritiker des Internets ein ums andere Mal ins Feld führen – Vereinzelung, Aushöhlung »echter« Beziehungen, wachsender »Autismus«. Zitat aus dem Studienbericht: »Während in der Frühzeit der Internet-Diffusion noch die Befürchtung herrschte, die technisch vermittelte Kommunikation würde Menschen isolieren, gilt inzwischen eher das Gegenteil: Isoliert ist, wer nicht am Social Web teilnimmt und auf den Netzwerken [...] oder in den ›Buddy Lists‹ der Instant-Messenger-Dienste präsent ist.« Weitere zentrale Erkenntnisse über die 12- bis 24-Jährigen, die befragt wurden: »Erstens weisen die online abgebildeten sozialen Netzwerke in aller Regel hohe Überlappung mit denjenigen Beziehungsstrukturen auf, die auch außerhalb des

Internets existieren. Zweitens erreichen die online vorliegenden Netzwerke eine Größe, die weit über den Freundeskreis im engeren Sinn hinausgehen und vielmehr auch ehemalige Schulfreunde, Partybekanntschaften o. ä. umfasst.« Digitale Kommunikation ersetzt nicht ein normales Teenagersozialleben, sie ergänzt es.

Mizuko Ito, Danah Boyd und ein Forscherteam von Universitäten in Berkeley und Südkalifornien kamen in einer Studie namens »Digital Youth Project« zu einem ähnlichen Schluss: Jugendliche verbänden sich online »fast immer mit Menschen, die sie schon aus ihrem Offline-Leben kennen«.

Dass sich im Netz mancherorts tatsächlich eine Erosion der Privatsphäre vollzieht, hat eher mit den Betreibern der Plattformen zu tun, die an möglichst viel Öffentlichkeit unter ihren Nutzern Geld verdienen wollen. Insbesondere Facebook, das längst bei weitem größte Social Network der Welt mit Hunderten von Millionen Nutzern, hat in den vergangenen Jahren mit ständigen Regeländerungen dafür gesorgt, dass das, was einst standardmäßig privat war, nun standardmäßig öffentlich ist. Wer nicht widerspricht, wer sich nicht durch umständliche Einstellungen klickt, macht erst mal alles, was er dort tut, allgemein zugänglich. Auch für Geübte ist es inzwischen schwer zu überblicken, was wann wo öffentlich auftauchen wird.

Gründer Mark Zuckerberg rechtfertigte das Vorgehen in einem Interview im Januar 2010 schlicht so: Die Menschen hätten sich daran gewöhnt, mehr Informationen über sich selbst preiszugeben. Es gebe da eine »soziale Norm«, die sich mit der Zeit verändert habe. Zuckerberg glaubt nicht an soziale Rollen, daran, dass jemand eine Vateridentität, eine Jobidentität und eine für seinen Freundeskreis haben könnte. Der Mittzwanziger erklärte dieses 100 Jahre alte, unter Psychologen als selbstverständlich geltende Konzept kurzerhand für obsolet: »Die Zeiten, in denen man für seine Kollegen ein anderes Image pflegte als für andere Menschen, die man kennt, werden wohl nicht mehr lange andauern«, wird Zuckerberg im Buch »The Facebook Effect« zitiert. Er geht sogar noch weiter: »Zwei Identitäten zu haben zeigt, dass es einem an Integrität mangelt.«

Auch wenn ihm wenige in diesem Rigorismus so weit folgen wollen – dass Privatsphäre weniger wichtig wird, glaubt man auch bei anderen Internetkonzernen. Google zum Beispiel. Als das Unternehmen seinen Social-Networking-Dienst Buzz startete, stieß auch dort das anfängliche Unverständnis für die Privatsphärebedürfnisse der Nutzer auf heftigen Widerstand. Ohne zu fragen, mischte man Privates mit weniger Privatem, in der Annahme, das störe niemanden mehr. So wurde durch die Buzz-Funktionalität automatisch für jeden anderen sichtbar, mit welchem seiner E-Mail-Kontakte man sich besonders häufig schrieb. Empörung, wütende Proteste und ein Google-Rückzieher waren die Folge.

In Wirklichkeit verhält sich die Sache genau andersherum, als Zuckerberg behauptet: Facebook und Co. nehmen weniger einen gesellschaftlichen Trend auf, als dass sie ihn schaffen. In »Wired« war im Mai 2010 zu lesen, Facebook gehe es darum, »die Vorstellung der Welt darüber umzugestalten, was öffentlich ist und was privat«.

Meine Generation hatte Glück. Die E-Mail machte unser Leben in einer Phase, in der die Organisation des Sozial-, Sexual- und Beziehungslebens eine so große Rolle spielt, gerade rechtzeitig einfacher, praktischer und schöner, ohne dass man schon ständig auf der Hut sein musste, womöglich versehentlich etwas von sich preiszugeben, das eines Tages gegen einen würde verwendet werden können.

Internetnutzung ist eben nicht zuletzt eine Frage des Alters. Und zwar nicht nur in dieser einen, weidlich diskutierten Hinsicht: dass die Jungen sich auf Neues besser und leichter einstellen können. Sondern auch in der genannten fundamentaleren: Technik, ganz besonders Kommunikationstechnik, wird in verschiedenen Altersgruppen völlig unterschiedlich genutzt, weil Menschen verschiedenen Alters auch unterschiedliche Kommunikationsbedürfnisse haben.

Das Telefon steht, wenngleich die Erinnerung daran schon langsam verblasst, für kommunikative Verknappung. Ein normaler Haushalt hatte früher immer nur einen Telefonanschluss, und sobald Teenager im Haus waren, sorgte das für Reibereien. Ich wage zu behaupten, dass ausnahmslos jedes Mitglied meiner Generation sich einmal mit Eltern oder Erziehern über allzu lange Telefongespräche gestritten hat. Meine Mutter wird bei Ferngesprächen heute noch nach wenigen Minuten unruhig, obwohl sie genau weiß, dass, Flatrate sei Dank, ein langes Telefonat auch nicht mehr kostet als ein kurzes.

Die E-Mail sorgte dafür, dass Kommunikation erstmals kein Kostenfaktor mehr war. Außerdem hatte sie noch einen weiteren unschlagbaren Vorteil: Sie erlaubte asynchrone, aber schnelle Kommunikation. Bis dahin gab es nur zwei Arten von persönlichem Kontakt: direkt und synchron, von Angesicht zu Angesicht oder per Telefon – und allzu asynchron, per Post. Außer man hatte eine Sekretärin (seltener einen Sekretär) zur Verfügung, die Nachrichten verzögert weitergeben konnte. Mit der Einführung des Anrufbeantworters war dieser Service dann für fast jedermann zu haben. Erst E-Mails erlaubten symmetrische, garantiert asynchrone Kommunikation. Wer schreibt, muss keine Angst haben, dass jemand den Hörer abnimmt. Das ist im Geschäftsleben ebenso praktisch wie in der Liebe.

Als die Handys alltäglich wurden, erreichte die symmetrisch-asynchrone Kommunikation auch Menschen, die das Internet noch nicht nutzten. Eine SMS zu schicken gilt als weniger aufdringlich, als direkt anzurufen, bis heute. Schließlich lässt man dem Angesprochenen die Wahl, ob und wann er reagieren möchte. Außerdem waren Handys die tragbaren Vorstufen zu den großen Social Networks von heute, zu Facebook,

MySpace, StudiVZ, Wer-kennt-Wen und all den anderen: Nun konnte jeder seine »Freundesliste«, sprich sein Adressbuch samt Telefonnummern, mit sich herumtragen, jederzeit Nachrichten an Freunde und Bekannte verschicken, bei Bedarf an ganze Gruppen. Natürlich macht das alles noch viel komplizierter, weil ständig auf mehreren Ebenen kommuniziert wird, mit An- und Abwesenden, synchron und asynchron. Es hat aber auch dafür gesorgt, dass Kommunikation heute differenzierter und feiner auf die aktuelle Situation abgestimmt werden kann als je zuvor in der Geschichte. Menschen, die in diese Situation hineingewachsen sind, bereitet das keinerlei Probleme: Sie geraten allenfalls in Schwierigkeiten, wenn man ihnen ihr Handy wegnimmt und ihnen plötzlich nicht mehr die gesamte Palette kommunikativer Möglichkeiten zur Verfügung steht.

Man vergisst über all dem leicht, wie wir damals gelacht haben, als die ersten Handys auftauchten, ungefähr im Jahr 1993 oder 1994. Das erste Handy, das in Deutschland in größerem Umfang verkauft wurde, war ein Gerät namens »International 3200« von Motorola, von Fans zärtlich »der Knochen« genannt. Es wog über ein halbes Kilo und war mit Antenne so lang wie ein Unterarm. Damals war es Volkssport, sich lustig zu machen über die Wichtigheimer, die mit ihren ziegelsteingroßen Telefonen am Ohr in der Öffentlichkeit herumbrüllten. Später las man gefühlte 200 Feuilletonartikel, in denen der Begriff »Erreichbarkeit« prominent vorkam, gepaart mit »ständig« und »Fluch«. Heute ist die permanente Erreichbarkeit immer noch ein Fluch, aber wir haben uns an die Kehrseite, die Segnungen dieser Technologie, so sehr gewöhnt, dass wir unser Leben ohne Handys kaum mehr organisieren könnten.

Im SPIEGEL stand im Februar 2010 ein Satz, der diesen blitzschnellen Wandel schön illustriert. Die 66-jährige Heidemarie Carius erklärte, warum sie es bis heute seltsam finde, Menschen auf dem Handy anzurufen: »Warum sollte ich jemanden sprechen wollen, der nicht zu Hause ist?« Vor 15 Jahren hätten die meisten Deutschen ihr zugestimmt. Heute schmunzelt man über den Satz.

Ich selbst habe mich bis zum Jahr 2000 dagegen gewehrt, mir ein Handy zuzulegen. Am Ende wurde mir gewissermaßen eines aufgenötigt, von meiner damaligen Freundin, die mich wenige Monate später sitzenließ. Vermutlich war es keine Absicht, aber mit dem Geschenkvertrag, der mich endlich ins Zeitalter der Mobiltelefone katapultierte, machte sie mir mein anschließendes Single-Leben deutlich leichter.

Schriftlich lassen sich, Briefschreiber wissen das seit Jahrhunderten, Dinge sagen, die man im persönlichen Gespräch nie herausbringen würde. Das gilt für Beschimpfungen ebenso wie für Liebesschwüre oder eindeutige Angebote. Schließlich muss man keine unmittelbare Reaktion, also beispielsweise keine sofortige Zurückweisung, fürchten. Im Alltag eines durchschnittlichen Mittvierzigers mag das kaum eine Rolle spielen, im Alltag eines Mittzwanzigers ist es von zentraler Bedeutung. Selbst die harmlos klingende Frage: »Willst Du heute Abend mit mir ins Kino?«, stellt sich unendlich viel leichter per E-Mail oder SMS. Aber die gesenkte Hemmschwelle schriftlicher Kommunikation bleibt auch später nützlich: Täglich werden rund um den Globus Abermillionen schmutziger E-Mails und SMS verschickt. Man muss kein Freudianer sein, um zu konstatieren: Der Siegeszug der elektronischen Kommunikation hat eine Menge mit Sex zu tun.

Dass auch innige Liebesbriefe inzwischen oft auf PC- oder eben Handy-Tastaturen getippt werden, mag der eine oder andere als Verlust empfinden. Das ändert jedoch nichts an der Tatsache, dass es längst millionenfach geschieht. E-Mail und SMS sind eben keineswegs per se unpersönliche Kommunikationsmittel, sie können sogar ungleich persönlicher sein: Welcher Brief lässt sich schon so abschicken, dass er die Angebetete um 11 Uhr abends direkt in ihrem Schlafzimmer erreicht?

War das Internet für seine frühen Benutzer in erster Linie ein Werkzeug, um mit anderen in Kontakt zu treten, so wurde es im Laufe der kommenden Jahre immer stärker zu einem Konsumentenmedium. 1998 ging Google ans Netz und machte die Web-Suche komfortabler und erfolgversprechender, WWW-Seiten wurden zu echten Informationsquellen. Doch der Durchbruch des Netzes als Hochgeschwindigkeitsmedium kam weder mit Google noch mit SPIEGEL ONLINE. Die Anzahl der Breitbandanschlüsse in Deutschland explodierte erst, als ein weiteres Kind der Tabula rasa unerwartet die Bühne betrat und Verwerfungen auslöste, die wir bis heute spüren.

Kapitel 9
Das größte Gratiskaufhaus der Welt

Im Jahr 1999 knackte der damals 15-jährige Norweger Lech Johansen den von der Filmbranche als absolut sicher betrachteten DVD-Kopierschutz CSS. Sein Programm DeCSS erlaubte es beispielsweise, den Dateninhalt von Video-DVDs auf die Festplatte eines Rechners auszulesen und von dort aus abzuspielen. Die Filmbranche ging unter Verweis auf das Urheberrecht juristisch gegen DeCSS vor. Die Netzgemeinde reagierte ungehalten. Der Programmcode, nur wenige Zeilen lang, wurde nun erst recht weiterverbreitet, etwa als Bilddatei. Ein Künstler sang ihn und stellte ihn zum kostenlosen Download zur Verfügung. Als gegen Johansen vor Gericht verhandelt wurde, lud die Verteidigung den Informatikprofessor David Touretzky von der Carnegie Mellon University als Zeugen, der argumentierte, die Verbreitung von Software-Codes falle unter das Recht auf freie Meinungsäußerung. Für den Prozess hatte Touretzky sich in Schale geworfen: Er trug ein T-Shirt mit dem vollständigen DeCSS-Code als Aufdruck.

Im Frühjahr 1997 besuchte ich meinen amerikanischen Freund Ezra, den ich im Studentenwohnheim in Bristol kennengelernt hatte, in Kalifornien. Er war inzwischen nach San Francisco gezogen, um sich dort einen Job zu suchen, und lebte in der Wohngemeinschaft eines alten Freundes. Sein einziges Mobiliar bestand in einer Isomatte und einem Schlafsack. Er hatte weder einen konkreten Arbeitsplatz in Aussicht noch eine klare Vorstellung davon, welche Art von Job er mit seinem Chemie-Abschluss wohl bekommen könnte. Er sprang frohgemut ins Nichts. Es war meine erste persönliche Begegnung mit der geradezu sprichwörtlichen Risikofreude der Amerikaner. Der Erfolg des Silicon Valley basiert auf dem gleichen Geist. Xing-Gründer Lars Hinrichs sagt: »In Europa denken Leute vor der Gründung eines Unternehmens an Chancen und Risiken, und je ernster die Sache wird, desto größer werden die wahrgenommenen Risiken. In den USA denkt man an die Chancen.«

Noch erstaunter war ich, als Ezra mir von seiner Prioritätenliste erzählte. »Das Erste, was ich brauche, ist ein Internetanschluss.« Der war in meinen Augen zwar eine praktische Sache, aber nicht das erste Bedürfnis an einem neuen Wohnort. Als ich meine Zweifel äußerte, sah er mich an, als hätte ich den Verstand verloren. »Ich brauche ein Fahrrad, ich brauche Möbel, vor allem aber muss ich mir schließlich einen Job suchen«, erklärte er in einem Tonfall, in dem man mit senilen Greisen oder kleinen Kindern spricht.

Natürlich hatte Ezra recht. Innerhalb weniger Tage hatte er sich per Telefon einen Internetzugang, anschließend, über den Kleinanzeigendienst Craigslist, ein Fahrrad und, über die Online-Angebote lokaler Zeitungen, diverse Vorstellungsgespräche besorgt. Ich sah fasziniert zu, wenn er die Online-Annoncen des »San Francisco Chronicle« und von Craigslist studierte. So etwas gab es bei uns noch nicht.

Für einen Mittzwanziger in den Vereinigten Staaten war das Internet 1997 bereits ein unverzichtbares Stück Infrastruktur. In Deutschland dagegen war ein Internetanschluss 1997 noch verzichtbarer Luxus. Der Großteil der Internetnutzung in meiner Altersgruppe fand nach wie vor auf Universitätsrechnern statt, seltener über das Telefonnetz und 56-K-Modems, die das Betrachten von Web-Seiten in einen je nach Gemütslage meditativen oder quälenden Prozess verwandelten. Noch im Jahr 2000 machten US-Amerikaner 45 Prozent aller weltweiten Nutzer des WWW aus, Deutsche 5,6 Prozent. Dabei hatten 1998 laut statistischem Bundesamt immerhin fast 39 Prozent der Haushalte einen PC zur Verfügung.

2000 wurde schließlich das Jahr, in dem sich in Deutschland alles zu ändern begann, in atemberaubendem Tempo. Die neue Technologie verbreitete sich plötzlich rasend schnell. Kleinaktionäre gerieten in einen Taumel, der am Ende gigantische Summen Geldes vernichtete. Unter den Jüngeren dagegen, denen, die sich keine Aktien leisten konnten, entstand ein Bedürfnis nach noch mehr Digitalisierung, das einmal mehr durch die Aussicht auf einen konkreten, geldwerten Vorteil getrieben wurde: den unbegrenzten Zugang zu kostenloser Unterhaltung.

Der Rausch und der Kollaps

Vielen Deutschen begegnete das Internet um das Jahr 2000 vor allem an zwei Orten: in den Börsennachrichten und der Harald-Schmidt-Show. In den Börsensegmenten von »heute« und der »Tagesschau« war ständig von der New Economy die Rede, Parkettreporter sprachen mit leuchtenden Augen von fantastischen Kursgewinnen und bevorstehenden Börsengängen weiterer Hoffnungsträger. So war im März 2000 eine einzige Aktie des Unternehmens Intershop Communications aus Jena für kurze Zeit umgerechnet 2000 Euro wert. Der Anbieter von Lösungen für den Verkauf von Waren über das Internet gehörte zu den größten Gewinnern am sogenannten Neuen Markt. Zu diesem Zeitpunkt machte Intershop gerade einmal 46 Millionen Euro Umsatz im Jahr – und dabei einen jährlichen Verlust von 19 Millionen.

Intershop-Gründer Stephan Schambach gab sich im Interview mit dem SPIEGEL im Februar 2000 bescheiden. Man mache die Kurse ja nicht selbst, sagte er, das täten die Investoren. Dann aber konnte er sich ein bisschen Wohlbehagen angesichts des eigenen Börsenerfolgs doch nicht verkneifen:»Es musste ja irgendwann passieren, dass diese pfiffigen Ideen belohnt werden, das habe ich schon ziemlich früh gewusst«, sagte der Gründer, dessen Unternehmen auf dem Papier zu diesem Zeitpunkt umgerechnet über 8 Milliarden Euro wert war. »Aber dass das diese Größenordnung annimmt, habe ich nicht geahnt.« Dann schränkte Schmalbach weiter ein, zweifellos ohne zu wissen, wie schnell sich seine Worte bewahrheiten sollten: »Solange die Wirtschaft wächst, ist ein Ende nicht abzusehen; wenn die fundamentalen ökonomischen Rahmendaten sich aber ändern, kriegen alle einen Schreck.« Der Schreck kam früher als erwartet: Im März, wenige Wochen nach dem zitierten Interview, platzte die Spekulationsblase, der Neue Markt stürzte steil und auf breiter Front ab. Die Intershop-Aktie fiel von ihrem Gipfel in der Region um 2000 Euro auf zeitweilig unter einen. Über einen Wert von 2 Euro ist sie seit Jahren nicht mehr hinausgekommen.

Intershop war nur eines von einer ganzen Reihe deutscher Unternehmen, denen es so erging. Einen ähnlichen Absturz erlebten Pixelpark, Consors, EM.TV, Mobilcom und viele andere. Im März 2000 waren die Aktien am Neuen Markt, im erst wenige Jahre zuvor aufgelegten Aktienindex Nemax Allshare, insgesamt 241 Milliarden Euro wert. Im Februar 2002 waren es nur noch 54 Milliarden. Der 21. März 2003 war der letzte Handelstag des Neuen Marktes. Ein Frankfurter Aktienhändler kommentierte den Abgang trocken: »Wir werden ihn nicht vermissen.«

Harald Schmidt, der sich in seiner Sendung monatelang allabendlich öffentlich über das Wachstum seines Aktiendepots gefreut, seine Studiogäste nach Anlagestrategien und Renditeerwartungen gefragt hatte, trampelte nun ebenso genüsslich auf den zerstörten Hoffnungen all der geprellten Kleinanleger und Neu-Unternehmer herum: »Deutsche Börse schließt den Neuen Markt; wir sagen mit Tränen in den Augen: Mach es gut, Neuer Markt – du hast uns viel gegeben und noch mehr genommen; können mich die Aktionäre von EM.TV verstehen? Haben die überhaupt noch einen Fernseher?« Angst vor juristischen Konsequenzen solcher womöglich börsenrelevanter Witze habe er nicht mehr, sagte Schmidt im März 2003: »Wissen Sie, ich könnte ja nicht so locker über all diese Läden herziehen – aber die haben alle gar kein Geld mehr, um mich zu verklagen.«

Börsenchef Werner G. Seifert hatte schon in seiner Festrede zum fünften Geburtstag des Neuen Marktes im März 2002 gesagt, »die neue moralische Dimension« des Geschehens liege darin, »dass Investoren und Arbeitnehmer dazu verführt wurden, Risiken zu akzeptieren, die sie nicht verstanden haben und die sie teilweise nicht wissentlich akzeptieren mussten.« Diese Formulierung kommt einem heute, nach der durch Immobilienspekulationen ausgelösten Wirtschafts- und Finanzkrise von 2008, erstaunlich bekannt vor. Wer jedoch nach dem New-Economy-Crash auf mehr Vernunft an den Finanzmärkten gehofft hatte, wurde bitter enttäuscht.

Ich selbst habe durch das Platzen der Dotcom-Blase keinen Pfennig verloren. Ich hatte damals weder Geld noch Interesse daran, an der Börse zu spekulieren. Viele, die das Internet regelmäßig nutzten und es kannten, betrachteten die Entwicklung mit Kopfschütteln und einem gewissen Erstaunen, sie hielten sich aus dem Kaufrausch, der auch Kleinanleger ergriffen hatte, weitgehend heraus. Tatsächlich besaßen gerade die gut situierten Deutschen, die in den Jahren 1999 und 2000 so kräftig in die »New Economy« investierten, keine oder wenig Erfahrung mit dem Internet, das ihnen nun als Heilsbringer und Quelle uneingeschränkten Wachstums präsentiert wurde. Trotzdem glaubten sie, seine wirtschaftlichen Auswirkungen beurteilen oder jedenfalls auf sie wetten zu können.

Im Jahr 2000 gab es hierzulande der Bundesnetzagentur zufolge erst 170 000 Breitband-Internetverbindungen. Die Zahl der Haushalte mit irgendeiner Art von Internetanschluss lag unter 15 Prozent. Am häufigsten nutzten das Internet Menschen zwischen 20 und 29 Jahren – die Angehörigen der Generation C64. Auf Platz zwei und drei landeten die Altersgruppen zwischen 14 und 19 und die zwischen 30 und 39. Nur gut 30 Prozent der über 40-Jährigen gaben in der ARD/ZDF-Online-Studie an, zumindest gelegentlich im Internet unterwegs zu sein. Unter den Älteren war der Anteil noch geringer. Mit anderen Worten: Diejenigen, die damals Geld hatten, um es in Aktien zu investieren, diejenigen, die politische oder unternehmensstrategische Entscheidungen trafen, gehörten meist gar nicht zum Kreis der Nutzer der Technologie, in die so viele Hoffnungen gesetzt wurden. Sie hatten schlicht keine Ahnung. Sie glaubten an etwas, das sie nicht verstanden. Als dieser Glaube dann mit empfindlichen Verlusten bestraft wurde, hinterließ das Spuren, die bis heute nachwirken. Ein nicht unwesentlicher Teil derer, die in Deutschland heute das Sagen haben, erlebte den ersten Kontakt mit dem Internet als persönliche, noch dazu finanziell äußerst schmerzhafte Kränkung. Gerade von Angehörigen dieser Gruppe hört man heute schon mal hämische Vorhersagen, auch der nun tatsächlich stattfindende Siegeszug des Netzes werde sich als Blase erweisen. Die gebrannten Kinder hoffen noch immer, dass das Feuer endlich ausgeht.

Der Geschenkemarktplatz

Für die Jüngeren, die nicht ans Internet glauben mussten, weil sie längst selbstverständlich darin unterwegs waren, verlief diese Phase wesentlich ruhiger. Das Netz war, zumindest für Leute meiner Altersgruppe, die eine Universität besucht hatten, bereits fast so sehr Alltag, wie es das für meinen amerikanischen Freund Ezra Jahre vorher gewesen war. Nach der ARD/ZDF-Online-Studie für das Jahr 2000 nutzen es 85 von 100 Hochschulabsolventen. Unter den Hauptschulabgängern dagegen waren es nur 8 von 100. Der digitale Graben trennte nicht nur die Generationen, sondern auch die Bildungsschich-

ten. Für uns aber, die wir in den Computerräumen und Glas-
fasernetzen der Universitäten gelernt hatten, wie nützlich
E-Mail, Suchmaschinen und Online-Datenbanken waren, hatte
sich das Netz bereits als Werkzeug etabliert. Ich selbst gehörte
zu den digital Privilegierten dieser Tage: Weil ich eine Dokto-
randenstelle an der Universität Würzburg hatte, kam ich in
den Genuss eines eigenen Büros am Lehrstuhl samt Rechner
und Anschluss ans extrem schnelle universitäre Glasfasernetz.
Zu Hause hatte ich ein 56-K-Modem, das ich nur sehr selten,
gewissermaßen in Notfällen zum Einsatz brachte. Meine Inter-
net-Bedürfnisse wurden von den fantastischen Möglichkeiten
am Lehrstuhl mehr als abgedeckt. Ich gewöhnte mir schnell
an, mehrmals täglich die Seiten der größeren Online-Medien
zu besuchen. Ich tauschte weiterhin mit vielen Bekannten und
Freunden E-Mails aus – inzwischen war der Kreis derer, die selbst
einen Account hatten, gewachsen. Und dann, im Frühjahr 2000,
als Intershop-Kommunikationschef Schambach noch von den
»pfiffigen Ideen« sprach, die nun »belohnt« würden, trat ein
Mitspieler auf die Bildfläche, der die Welt auf den Kopf stellen
und meinen Internet-Missbrauch im Lehrstuhlbüro auf eine
neue Stufe heben sollte. Ganz ohne Geld von der Börse.

Die Geschichten der Geniestreiche, die dem Internet von
heute ihr Gesicht gegeben haben, lesen sich immer wieder
ähnlich. Junge Technikfans an einer hochklassigen (in der
Regel amerikanischen) Universität haben eine brillante Idee,
verfolgen sie hartnäckig und erschaffen beinahe en passant
etwas, das die Welt verändert. So war es bei Google, bei Facebook – und auch bei Napster. Der 19-jährige Student Shawn
Fanning hatte an der Northeastern University in Boston weitgehend erfolglos versucht, Kommilitonen für seine Bemühungen an der Gitarre zu interessieren. Weil er seinen selbst
geschriebenen Songs aber unbedingt ein Publikum verschaffen wollte, entschloss er sich 1999, sie im MP3-Format auf eine
Webseite zu stellen und zum Download anzubieten.

MP3 ist einer der wichtigsten Beiträge aus Deutschland zur Netzwelt, sein Erfinder erhielt 2006 sogar das Bundesverdienstkreuz. Obwohl ihn mancher Manager der Musikindustrie bis heute insgeheim hassen dürfte.

Die Forschungsgruppe um Karlheinz Brandenburg am Fraunhofer-Institut für Integrierte Schaltungen (IIS) in Erlangen und an der Universität Erlangen-Nürnberg hatte in Zusammenarbeit mit Forschern in den USA bereits Anfang der Neunziger begonnen, Standards zu definieren, nach denen man Mediendateien schrumpfen könnte. Schließlich verfielen die Forscher auf eine ebenso simple wie brillante Idee: Sie schrieben eine Software, die all jene in einer Tonaufnahme enthaltenen Frequenzen zum Verschwinden brachte, die das menschliche Gehör ohnehin nicht wahrnehmen kann. Die meisten Instrumente produzieren solche Klänge: Töne, die höher als 18 000 bis 20 000 Hertz oder (seltener) tiefer als 16 Hertz sind. Brandenburg und seine Kollegen ermöglichten damit Dateigrößen, die sich tatsächlich in vertretbaren Zeiträumen über Internetleitungen verschieben ließen. Eine MP3-Datei mit einer Datenrate von 128 Kilobit pro Sekunde hat nur ein Elftel der Größe der entsprechenden Datei im Audio-CD-Format CDA, klingt aber fast genauso gut. Ab einer Datenrate von 192 Kilobit pro Sekunde können die meisten Menschen den Unterschied auch im direkten Vergleich von Original und komprimierter Datei nicht mehr erkennen.

Shawn Fanning stellte in seinem Wohnheimzimmer in Boston allerdings schnell fest, dass sein Songangebot im Netz trotz der kurzen Download-Zeiten wenig Interesse fand, und zwar nicht nur wegen der Qualität seiner Lieder. Musikdateien waren im Internet zu dieser Zeit kaum zu finden, viele Nutzer fürchteten juristische Konsequenzen und stellten deshalb lieber keine urheberrechtlich geschützten Songs auf ihre Webseiten. Fanning, der Informatik studierte, machte sich an eine Lösung des Problems. Am Ende stand eine Software, die es

erlaubte, die Festplatten aller Teilnehmer direkt nach Musikdateien zu durchsuchen. Die Nutzer des Programms mussten
nur zulassen, dass Fannings Software ihren Rechner in einen
Server verwandelte, von dem man aus der Ferne Dateien herunterladen konnte.

Napster stattete jeden Rechner, auf dem es installiert
wurde, mit einer weit offenen Tür ins Internet aus. Nur ein
definierter Ordner innerhalb des Systems stand allen anderen
Napster-Nutzern offen, der Rest der Festplatte blieb vor den
Blicken neugieriger Surfer geschützt. Im August 1999 richtete Fanning eine Seite ein, von der man seine neue Software
herunterladen konnte. Eigentlich hatte er vorgehabt, lediglich
Freunde und Bekannte auf dem Universitätscampus in eine
Art digitalen Tauschring für Musik einzubinden. Der Erfolg
von Napster übertraf jedoch alle seine Erwartungen. Bereits
Anfang 2000, sechs Monate nachdem er die erste Version zum
Download angeboten hatte, verzeichnete Fannings Dienst über
eine Million Teilnehmer. Im August 2000 waren es 6,7 Millionen, zu Jahresende 20 Millionen. Fannings »pfiffige Idee«
hatte eine Revolution ausgelöst. Während an der Börse Kapital
verbrannte wie Stroh in einem Hochofen, löste das kostenlos
erhältliche Geschöpf eines Studenten genau die Art von fun-
damentalem Wandel aus, auf den in New York, London und
Frankfurt alle Welt Wetten abschloss. Sogar ein bisschen Geld
brachte Fannings Idee ein: Auf der Seite, von der man seine
Software herunterladen konnte, platzierte er Werbung. Die
Einnahmen reichten, um die wachsenden Server-Kapazitäten
anzumieten, die das Wachstum des Dienstes verschlang.

Ich kann mich nicht genau erinnern, wann mir Napster
zum ersten Mal begegnete. Vermutlich hatte ich einen Artikel über diese neuartige und höchst dubiose Methode gelesen, sich nahezu beliebig MP3s zu verschaffen. Die Regeln
für den Gebrauch von Computern an Universitäten waren
damals noch weit weniger strikt als heute: An meinem Lehr-

stuhl hatte praktisch jeder fest angestellte Mitarbeiter uneingeschränkte Administratorenrechte für seinen PC, durfte also
auch jede Art von Software installieren – selbst solche, die in
so massiver Weise auf das Internet zugriff wie Napster. Die
Benutzung von Computern im Allgemeinen und des Internets im Besonderen war in jenen Tagen eine Beschäftigung
für die Mitglieder einer vergleichsweise kleinen Elite. Dieser
traute man auch zu, keinen allzu großen Unsinn anzustellen – eine irrige Annahme.

Ein Mitarbeiter der Methodenabteilung zum Beispiel hatte
das Thema MP3 und Musiktausch sehr früh für sich entdeckt.
Schon im Jahr 1999 richtete er einen ausrangierten Instituts-
rechner mit vergleichsweise großer Festplatte als Server ein
und fütterte ihn mit dem Inhalt seiner CD-Sammlung. Dann
hängte er diese Festplatte voller Musik ins lehrstuhleigene
Intranet und forderte per Rundmail alle Lehrstuhlmitarbei-
ter (Professoren eingeschlossen) auf, sich doch bitte großzügig
zu bedienen und gerne auch weitere Ordner anzulegen und
sie mit eigenen musikalischen Beiträgen zu füllen. Erst als
sich dieser private Musiktauschdienst innerhalb des Univer-
sitätsnetzwerks allzu großer Beliebtheit zu erfreuen begann,
wurde er vom Rechenzentrum ermahnt, solche Aktivitäten
bitte schön auf der Stelle zu unterlassen.

Gegen Napster war der kleine MP3-Server im Uni-Intranet
ein Witz. Meine ersten Streifzüge durch die Festplatten der
Millionen Napster-Anhänger da draußen waren eine Offen-
barung. Plötzlich stand einem das musikalische Archiv der
gesamten westlichen Welt zur Verfügung. Natürlich gab es
Lücken, vor allem was klassische Musik oder die abseitigeren
Bereiche des Jazz anging. Aber Pop, Rock, Indie, Dance, Techno,
Trance, Ambient, Trip Hop, Drum 'n' Bass und so weiter, sprich:
alles, worüber man zu dieser Zeit redete, war über Napster
mehr oder weniger problemlos zu finden. Selbst seltene Mini-
Alben obskurer New Yorker Gitarrenbands, die nur auf Vinyl

erhältlich waren, wurden digitalisiert und mit dem Rest der Welt geteilt. Zum ersten Mal in der Geschichte konnte man in einer Zeitschrift eine Plattenkritik lesen und sich – sofern man das Privileg hatte, einen Rechner mit Glasfaser-Internetzugang zur Verfügung zu haben – eine halbe Stunde später anhören, ob der Rezensent recht hatte oder nicht.

Man suchte innerhalb der kargen, sehr nach Windows aussehenden Benutzeroberfläche von Napster einfach nach dem Namen eines Albums, eines Künstlers oder eines bestimmten Songs und wurde fast immer fündig. Die Struktur des Dienstes hatte eine Empfehlungsfunktion gewissermaßen mit eingebaut: Fand man etwa das aktuelle Album einer gerade von allen Popzeitschriften gefeierten amerikanischen Alternativ-Country-Band auf der Festplatte eines freundlichen Spenders, erlaubte Napster einen direkten Blick in sämtliche freigegebenen Ordner auf dessen Rechner. Oft genug fand man dort weitere Schätze, von denen man kurz zuvor noch nicht einmal gewusst hatte, dass man sie überhaupt begehrte. Ich erinnere mich an einen glücklichen Nachmittag im Büro, an dem ich mir in knapp 20 Minuten die gesammelten Werke einer US-Band von einer Festplatte irgendwo in den USA heruntersaugte: fünf vollständige Alben in hervorragender Qualität. Bis heute habe ich sie mir nicht komplett angehört.

Es wäre ja auch eine Sünde gewesen, sich nicht alles zu holen, was da draußen auch nur halbwegs interessant aussah. Napster war wie Pilzesammeln in einem Wald, in dem es immer noch einen weiteren Baum gibt, hinter dem wieder eine leuchtend gelbe Kolonie Pfifferlinge steht, an der man nicht vorbeigehen kann, ohne sie einzusammeln. Viele Napster-Nutzer horten seit jenen Tagen CDs mit nie gehörten Sammlungen von MP3s.

Napster bot einen weiteren unschätzbaren Vorteil, der es vom reinen Tauschdienst in eine Art musikbasiertes Social Network verwandelte: Sofern ein Nutzer es nicht explizit durch eine Menüeinstellung untersagt hatte, konnte man mit jedem Teilnehmer spontane Instant-Messaging-Unterhaltungen beginnen. Eine typische Napster-Konversation verlief in etwa so (in der Regel auf Englisch): »Das ist aber eine sehr schöne Sammlung, die du da hast, die ganzen Elektro-Platten aus England zum Beispiel. Kennst du Monolake?« Musikfans sind bekanntlich notorisch mitteilsam, um nicht zu sagen missionarisch, was die eigenen Vorlieben angeht. Der Austausch mit anderen, die, ausweislich ihrer öffentlich sichtbaren Plattensammlung, offenbar einen dem eigenen ähnlichen, also guten Geschmack haben, gehört zu ihren Lieblingsbeschäftigungen. Viele einsame Jungs, die auf Partys nie tanzen, sich aber mit Musik besser auskennen als all die Banausen, die auf der Tanzfläche herumhüpfen, haben vor dem CD-Regal neue Freunde gefunden. Mit Napster waren solche Gespräche nun sogar auf globaler Ebene möglich.

Ich erinnere mich an ein faszinierendes Gespräch mit einem sehr freundlichen Isländer, der mir begeistert berichtete, er habe die für ihre ätherische Gletscher-und-Feen-Musik kultisch verehrte Band Sigur Ros – deren Album wir beide auf unseren Festplatten beherbergten – erst gestern Abend live spielen gesehen, in einer ehemaligen, nur von Kerzen erleuchteten Kirche in Reykjavík. Ich war fasziniert und natürlich neidisch. Wir fühlten uns als Teil einer globalen Gemeinde von Menschen, die Kennerschaft und Geschmack bewiesen. Für ein paar Minuten sorgte Napster für ein unsichtbares Band, das quer über den Atlantik zwei Wildfremde miteinander verband, die sich, hätte es die Möglichkeit gegeben, noch am gleichen Abend auf ein Bier getroffen hätten. So aber erfuhr ich nicht einmal den wirklichen Namen meines Gesprächspartners aus Island. Zur unausgesprochenen Etikette von Napster gehörte es, diesen erfreulichen Zufallsbegegnungen nicht zu viel Bedeutung beizumessen. Männer, die sich am späten Abend in einer Hotelbar kennenlernen und einander in viel zu kurzer

Zeit viel zu Persönliches erzählen, verzichten schließlich auch darauf, anschließend ihre Adressen auszutauschen.

Shawn Fanning hatte beiläufig, fast aus Versehen, die erste globale Musik-Community geschaffen. Heute kopieren zahlreiche Dienste dieses Modell: die innerhalb der Social Networks Facebook und MySpace angesiedelte Empfehlungsplattform iLike zum Beispiel, das Community-getriebene Internetradio LastFM und seit August 2010 auch Apples Musiknetzwerk Ping. Überall sollen Plattenkäufer und Musikfans in aller Welt einander gegenseitig auf ihre neuesten Entdeckungen aufmerksam machen, inzwischen natürlich mit kommerziellem Hintergrund. Erfunden aber hat dieses Prinzip die Napster-Gemeinde.

Fannings Erfindung transferierte nicht nur gewaltige Datenmengen um den Globus und stellte für viele seiner Nutzer ein wohliges Gefühl von internationaler Gemeinschaft her. Sie sorgte, zumindest in Deutschland, fast im Alleingang für den Durchbruch des Breitband-Internets, auch wenn das kaum jemand zugeben mag. Wie oben erwähnt: Im Jahr 2000 gab es in Deutschland 170 000 DSL-Anschlüsse. Bereits 2001 waren es 1,9 Millionen. Die Anzahl hatte sich binnen eines einzigen Jahres verelffacht – dank der Möglichkeit, plötzlich kostenlos und in unbegrenzter Menge an Musikdateien zu kommen. Während an der Börse die Kurse der Internet-Aktien ins Bodenlose fielen, stieg in atemberaubendem Tempo die Zahl derer, die eine schnelle, stabile Internetverbindung wollten und dann auch bekamen.

Mit dem rasanten Wachstum fielen die Preise: Die Kosten für Internetzugänge sanken von 2000 bis 2001 um über 30 Prozent. Bis 2004 verdoppelte sich die Zahl der Anschlüsse erneut, auf 4,4 Millionen. Und das unmittelbar nach dem Platzen der Dotcom-Blase und obwohl die Deutsche Telekom den Markt noch als Quasi-Monopolist beherrschte und die Preise für DSL-Anschlüsse entsprechend hoch waren. Danach ging das Wachstum mehr oder minder linear weiter, der Napster-Explosion folgte ein geordneterer, aber stetiger Zuwachs.

Im Jahr 2009 gab es in Deutschland bereits 22,6 Millionen DSL-Zugänge. Insgesamt wuchs die Zahl der Haushalte und Unternehmen, die über einen Breitbandanschluss auf das Netz zugreifen, vom Jahr 2000 bis zum Jahr 2009 um den Faktor 133. Das flächendeckend verfügbare Internet, in das all die glücklosen Kleinanleger in den Jahren um die Jahrtausendwende so viel Geld investiert hatten, materialisierte sich erst zehn Jahre später. Vorher gab es weder YouTube noch Internetradiostationen, Software wurde zumeist noch auf Datenträgern und nicht als Download verkauft. Der einzige triftige Grund, sich im Jahr 2000 oder 2001 zu Hause eine DSL-Flatrate zuzulegen, waren Tauschbörsen.

Bis heute macht Tauschbörsen-Traffic den Löwenanteil der Gesamtdatenmenge aus, die über Internetleitungen um den Globus wandert. Dem Unternehmen Ipoque zufolge, das auf die Analyse von Netzwerknutzung spezialisiert ist, verursachten die sogenannten Peer-to-Peer-Tauschbörsen (P2P), die legitimen Erben von Napster, in den Jahren 2007 und 2008 53 Prozent des Internet-Traffics in Deutschland. Allein das Bittorrent-Protokoll, ein Standard zur Datenübertragung, der zu nichts anderem benutzt wird, als große Dateien über P2P-Netzwerke zu verschieben, hat einen höheren Anteil am internationalen Datenverkehr als das Hypertext-Protokoll http, auf dem das gesamte WWW basiert. In anderen Teilen der Welt ist der Anteil des Tauschbörsenverkehrs noch wesentlich höher, etwa in Osteuropa (70 Prozent) oder Südamerika (65 Prozent). Das Internet ist bis heute der größte Gratis-Selbstbedienungsladen in der Geschichte. Und nur weil das der Fall ist, konnte es überhaupt so schnell wachsen.

All das ist ein offenes Geheimnis, diese Zahlen sind jedermann zugänglich. Allerdings sprechen Internet-Provider und andere, die mit dem Netz Geld verdienen, nicht gern darüber.

Schließlich ist es schwer zu vermitteln, dass man die eigenen Kunden nicht zuletzt deshalb gewinnen konnte, weil man ihnen die Möglichkeit bot, in nie dagewesenem Stil unter Umgehung der Urheberrechte umsonst einzukaufen.

Für datenintensive Dienste wie die Videoplattform YouTube war der Boden damit bereits bereitet: Die globale Unsitte des unentgeltlichen Musiktausches hatte für jene Infrastruktur gesorgt, ohne die gestreamte Videos über das Netz noch heute nicht möglich wären. Die Nonchalance im Umgang mit Urheberrechten, die die Generation C64 im Kinderzimmer eingeübt hatte, war eine wesentliche Voraussetzung für das Internet, das wir heute kennen.

Der Kampf gegen die eigene Kundschaft

Als die Manager der Musikbranche merkten, was da vor sich ging, war es schon zu spät. Sie hatten versäumt, sich Geschäfts- und Vertriebsmodelle für das digitale Zeitalter auszudenken, und nun war ihnen ein Amateur mit einem genialen System zuvorgekommen – an dem sie keinen Pfennig verdienten. Ohnmächtige Wut war die Folge, und die bringt selten gut durchdachte Entscheidungen hervor. Anstatt eilig ein eigenes Angebot zu schaffen, das Musik legal über das Internet verfügbar gemacht hätte, begannen die Branchenverbände einen Krieg gegen die eigene Kundschaft.

Zunächst einmal ging man allerdings gegen Napster selbst vor. Der Dienst hatte, im Gegensatz zu den späteren P2P-Börsen, einen echten Pferdefuß: Alle Datentransfers wurden über zentrale Server koordiniert. Es war nicht schwer, Fanning nachzuweisen, dass sein Dienst für die Verletzung von Urheberrechten genutzt wurde und dass er nichts dagegen unternahm. Zunächst wurde Napster juristisch dazu gezwungen, Filter zu installieren, die alle angebotenen Dateien auf urheberrechtlich geschütztes Material durchsuchen und den

Tausch der entsprechenden Dateien dann unterbinden sollten. Die Nutzer reagierten, indem sie schlicht die Dateinamen
leicht veränderten, so dass die sehr simpel konstruierten Filter
ins Leere griffen, der Datentausch munter weitergehen konnte.
Die erste Volte, mit der die Napster-Gemeinde die Vorgaben
der Branche umging, war gewissermaßen ein Rückgriff auf
ein Verfahren wie die »Leet Speech«, die sich in den Mailboxen
der frühen Achtziger entwickelt hatte, ebenfalls um automa-
tisierte Suchwortfilter auszutricksen. Nun wurde eben nicht
Hacker durch »H4xxor« ersetzt, sondern Metallica.mp3 durch
EtallicaM.mp3.

Weitere Prozesse waren die Folge. Schließlich, bereits im
Jahr 2001, war klar, dass Napster in der bisherigen Form nicht
überleben würde. Bertelsmann kaufte die Marke, um eine allgemeine, kostenpflichtige Download-Plattform einzurichten,
scheiterte aber daran, dass man sich mit den anderen Größen
der Musikbranche nicht einigen konnte. Die kochten lieber ihr
eigenes Süppchen. Was sie entwickelten, war nur halb so komfortabel wie Napster und kostete obendrein noch Geld. Nach
einigem Hin und Her gab es schließlich einen gemeinsamen
Download-Shop von Warner, BMG und EMI und einen weiteren
von Sony und Universal. Dieser Rückschritt – welcher Kunde
wusste schon, bei welcher Plattenfirma sein Lieblingskünstler
unter Vertrag war? – sorgte für das vorhersagbare Ergebnis:
Beide Modelle floppten. Unterdessen schossen neue Tauschbörsen wie Pilze aus dem Boden, die den Napster-Geburtsfehler
vermieden: Sie waren vollständig dezentral, das Netzwerk
bestand zwischen den Rechnern der angeschlossenen Nutzer,
Zentralserver gab es nicht mehr. Innerhalb weniger Monate
entstanden Limewire, Morpheus, Audiogalaxy, Bearshare,
E-Donkey, Kazaa und andere. Der P2P-Traffic im Internet nahm
nicht ab, sondern zu.

Die Musikbranche versuchte sich mit Kopierschutzmechanismen zu retten, die zunächst auf defekten Sektoren inner-

halb der Datenoberfläche beruhten. CDs, die mit diesen frühen Schutzfunktionen ausgestattet waren, hatten allerdings den Schönheitsfehler, dass sie in manchen CD-Spielern schlicht nicht liefen. Eigentlich sollten mit dem Mechanismus nur die besonders feinfühligen Laufwerke in Rechnern ausgetrickst werden, um das »Rippen« von CDs auf Festplatten und das Umwandeln in MP3-Dateien zu verhindern. Doch der vermeintliche Kopierschutz erwies sich in Autoradios, Radioweckern und anderen Geräten de facto als Abspielschutz. Ehrliche Käufer, die für eine CD immerhin um die 18 Euro bezahlten, fühlten sich bestraft. Illegal gebrannte CDs oder aus dem Internet heruntergeladene Dateien verursachten solche Probleme nicht.

Einen besonders groben Schnitzer in Sachen Kopierschutz leistete sich Sony: Der japanische Konzern wurde gewissermaßen beim heimlichen Verbreiten von Computerviren erwischt. Schob man eine neu gekaufte Sony-CD ins Laufwerk eines Rechners, installierte sich tief in den Eingeweiden des Systems eine Software, die dort fortan heimlich schnüffelte und, schlimmer noch, ein Einfallstor für andere Viren oder böswillige Angriffe auf das System bot. Die Staatsanwaltschaft des US-Bundesstaats Texas strengte im November 2005 daraufhin eine Klage gegen den Konzern an. »Konsumenten, die eine Sony-CD gekauft haben, dachten, sie hätten Musik gekauft«, kritisierte der texanische Justizminister Greg Abbott. »Stattdessen haben sie Spionage-Software bekommen, die den Computer beschädigen kann, ihn für Viren anfällig macht und den Benutzer möglichen Verbrechen aussetzt.« Sony musste schließlich die mit dem System ausgestatteten CDs ersetzen, an die Betroffenen Gutscheine verschenken, sich verpflichten, nie wieder so etwas einzusetzen, und zudem Nutzern, deren Rechner durch die Software Schaden genommen hatten, eine Entschädigung bezahlen.

Ähnlich unbeliebt waren von Anfang an Systeme des digitalen Rechtemanagements (»Digital Rights Management«, DRM), die die Branche erdacht hatte. Sie legten beispielsweise fest, dass ein einmal heruntergeladener Song nur auf fünf Geräten abgespielt werden durfte. Jedes Gerät musste dazu einzeln »autorisiert« werden, meist durch Angabe eines Benutzernamens und eines Passworts. So wollte man verhindern, dass digital gekaufte Songs sofort in Tauschbörsen landeten – doch das Ergebnis war eher, dass Kunden sich zweimal überlegten, ob sie wirklich für verkrüppelte Musikdateien auch noch Geld bezahlen sollten. Das leuchtete sogar Spitzenmanagern der Branche ein. Tim Renner, bis Anfang 2004 Deutschlandchef von Universal Music, begründete damit in einem Interview seinen Rücktritt: »In dem Augenblick, in dem sich meine Verkaufsmechanik am Dieb ausrichtet und nicht am Kunden, mache ich es dem Kunden denkbar unangenehm. Ich behandle ihn wie einen Dieb.« Außerdem sei die Branche so sehr auf den Aufbau des nächsten kurzlebigen »Teenie-Acts« fixiert, dass sie die eigentliche Aufgabe, die langfristige Entwicklung und die Förderung echter Künstler, aus den Augen verloren habe. Hier sah Renner auch den eigentlichen Grund für die Umsatzrückgänge der Musikindustrie. Selbstmord sei das nicht, sagte er in dem Gespräch, »es hat eher was vom langsam zu Tode Trinken«.

Schon zuvor, im Juni 2003, hatte der Branchenverband »Recording Industry Association of America« (RIAA) die nächste Eskalationsstufe im Kampf gegen die eigene Kundschaft eingeleitet. Die RIAA gab bekannt, man werde nun beginnen, Daten für Prozesse gegen Tauschbörsennutzer zu sammeln. Verbandspräsident Cary Sherman erklärte: »Diese Aktivität ist illegal, man ist dabei nicht anonym, und sich darauf einzulassen kann reale Konsequenzen haben.«

Die Electronic Frontier Foundation, deren Gründer John Perry Barlow schon in den frühen Neunzigern eine Reform der Urheberrechts angemahnt hatte, diagnostizierte bei den »Dinosauriern der Branche« vollständigen Realitätsverlust.

Ein Anwalt der EFF erklärte, über 57 Millionen Amerikaner benutzten derzeit Filesharing-Software, »das sind mehr Menschen, als für Präsident Bush gestimmt haben«. Wolle man die wirklich alle vor Gericht zerren? Studien zeigten zudem, dass Tauschbörsennutzer im Schnitt nicht weniger, sondern mehr CDs kauften als andere Konsumenten. Sie waren Fans, die Kundschaft der Branche, keine skrupellosen Ladendiebe. Ein Analyst des Beratungsunternehmens Forrester Research hatte schon im September 2000 festgestellt: »Das Bedürfnis, Musik zu sammeln und flexibel zu organisieren, persönliche Playlisten und CDs zu erstellen und sein Lieblingslied Tausende von Malen abzuspielen, macht einen Großteil der Anziehungskraft von Napster aus.« Die Plattenfirmen müssten »überzeugende Dienste anbieten mit den Inhalten, die die Konsumenten wollen, in den Formaten, die sie wollen, mit den Geschäftsmodellen, die sie wollen«.

Hätten sie es doch beherzigt. Stattdessen gingen die Branchenriesen juristisch gegen eben diese vernachlässigte Kundschaft vor. Prozesse gegen ahnungslose Großmütter, deren Rechner von den Enkeln zum Download missbraucht worden waren, gegen alleinerziehende Mütter und mittellose Studenten, mit astronomischen Schadensersatzsummen für jedes einzelne zum Download angebotene Stück: Die Musikbranche verwandelte sich in der öffentlichen Wahrnehmung innerhalb weniger Jahre in ein feindseliges Monstrum, eine Horde rücksichtsloser, gewinnsüchtiger alter Männer. Ein PR-Gau folgte auf den nächsten. Und ein konstruktives Gegenangebot zu den illegalen Tauschbörsen fehlte noch immer. Damit gab die Musikindustrie den Teilnehmern der Tauschbörsen eine bequeme Ausrede an die Hand: Wer einerseits so viel Müll produziert und andererseits bis heute unnachgiebig gegen Musikfans vorgeht, hat es einfach nicht besser verdient, als dass man ihn bestiehlt.

Der Rechtsanwalt und Urheberrechtsexperte Gerd Hansen attestierte der Musikbranche in einem Beitrag für einen Sammelband der Heinrich-Böll-Stiftung eine indirekte Mitschuld am Verfall der Sitten in Sachen Copyright: »Zwang allein wird den grassierenden Akzeptanzverlust des Urheberrechts jedenfalls nicht abwenden können. Die Wahrscheinlichkeit, dass Recht befolgt und als legitim begriffen wird, steigt eher mit der zu fördernden Einsicht seiner Adressaten, dass dieses Recht notwendig, sachgerecht und fair ist.«

Profit aus der bornierten Haltung der Musikverleger zog schließlich ein Anbieter von außerhalb: Apple. Der Verkauf von iPods (die selbstverständlich nicht zuletzt mit MP3s aus Tauschbörsen gefüllt wurden) hatte dem Unternehmen zu diesem Zeitpunkt bereits substanzielle Umsätze beschert. Im April 2003 eröffnete Apple seinen iTunes Store. Hier bekam man Stücke aller großen Anbieter, und Abrechnung, Download und die Übertragung auf Rechner und MP3-Player waren einfach und komfortabel. ITunes begann innerhalb kürzester Zeit zu boomen. Bis heute ist es einsamer Marktführer in Sachen digitale Musik-Downloads. Die Musikbranche verbindet mit Apple eine Art Hassliebe: Einerseits hat der Konzern von Steve Jobs es übernommen, den desaströsen Strategiemangel der Plattenfirmen auszugleichen und ein digitales Vertriebsmodell zu installieren, das tatsächlich funktioniert. Andererseits diktiert seither Steve Jobs den Branchengiganten die Bedingungen: standardisierte Preise, 99 Cent pro Song, 9,90 Dollar pro Album, keine Sonderangebote, keine Preisaufschläge für Neuerscheinungen. Außerdem verdient Apple natürlich an jedem verkauften Song mit. Hätte die Musikbranche sich rechtzeitig und ohne fremde Hilfe geeinigt, sie könnte ohne Zwischenhändler ungleich höhere Gewinne aus dem Geschäft mit den Dateien einfahren.

Es ist, nüchtern betrachtet, eher unwahrscheinlich, dass viele der Nutzer der Napster-Nachfolger ihr Handeln als ideologische Stellungnahme, als Akt des Protestes gegen ein nicht mehr als fair und sachgerecht betrachtetes Urheberrecht verstehen. Das schlagkräftigste Argument der Tauschbörsen ist und bleibt, dass sie nichts kosten: Wieder stimmen Qualität und Komfort (zumindest für halbwegs versierte Nutzer), und der Preis ist unschlagbar. Einige aber betrachten die Umgehung von Copyright-Bemühungen weiterhin als eine Art Sport, als die praktische Umsetzung der Hacker-Ethik: »Alle Information soll frei sein.« Ein Kopierschutz ist dieser Logik zufolge ein Verstoß gegen ethische Grundsätze. Diese Menschen stellen – unfreiwillig, glaubt man den Beteuerungen mancher Mitglieder dieser Szene – das Rohmaterial zur Verfügung, das Tauschbörsensysteme wie Bittorrent am Leben erhält. Längst handelt es sich dabei nicht mehr nur um Musik.

Die wirklich bösen Jungs

Eine Kombination aus der Cracker-Tradition der achtziger Jahre und den hocheffizienten Verteilungsmechanismen des Internets hat eine globale Infrastruktur geschaffen, die dafür sorgt, dass nahezu jede Art von digitaler Veröffentlichung dem halbwegs Eingeweihten in kürzester Zeit kostenfrei (und das heißt illegal) zur Verfügung steht.

Wie ihre Vorgänger, die Cracker der Achtziger, nennen die Mitglieder der Release Groups, die die illegalen Kopien verbreiten, sich selbst und ihresgleichen schlicht »The Scene«. Manche der Kopierschutzknackerteams aus der Ära des C64 existieren nach wie vor, wenigstens dem Namen nach. »Fairlight« beispielsweise, eine legendäre Truppe, deren Mitglieder ursprünglich aus Schweden kamen, ist noch immer aktiv, mittlerweile allerdings längst als grenzüberschreitend organisierte, um den Globus verstreute Mannschaft von Spezialisten. Die ersten ihrer Cracks waren Spiele für den Commodore 64, später kamen diverse andere Computer und Konsolen hinzu. Heute veröffentlicht Fairlight Cracks für den PC – die Mitglieder des kriminellen Traditionsunternehmens versehen ihre digitalen Flugblätter stolz mit einer aktuellen Altersangabe und einer laufenden Nummer: »In seinem 23. Ruhmesjahr veröffentlichte Fairlight Nummer 980.« Im Sommer 2010 bewegte sich die Truppe diesen Angaben zufolge in großem Tempo auf Crack-Veröffentlichung Nummer 1000 zu. Und das trotz einer 12 Länder umfassenden, konzertierten Polizeiaktion im Jahr 2004 unter der Führung des FBI gegen eine Reihe großer Kopierschutzknackergruppen, zu denen auch Fairlight gehörte. Bis zum Frühjahr 2009 wurden dem US-Justizministerium zufolge 60 Menschen als Folge der »Operation Fastlink« verurteilt. Viele bekamen Geld- und Bewährungsstrafen, einige mussten für ein bis zwei Jahre ins Gefängnis. Auch das jedoch konnte Fairlight nicht zum Verschwinden bringen, geschweige denn die Szene als Ganzes. Heute schmückt Fairlight seine Releases mit den Wahlsprüchen »Legenden mögen schlafen, aber sie sterben nie« und »Qualität, Tradition und Stolz«. Parallel zu den Cracker-Aktivitäten sind andere Fairlight-Mitglieder weiterhin in der Demoszene aktiv, erschaffen digitale Kunstwerke aus Grafik und Musik und gewinnen immer wieder internationale Wettbewerbe.

An den grundlegenden ästhetischen und (a-)moralischen Parametern der Cracker-Truppen hat sich seit den Achtzigern nichts geändert. Und doch hat die Szene im Lauf der Jahre einige Veränderungen durchgemacht. Beispielsweise wurden die noch auf der alten Mailbox-Technologie basierenden »Warez-Boards« in der zweiten Hälfte der Neunziger nach und nach zugunsten neuer Plattformen im Internet dichtgemacht. Außerdem hat sich das Betätigungsfeld der Cracker und Kopierer enorm vergrößert: Nicht nur Spiele und Anwendungs-Software, sondern schlicht alles, was digital verfügbar ist, wird heute als Schwarzkopie in Umlauf gebracht: Musik, Filme, Einzelepisoden aus Fernsehserien, elektronische Bücher und Hörbücher. Weil bei vielen der neuen digitalen Medien anfangs nicht einmal ein Kopierschutz umgangen werden musste, wandelte sich der Name der Gruppen von »Warez« (für »Software«) oder »Cracker«- zu »Release«-Gruppen. Release ist ein im Englischen doppeldeutiger, aus Cracker-Sicht damit umso passenderer Begriff: Er bedeutet sowohl »veröffentlichen« wie auch »in die Freiheit entlassen«. Was vor allem zählt, ist die möglichst frühzeitige Veröffentlichung, zunächst nur für die Mitglieder der Szene selbst. Wer einen Film, ein Spiel, eine LP zuerst verfügbar macht, hat gewonnen. Auf Filme spezialisierte Release-Gruppen etwa wetteifern darum, Hollywood-Produktionen noch vor dem eigentlichen Kinostart als Digitalkopie verfügbar zu machen.

In einem Interview mit der Computerzeitschrift »C't« erklärte ein Szenemitglied mit dem nur für dieses Gespräch gewählten Pseudonym »Predator« im Jahr 2004: »Die Gruppen sehen ihr Handeln als Sport. Jedes Spiel ist für uns ein Rennen, aus dem die Group als Sieger hervorgeht, die zuerst eine funktionsfähige Schwarzkopie vorstellt.« Belohnt würden die Mitglieder nicht durch Geld, sondern durch »die Anerkennung der Szene«.

Diese seltsame Szene ehrenamtlicher Krimineller steht mittlerweile seit vielen Jahren unter polizeilicher Beobachtung und arbeitet deshalb mit geheimdienstartigen Methoden. Die sogenannten Topsites, auf die nur verifizierte Szenemitglieder Zugriff haben, sind streng abgeschottet. Innerhalb der Gruppen gibt es eine klare Hierarchie und genaue Aufgabenverteilung: Ein oder zwei Anführer dirigieren ein oder zwei Dutzend Cracker, dazu gibt es »Kuriere«, deren Aufgabe ausschließlich darin besteht, neue Releases so schnell wie möglich auf den geheimen Servern der Szene zu verteilen. Für jede Kategorie gibt es eigene Ranglisten, die wöchentlich aktualisiert und in eigenen digitalen Szenemagazinen veröffentlicht werden. Die Release-Szene ist organisiert wie eine komplexe, globale Sportliga mit eigenem Regelwerk: Es gibt lange Listen mit konkreten Anweisungen, die für unterschiedliche Arten von Releases zu beachten sind, etwa dass ein Spiel sich von der Festplatte starten lassen muss, ohne dass eine CD im Laufwerk liegt, oder wie groß eine Videodatei maximal zu sein hat.

Jan Krömer und Evrim Sen, Autoren des Buches »No Copy – die Welt der digitalen Raubkopie«, benennen das Paradoxe an dieser organisierten, aber weitgehend nichtkommerziellen Aktivität: »Kriminelle Vereinigungen, die Profit aus ihrem Tun schlagen, erlassen keine strikten Richtlinien, um einen fairen Wettkampf zu gewährleisten. Eine organisierte Verbrecherversammlung, die festlegt, mit welchen Werkzeugen man Türen aufbrechen darf und mit welchen nicht, um am Ende dem Besten unter ihnen die verdiente Anerkennung zukommen zu lassen, wäre undenkbar. In der Release-Szene ist eine solche Vorgehensweise dagegen üblich.«

Noch immer spielen die sogenannten Supplier eine zentrale Rolle: Die erfolgreichsten Release-Gruppen setzen bei der Materialbeschaffung auf Insider, auf Menschen, die in Press- oder Kopierwerken arbeiten, in Synchronstudios oder Unternehmen, die auf Untertitelung von Filmen spezialisiert sind. Einer der Männer, die aufgrund der »Operation Fastlink« des FBI verurteilt wurden, hatte für ein Computerspielmagazin gearbeitet und seine Vorabtestmuster stets bereitwillig an seine Szenekontakte weitergereicht. Die Qualität der Lecks, aus denen eine Gruppe ihren Nachschub bezieht, entscheidet auch über die Qualität ihrer Releases und damit über ihren szeneinternen Status. Nur um den geht es, glaubt man »Predator«: »Ich brauche nur Anerkennung von Personen, die auf meinem Level stehen. Dagegen brauchen Website-Betreiber, die Group-Releases [Veröffentlichungen von Release-Groups] ins Netz stellen, Publicity.« Mit anderen Worten: Zumindest manche innerhalb der Szene betrachten die Verbreitung der Früchte ihrer eigenen Arbeit an Normalsterbliche tatsächlich als parasitär. Ihr Sport besteht im Besorgen, Knacken, anderen Szenemitgliedern verfügbar Machen. Die kostenlose Belustigung all der anderen ist bestenfalls ein Nebeneffekt. Am alten Elitedenken der Cracker-Gruppen von damals hat sich also nichts geändert. »Predator« machen Seiten, die Szene-Releases zum Download für jedermann zur Verfügung stellen, regelrecht aggressiv: »Hätte ich die Bandbreite, würde ich solche Web-Angebote mit Denial-of-Service-Attacken strafen.« Das sind Angriffe, bei denen Server mit gezielten Anfragen von Tausenden, manchmal Zehntausenden ferngesteuerten Rechnern überlastet werden, bis sie schließlich ihren Dienst versagen (Denial of Service, abgekürzt DoS = Dienstverweigerung).

Solche Äußerungen haben wohl nicht zuletzt die Funktion der Selbstrechtfertigung, denn die meisten Releases geraten in aller Regel in kürzester Zeit in öffentlich zugängliche Bereiche. Irgendwo in der sonst so streng abgeschotteten und durchorganisierten Welt der Knacker und Kopierer muss es also sehr verlässliche undichte Stellen geben. Die »C't« zitierte ein weiteres Szenemitglied mit dem Pseudonym »Moonspell« mit den Worten: »Vermutlich denken einige Gruppenmitglieder, sie seien Robin Hood und müssten die Releases im ganzen Internet verbreiten. Denen ist nicht bewusst, dass sie der Szene mit der Publicity schaden.«

Fakt ist: Die Release-Szene bildet heute das Rückgrat der internationalen Tauschbörsen. Ohne ihren ständigen Nachschub an neuen Filmen, Serienfolgen, Songs und Spielen würden Systeme wie Bittorrent langsam, aber sicher austrocknen. Für staatliche Ermittler, die gedungenen Piratenjäger der Unterhaltungsindustrie und das Management der Medienkonzerne selbst bleibt die Situation bizarr: Rechte werden verletzt, die Einnahmen einer Multimilliarden-Dollar-Industrie beschnitten (wenn auch in weit geringerem Ausmaß, als es die Statistiken der Branchenverbände glauben machen sollen), und all das geschieht, ohne dass die ursprünglichen Täter selbst davon einen nennenswerten finanziellen Vorteil hätten. Die Release-Szene ist eine auf den ersten Blick paradoxe, rätselhafte, von keiner Gesellschaftstheorie vorhergesagte Auswirkung der Kombination aus Hacker-Ethik, Technikbegeisterung, Gemeinschaftsgeist und Geltungsdrang – ein prototypisches Kind der Tabula rasa. Ein von vielen Beteiligten mit großem Aufwand und unter großem persönlichem Risiko getragenes Räderwerk, das Konzernen und Polizeibehörden rund um den Globus hämisch grinsend ein Schnippchen nach dem anderen schlägt, immer in dem Bewusstsein, dass man die Technik und ihre ständig wachsenden Möglichkeiten besser beherrscht als die anderen – und in der Regel ohne jeden finanziellen Vorteil.

Das Dilemma und die Hoffnung

Es ist nicht zu bestreiten, dass die rücksichtslose Anwendung des Hacker-Ideals von der freien, diesmal im Sinne von kostenlos verbreiteten Information auf alle Lebensbereiche Probleme verursacht. Handelten alle nach der Maxime der Release-Groups, würde die Musikbranche in ihrer derzeitigen Form nicht mehr lange überleben. Für Software-Entwicklung, Videospiele, Filme und künftig vermutlich auch Bücher gilt das Gleiche: Wenn niemand mehr dafür zu zahlen bereit ist, werden auch die Schöpfer dieser Werke nicht mehr bezahlt. Plattenlabels und Filmstudios, Softwarehäuser und Verlage würden untergehen. Ihre Produkte würde man dann vermissen – unsere Kulturindustrie ist zwar noch nicht sehr alt und ihre Existenz keineswegs gottgegeben, aber wir haben uns nun einmal an den ständigen Strom von Unterhaltung, Ablenkung und manchmal auch Kunst gewöhnt, mit dem sie uns versorgt. Ihr Verschwinden würden die allermeisten Menschen als Verlust erleben, mit Sicherheit auch die Hobbykopierschutzknacker der Release-Szene.

Der Umgang mit diesem Thema ist von Schizophrenie geprägt: Es wird im Zusammenhang mit digitalen Kopien viel auf die Musikindustrie geschimpft, über ihre dinosaurierhafte Unfähigkeit, sich den Gegebenheiten anzupassen, über ihre extrem aggressive Vorgehensweise gegen die eigene Kundschaft. Bei dieser berechtigten Kritik allerdings bleibt es häufig – der Bogen zu der Frage, wie man es denn stattdessen machen könnte, wird selten geschlagen. Daran sind die Generation C64 und ihre schon im Kindesalter erworbenen Kopiergewohnheiten nicht unschuldig. Heute 35-Jährigen ist natürlich im Prinzip klar, dass kostenlose Musik für alle kein nachhaltiges Modell ist. Aus dieser Erkenntnis jedoch Konsequenzen für das eigene Handeln abzuleiten, schaffen sie nicht, genauso wenig wie das Bewusstsein, dass der CO_2-Ausstoß eine Hauptursache für den menschengemachten Klimawandel ist, Menschen flächendeckend vom Autofahren abhalten kann. Menschen sind chronisch schlecht darin, Verhaltensweisen aufzugeben oder zu ändern, nur weil sie sie als nicht nachhaltig oder gar amoralisch erkannt haben. Dass die Menschen in der Regel wissen, dass Tauschbörsennutzung illegal ist, kann hier vorausgesetzt werden: Einer Umfrage im Auftrag des Börsenvereins des Deutschen Buchhandels aus dem Jahr 2010 zufolge ist fast 87 Prozent der deutschen Jugendlichen bewusst, dass »Filesharing unter Umständen verboten ist«. Für »falsch« halten es aber nur gut 55 Prozent. Und mit Ladendiebstahl gleichsetzen würden Tauschbörsennutzung nur knapp 28 Prozent der befragten Jugendlichen.

Das hat mit einem Phänomen zu tun, das Sozialpsychologen kognitive Dissonanzreduktion nennen: Wenn zwischen der eigenen Einstellung oder dem eigenen Wissen und dem eigenen Verhalten ein Widerspruch klafft, neigen Menschen nicht dazu, ihr Verhalten zu ändern, sondern ihre Einstellung. Dissonante Information, also solche, die das eigene Verhalten infrage stellen würde, wird abgewertet, konsonante dagegen aufgewertet. Deshalb kann fast jeder Raucher von einem anderen Raucher berichten – der eigene Opa, ein Onkel, ein Bekannter des Vaters –, der 100 Jahre alt geworden ist.

Es gibt allerdings einen Hoffnungsschimmer: Menschliches Verhalten lässt sich natürlich durchaus ändern, die Alternative muss nur leicht umsetzbar und attraktiv genug sein. Für die Unterhaltungsindustrie bedeutet das: Wenn es einfacher, bequemer, angenehmer ist, sich ihre Produkte gegen eine gewisse Gebühr zu verschaffen als auf illegale Weise, dann besteht die Chance, dass ihre Kunden diesen Weg auch tatsächlich wählen. Und siehe da: Genau das geschieht, und zwar schon seit Jahren. Zahlen des Bundesverbands Musikindustrie zufolge nimmt die absolute Zahl derer, die in Deutschland Songs aus Tauschbörsen herunterladen, seit Jahren kontinuierlich ab, und die Zahl der Kunden, die Musik bei kostenpflichtigen Download-Plattformen erwerben, kontinuierlich zu – auch wenn der Anteil dieses Marktes am Gesamtumsatz nach wie vor relativ klein ist (CDs brachten in Deutschland 2009 immer noch 80 Prozent des Gesamtumsatzes ein, Downloads nur 8 Prozent). Im Jahr 2009 gab es fast doppelt so viele zahlungswillige Downloader (5,6 Millionen) wie Nutzer illegaler Download-Angebote (2,9 Millionen).

Zwar hat der Gesamtumsatz der Musikbranche in Deutschland seit der Geburt von Napster von 2,63 auf 1,53 Milliarden Euro abgenommen – doch begonnen hatte der Umsatzrückgang schon vorher. Für die kommenden Jahre sagt das Beratungsunternehmen PriceWaterhouseCoopers der Branche hierzulande keine sinkenden, sondern stagnierende Umsätze voraus. Einige Konzerne, etwa die Warner Music Group, haben auch nach dem Beginn der Tauschbörsenära wachsende Umsätze verzeichnet. Die Rückgänge bei anderen Unternehmen können demnach kaum dem Internet allein angelastet werden. Vielleicht hat der Ex-Universal-Manager Tim Renner recht und das nachlassende Kaufinteresse hatte mehr mit der Qualität der produzierten Musik zu tun als mit den Aktivitäten der Kopierer.

Heute jedenfalls, zehn Jahre nach Napster, steht fest: Die Branche ist nicht untergegangen, und sie wird es aller Wahrscheinlichkeit nach auch nicht mehr tun. Zu bedenken ist ferner, dass die Branchenverbände äußerst kreativ darin sind, die eigenen »Verluste« durch Privatkopien und Tauschbörsen auszurechnen: Zugrunde liegt stets die Behauptung, jeder kopierte oder illegal heruntergeladene Song wäre ansonsten zum Vollpreis gekauft worden, was natürlich blanker Unsinn ist. Viele Teenager beherbergen auf ihren Festplatten Musiksammlungen, die sie sich mit ihrem Taschengeld niemals hätten leisten können. Die angeblich unterschlagenen Summen in Milliardenhöhe, mit denen die Industrie immer wieder versucht, sich zu tragischen Opfern der Digitalisierung zu stilisieren, sind deshalb mit viel Vorsicht zu genießen. Generell muss man sagen: Die Branche hat mit ihrem aggressiven Vorgehen gegen die eigene Kundschaft hervorragende Werkzeuge zur Reduktion kognitiver Dissonanz bei den Tauschbörsennutzern geliefert – und gleichzeitig zahlende Kunden verprellt. Es lässt sich eben niemand gern wie ein Dieb behandeln.

Menschen sind, das ist die Lektion von iTunes, durchaus auch im Internetzeitalter bereit, für Musik, Filme und andere Unterhaltung zu bezahlen. Allerdings müssen eben, wie immer, der Preis, der Service und die Qualität stimmen. Die Filmbranche ist gerade dabei, den gleichen Fehler zu wiederholen, den die Musikbranche beging: Sie macht ihren Kunden im Netz kein besseres, sondern ein schlechteres Angebot. In den Online-Videotheken, die Internetprovider wie T-Online oder Spielkonsolenhersteller wie Sony und Microsoft ihren Kunden anbieten, sind Filme derzeit nicht etwa preiswerter auszuleihen als in einer Videothek, sie kosten mehr. Was reichlich widersinnig erscheint angesichts der Tatsache, dass dazu weder Ladengeschäfte angemietet, noch physische Datenträger hergestellt und um die Welt verschifft werden müssen. Wer seine eigene Kundschaft nicht ernst nimmt, kann kaum erwarten, von ihr ernst genommen zu werden.

Kapitel 10
Remix

*»Bekümmert seh' ich das Geschlecht von heute
Düster und leer ist seiner Zukunft Schoß
Von Kenntnissen erdrückt, des Zweifels Beute,
wächst es heran und altert tatenlos.«*
Aus einem Gedicht des russischen Schriftstellers
Michail Lermontow (1814–1841)

Als Zinedine Zidane den italienischen Nationalspieler Marco
Materazzi im Juli 2006 mit einem Kopfstoß zu Fall brachte,
war ich in den USA im Urlaub. Das kleine Finale der deutschen Nationalmannschaft gegen die portugiesische hatte ich
in einem mexikanischen Restaurant irgendwo im waldigen
Norden von Georgia gesehen, moralisch unterstützt vom mexikanischen Kellner, der nach jedem der drei deutschen Tore mit
erhobenen Daumen und breitem Grinsen an unseren Tisch
kam und anbot, mehr Bier zu bringen. Das Finale Frankreich
gegen Italien aber hatte ich verpasst. Als ich vom Kopfstoß
und Platzverweis des Nationalhelden Zidane hörte, wollte ich
das unbedingt mit eigenen Augen sehen, und zwar so schnell
wie möglich. Ich ging in der Universitätsstadt Athens in die
öffentliche Bibliothek und fand dort, wie erwartet, Rechner
mit Internetzugang. Ich suchte bei YouTube nach den Stich-
wörtern »Zidane«, »Materazzi« und »World Cup Final« und fand
innerhalb von zehn Sekunden einen kurzen Clip, der die entscheidende Szene zeigte.

Meine Eltern wären in der gleichen Situation mit Sicherheit
anders vorgegangen. Sie hätten sich ein Hotelzimmer gesucht
und darauf gewartet, dass die betreffende Szene in irgendeiner

Fernsehnachrichtensendung wiederholt wird. Was in den USA durchaus hätte dauern können, denn selbst eine Kampfsporteinlage im Finale einer Fußballweltmeisterschaft ist dort nicht viel mehr als ein Kuriosum. Mir dagegen war klar, dass das Internet mir die gewünschte Information innerhalb von Sekunden liefern würde, ohne lästiges Beiwerk. Und ich fand nicht nur sie.

Neben dem wenige Sekunden währenden Clip, in dem zu sehen ist, wie Zidane sein kahles Haupt senkt und Materrazi die Schädeldecke vors Brustbein rammt, woraufhin der zu Boden geht, gab es zahlreiche andere. In einem davon war Zidane gar nicht zu sehen. Materazzi spazierte darin über ein Fußballfeld, auf dem merkwürdigerweise eine altmodische Straßenlaterne stand. Er kollidierte mit dem Mast und fiel nach hinten um wie in einem Slapstickfilm. In einer anderen Fassung war Zidane zwar zu sehen, er ging aber nicht zu Fuß. Stattdessen flog er wie eine Rakete waagerecht durch die Luft, um dann mit seinem Kopf die Brust des italienischen Innenverteidigers zu rammen. In einer dritten Version überschlug sich Materazzi nach dem Kopfstoß dreimal rückwärts, bevor er endlich auf dem Boden aufprallte. Es gab mindestens ein Dutzend Varianten, und das kaum 24 Stunden nach dem Vorfall. In den folgenden Tagen kamen weitere hinzu. In manchen kollidiert Materazzi mit Tänzern, die jemand aus Musikvideos herüberkopiert hatte, in anderen wurden die beiden Kontrahenten in Figuren aus dem Videospiel »Mortal Kombat« verwandelt, in einer wirft Nintendos Klempner »Super Mario« Materazzi einen Schildkrötenpanzer an den Kopf, in einer weiteren zielt eine Katze mit einem Scharfschützengewehr auf Materazzis Kopf, verfehlt ihn aber, weil Zidane ihn vorher umwirft.

Das Internet hatte einmal mehr geliefert, was ich von ihm erwartete: Information, schnell, präzise, ohne Moderatoren, die erst einmal fünf Minuten drumherum reden. Und: Es hatte mir die passende Comedy gleich mitgeliefert. Die frühen Varianten des Videos waren Übertreibungen der einen oder anderen nationalen Sichtweise – Materazzi selbst schuld, Zidane eine gefährliche Waffe. Dann kam eine Prise Nerd-Kultur hinzu – Zitate aus Videospielen, Katzenwitze –, und das Ganze wurde erst richtig skurril. Als letzte Stufe der Aneignung wurden Kompilationen der besten Variationen erstellt, zum Teil versehen mit Zwischentiteln, die das Ganze noch witziger machen sollten. Gebastelt hatten all die Variationen mutmaßlich Teenager und Studenten (Ältere wären nie auf die Idee gekommen, Zidane und »Mortal Kombat« zu verknüpfen).

Zumindest aus der Perspektive klassischer Medienhäuser ist das alles allerdings gar nicht lustig. All die fleißigen Helfer, die Fernsehaufzeichnungen des Spiels auf die kritischen Sekunden zurechtgeschnitten und dann bei YouTube hochgeladen hatten, machten sich schuldig. Sie verletzten samt und sonders Urheberrechte. Für die Kreativen, die den Kopfstoß auch noch mithilfe von Videobearbeitungsprogrammen und viel Fleiß in Miniatursketche verwandelten, gilt das Gleiche: Sie besaßen nicht die Genehmigung des Weltfußballverbandes Fifa, diese Bilder zu verwenden und öffentlich zugänglich zu machen, also verstießen sie gegen Lizenz-, Urheber- und wer weiß wie viele andere Rechte. Trotzdem stehen die Clips, inzwischen sind es mehrere Dutzend, bis heute online, im großen Weltvideogedächtnis, zu dem YouTube innerhalb weniger Jahre geworden ist. Die Fifa hatte womöglich ein Einsehen, oder es war einfach den Aufwand nicht wert, wegen einiger unerlaubter Kopien die Anwälte in Marsch zu setzen. Die Kopfstoß-Remixer haben Glück gehabt – viele andere Neubearbeitungen vorhandenen Materials sind längst mit juristischen Mitteln zum Verschwinden gebracht worden. Das alte Urheberrecht scheint in die neue Welt der digitalen Daten nicht so recht zu passen, durchgesetzt aber wird es vielerorts noch immer mit größter Anstrengung. Aus vergleichbaren Anlässen wie den Zidane-Mashups sind schon viele tausend Anwaltsschreiben verschickt worden. Es besteht die Gefahr, schreibt der Harvard-Professor Lawrence Lessig in seinem Buch »Remix«, dass »Ausdrucksformen und Freiheit durch den Extremismus unter die Räder kommen, mit dem ein Urheberrechtssystem verteidigt werden soll, das für ein radikal anderes technologisches Zeitalter geschaffen wurde.« Lessig ist überzeugt: »Künstler und Autoren brauchen Anreize für ihr Schaffen. Wir können ein System aufbauen, das genau das sicherstellt, ohne unsere Kinder zu kriminalisieren.« Der renommierte Jurist ist einer von vielen, die überzeugt sind, dass eine fundamentale Revision des Urheberrechts notwendig ist – an deren Ende mit Sicherheit nicht seine Abschaffung stehen wird.

Nicht lustig finden die Videos auch viele der mittlerweile in die Tausende gehenden Kommentatoren, die unter einem der zahlreichen Clips ihre Botschaften hinterlassen haben. Da beschimpfen sich italienische und französische Fußballfans wortreich, Materazzi wird als Hurensohn bezeichnet, Zidane als Idiot, die französische Nation mit Fäkalausdrücken bedacht, die italienische als Ansammlung von Waschlappen und Muttersöhnchen diffamiert. Zwischen den Kommentaren auf Italienisch und Französisch finden sich auch deutsche (»Zidane, ich liebe dich für diese Aktion«) und englische, die offensichtlich von Amerikanern stammen (»Soccer sucks«). Einige wenige loben die Arbeit der Schöpfer der Videos (»Der Junge, der das gebastelt hat, muss einen Job kriegen!«), aber die sind eindeutig in der Minderheit.

Auch jetzt werden diese Clips noch immer aufgesucht, angesehen, kommentiert. Sie sind zu Monumenten eines historischen Ereignisses geworden. Natürlich sind die zeitlichen Abstände zwischen den Kommentaren inzwischen größer geworden, doch sie reißen nicht ab. Es ist, als zündeten vorbeikommende Touristen ein Kerzchen für die Fußballhelden der Vergangenheit an, garniert mit einem kleinen Fluch für den Gegner von damals.

All das, was seit dem schicksalhaften Kopfstoß bei YouTube geschehen ist, fällt unter den großen, schwammigen, schon wieder aus der Mode gekommenen Begriff »Web 2.0«. Erfunden hat ihn ein Mitarbeiter des amerikanischen Verlegers Tim O'Reilly, als man auf der Suche nach einem griffigen Schlagwort für eine Konferenz über neue Internet-Technologien war. Als ich O'Reilly im Herbst 2006, ein paar Monate nach Zidanes Kopfstoß, zum ersten Mal interviewte und ihn fragte, ob er vom Begriff »Web 2.0« langsam die Nase voll habe, antwortete er spontan und schwungvoll mit »ja«. Er habe genug davon, ständig und immer wieder erklären zu müssen, was damit gemeint gewesen sei: »Viele Leute versuchen, den Begriff zu verfälschen und ihn in eine Neuauflage der Dotcom-Blase zu verwandeln«, sagte O'Reilly, dabei gehe es um etwas anderes, Wichtigeres, nämlich darum, »kollektive Intelligenz nutzbar zu machen«.

Was die kollektive Intelligenz so hervorbringt auf der leeren Leinwand Internet, der globalen Tabula rasa, ist teilweise höchst beeindruckend, teilweise völlig belanglos. In jedem Fall ist eine nie da gewesene Entwicklung im Gange: Das Prinzip des Remixes, erfunden vermutlich von den Dadaisten, berühmt gemacht als »Cut-up« von William S. Burroughs in den späten Fünfzigern, hat sich zur dominanten globalen Populärkunstform des 21. Jahrhunderts entwickelt.

William S. Burroughs wäre begeistert, viele Inhaber von Urheberrechten dagegen sind nach wie vor entsetzt. »Jede erzählende Passage«, schrieb Burroughs einmal, »oder jede Passage, sagen wir, poetischer Bilder, kann beliebig oft variiert werden, und alle Variationen können in sich interessant und gültig sein.« In der Praxis nahm Burroughs eine Schere, zerschnitt Seiten mit Text und setzte sie neu zusammen. Burroughs erfand, gemeinsam mit seinem Freund Brion Gysin, den literarischen Remix. Abmahnanwälte gab es im Paris der späten Fünfziger noch nicht.

Von »Mashup« reden die Remixer von heute, wenn etwa DJ Danger Mouse das »Black Album« des Hiphoppers Jay-Z mit dem »White Album« der Beatles zu einem »Grey Album« vermischt (und damit einen Download-Hit erschafft). Mashups sind Urheberrechte mit Füßen tretende, anarchische, dekonstruktivistische Kunstwerke – und manchmal besser als das Original. Nirvana trifft Michael Jackson, Madonna meets Metallica.

Danger Mouse ist schon lang kein von Klagen bedrohter Outlaw mehr, sondern ein sehr gefragter Produzent. Er produziert die Gorillaz und schaffte als Teil des Duos Gnarls Barkley den ersten Nummer-eins-Hit in Großbritannien, der nur per Download zustande kam: Als »Crazy« auf Platz eins der britischen Charts landete, war die physische Single noch gar nicht in die Läden gekommen. Weil kurz zuvor die Regeln für die britische Hitliste geändert worden waren und nun auch Downloads mitgezählt wurden, konnte der Song als Datei zum Nummer-eins-Hit werden. Das Produkt eines aus Sicht der Musikbranche einst habituellen Diebes, dessen eigentümliche Rhythmik selbst an die Mashup-Ästhetik erinnert, bewies nun, dass auch über das Internet noch mit einem guten Song Geld verdient werden konnte.

Längst hat sich der Begriff Mashup vom Rohmaterial Musik gelöst. Blogger remixen Nachrichten, Hobbyfotografen Fotos – zum Beispiel bei Flickr –, Hobbyprogrammierer ganze Web-Seiten. All die Varianten des Zidane-Kopfstoßes bei YouTube sind nichts anderes als Mashups. Der Mashup ist die perfekte Kunst- und Kulturform für die Nostalgiker der Gegenwart, weil er sich zwangsläufig aus bereits vorhandenen Quellen bedient. Mashup-Künstler balancieren stets auf dem schmalen Grat zwischen Hommage, Satire und einer vollständigen Aneignung, die durch die Verschmelzung etwas tatsächlich eigenständig Neues hervorbringt.

Nicht jedem gefällt das. Es gibt sogar Menschen, die finden, diese gerade unter Jugendlichen so populäre Ausdrucksform sei Kunst zweiter Klasse. Zum Beispiel der Musiker und einstige Pionier des gescheiterten Forschungsfeldes »Virtual Reality«, der US-Amerikaner Jaron Lanier. In seinem Buch »You Are Not a Gadget« lamentiert er, die Popkultur habe ein »Stadium nostalgischer Malaise erreicht«. Lanier: »Die Online-Kultur wird von trivialen Mashups der Kultur dominiert, die vor dem Beginn der Mashups existierte, und von Fantum gegenüber den verfallenden Außenposten der zentralisierten Massenmedien. Es ist eine Kultur der Reaktion ohne Aktion.«

Lanier ignoriert bewusst die Tatsache, dass das Prinzip Mashup deutlich älter ist als das Internet. Und er spricht jeder Form von collagierendem oder rekombinierendem künstlerischen Ausdruck, von Kurt Schwitters bis zu Richard Hamilton, von John Cage bis DJ Shadow, jede künstlerische Bedeutung ab. Der Mashup ist die logische künstlerische Konsequenz postmodernen Denkens. Ihn als »Kultur der Reaktion« zu beschimpfen, verrät eine rückwärtsgewandte Vorstellung von Kunst und Kreativität.

Noch weiter geht der US-amerikanische Autor Andrew Keen in seinem Buch »Die Stunde der Stümper«, einer zum Teil geifernden Abrechnung mit dem Web 2.0, mit Wikipedia, Blogs, YouTube und allem anderen, was da in den letzten Jahren entstanden ist. Keen ist selbst ein Opfer des Dotcom-Booms: Sein Unternehmen Audiocafe.com ging im Jahr 2000 pleite. Heute findet er Mashups noch schlimmer als Tauschbörsen: »Die alten Filesharing-Technologien wie Napster oder Kazaa, denen während des ersten Web-Booms so viel Aufmerksamkeit geschenkt wurde, sind harmlos im Vergleich zu dem ›Remixing‹ von Inhalten und dem ›Mashing-up‹ von Software und Musik, die heute im Web 2.0 möglich sind.« Keen ist der Meinung, unsere Kultur sei in Lebensgefahr: »Der Wert, den die Werke großer Autoren einst besaßen, ist akut bedroht durch den Traum von einer vernetzten Gemeinschaft von Autoren, die ihr Werk permanent kommentieren und korrigieren und in einer unendlichen Schleife von Selbstbezügen miteinander kommunizieren.« Im Web von heute, so Keen, »in dem alle Stimmen gleich viel gelten, zählt das Wort des Weisen genauso viel wie das Gestammel des Idioten«. Beide, Keen und Lanier, warnen immer wieder vor dem »Mob«, dem das Netz zu noch mehr Macht verhelfen werde.

Man muss den beiden Autoren vermutlich zugute halten, dass ihre Ansichten eine direkte Reaktion auf allzu engen Kontakt mit einigen der Prediger des weltverbessernden Netzes sind. Beide haben beispielsweise den »Wired«-Gründungsschef Kevin Kelly und seine Kumpel aus alten Hippietagen als Gegner identifiziert. Beide waren einst selbst Teil dieses Clubs, gehörten selbst der Tech-Elite des amerikanischen Westens an. Nun warnen sie vor dieser Gruppierung, die Keen heute eine »Sekte« nennt und der Lanier quasi-religiöse Motivationen unterstellt: die alte Allianz aus Hippies, Hackern und Unternehmern, die Vertreter der »kalifornischen Ideologie«, die das Silicon Valley noch immer im Griff haben. Ließe man diesen Menschen freie Hand, so ihre Warnung, würde das Internet unsere Individualität, unsere Kultur, das Wahre, Gute und Schöne nach und nach vernichten. Vielleicht würden Lanier und Keen die Entwicklung als weniger bedrohlich erleben, wenn sie einmal mit den Nutzern der im Netz verfügbaren Dienste sprechen würden, nicht nur mit ihren Vermarktern und Missionaren.

Tatsächlich ist die Mashup-Kultur die vermutlich breiteste Aneignungsbewegung in der Geschichte. Privates und professionell Erstelltes wird eins. Alles ist Rohmaterial. Die erste Stufe der weltvernetzten Gesellschaft, in der jeder zum »Content Provider« werden konnte, war die Ära der privaten Webseiten. Dann kamen die Blogs. Als Napster und seine Nachfolger schließlich den Boden für Breitbandverbindungen überall in der westlichen Welt bereitet hatten, wurden die im Zuge der Digitalisierung entstandenen elektronisch gespeicherten Bilder, Klänge und Videos selbstverständlicher Bestandteil des globalen Unterhaltungs-Informations-Mischmaschs.

Es ist, als ob die Schere-und-Papierkleber-Freiheit unserer Schülerzeitungsproduktion aus den Achtzigern sich nun auf alles erstreckt, was da draußen an medialen Inhalten herumschwirrt. Ein globales Kunstprojekt – und ein Albtraum für all jene, die mit den Urheberrechten an diesen Inhalten Geld verdienen wollen. Oder? Man kann es auch anders sehen: Jeder Kontakt mit einem Schnipsel im Rahmen eines Mashups führt dem Original womöglich neue Leser, Zuschauer, Hörer zu. Mit Sicherheit hat Danger Mouse mit seinem »Grey Album« dafür gesorgt, dass sich so mancher Hiphop-verrückte Teenager zum ersten Mal das »White Album« besorgt und angehört hat. Dass die Beatles verschwinden, weil sich jemand ihr Werk für einen Remix angeeignet hat, steht nicht zu befürchten.

Der nächste Schritt ist bereits getan: Nicht nur Multimediales lässt sich neu abmischen, sondern auch die pure Information selbst. Webseiten-Mashups verknüpfen Daten verschiedener Informationsquellen, allen voran Google Maps: Es gibt Seiten, die Wikipedia-Einträge mit den passenden Orten auf einer interaktiven Karte zusammenbringen oder Reisereportageseiten, die Texte und Fotos über den Globus verteilen und dabei die Leserschaft tippgebend an der weiteren Planung teilhaben lassen. Auf einem Stadtplan von New York kann man alle verfügbaren Verkehrskameras anklicken und sich Live-Bilder ansehen (und dabei dem New Yorker Polizeifunk lauschen, wenn man das möchte).

Die Großen des Netzes haben längst verstanden, dass die Netz-Remixer ihnen am Ende nur nutzen können. Google, Amazon, eBay, Yahoo, Facebook und Twitter – alle stellen ihre »Application Programming Interfaces« (APIs) Entwicklern zur Verfügung. Wer sich als Entwickler registriert, darf mit Google Maps herumspielen oder eine Anwendung entwickeln, über die man von seinem Handy aus auf Twitter zugreifen kann. Wer nicht programmieren kann, für den gibt es für einfache Mashups sogar Online-Editoren. Natürlich kommt dabei oft auch eine Menge Unsinn heraus, aber um es mit Burroughs zu sagen: »Es gibt keine Notwendigkeit, alles zu verwenden.«

Auch der Transport von Information, die Art, wie sich das Alte, aber Interessante, das Neue und die Remixe, Kommentare und Meta-Kommentare im Netz verbreiten, hat sich innerhalb der letzten Jahre einmal mehr radikal verändert. Zum einst neuen und so beglückenden Kommunikationswerkzeug E-Mail ist eine Vielzahl weiterer Kanäle hinzugekommen. Gemeinsam machen sie den rasanten Fluss von Informationen rund um die vernetzte Welt noch schneller, doch auch komplizierter. Eine ganze Reihe Begriffe sind für dieses Phänomen entstanden – der momentan gebräuchlichste ist »Social Media«. Im Kern geht es weiterhin um das Gleiche: Das Internet ist und bleibt ein Kommunikationsmedium. Kommuniziert wird multimedial, global, grenzenlos. Es gibt Massenkommunikation, individuelle Kommunikation und Gruppenkommunikation. Und alles, was dazwischen liegt. Leser und Zuschauer kommunizieren mehr als je zuvor mit den Medien, die sie konsumieren (auch wenn die nicht immer zuhören), und kommunizieren über sie, schreiben Lesermails und Foreneinträge, beteiligen sich an Online-Abstimmungen und kommentieren Artikel in Social Networks wie Facebook oder Twitter.

Bei bestimmten Gelegenheiten, vor allem bei Ereignissen von globaler Bedeutung, findet zudem eine neue Art internationaler Kommunikation statt, die keine professionellen Vermittler benötigt. Als Michael Jackson im Juni 2009 überraschend starb, brachten die Folgen das Internet fast an seine Belastungsgrenze: Informationsbedürftige Online-Leser in aller Welt, Twitter-Nachrichten, Facebook-Kommentare sorgten dafür, dass allzu viele Bits die Datenleitungen verstopften und Nachrichtenseiten wie die von CNN oder der »Los Angeles Times« mehr als doppelt so lang brauchten, bis sie geladen werden konnten. Pro Minute gab es in Spitzenzeiten 5000 Twitter-Nachrichten zum Thema Michael Jackson, die Nutzungsintensität des

Kurznachrichtendienstes verdoppelte sich unmittelbar nach Bekanntwerden der Nachricht von Jacksons Tod. Kommunikationsplattformen wie das Blogging-Portal Livejournal oder der Instant-Messaging-Dienst von AOL arbeiteten plötzlich nur noch mit Verzögerung. AOL ließ tags darauf mitteilen, man habe ein »wegweisendes Ereignis in der Geschichte des Internets« verzeichnet und, »weder was das Ausmaß, noch was die Tiefe angeht, jemals etwas Vergleichbares erlebt«.

Die Nachricht wurde in zuvor nicht bekannter Weise zum Gegenstand privater und halb privater Kommunikation im Netz. Twitter hat dafür einen ganz neuen Standard geschaffen: Über bestimmte Kürzel, Hashtags genannt, lassen sich Botschaften zu einem bestimmten Thema bündeln. Alle Nachrichten, die mit diesem Kürzel verknüpft sind, kann man sich dann auf einmal anzeigen lassen, egal woher sie kommen. So entstehen weltumspannende, themenzentrierte Gesprächskreise. Nach der umstrittenen Wiederwahl von Mahmud Ahmadinedschad wurde der Hashtag Iranelection zum globalen Sammelpunkt für die Protestbewegung im Iran und für ihre Unterstützer in aller Welt. Nach Jacksons Tod war der Hashtag MJ tagelang der meistgenutzte auf der Plattform. Es war, als riefen Zehn-, vielleicht Hunderttausende von Menschen Tag und Nacht in eine gewaltige, unüberschaubare Echokammer hinein. Um dort von manchen gehört zu werden, von den meisten ignoriert, jedenfalls aber in dem Bewusstsein, einen Beitrag zu einer weltumspannenden Konversation über das Thema zu leisten. Teil von etwas Größerem zu sein.

»Die Nachricht wird mich finden«

Es gibt einen Satz aus dem Mund eines unbekannten Jugendlichen, der seit seiner Erstveröffentlichung in der »New York Times« im März 2008 mehrere Male um die Welt geeilt ist. Der Satz soll in einer Marktforschungsfokusgruppe gefallen sein und treibt Medienunternehmern und Verlegern bis heute den Angstschweiß auf die Stirn. Er lautet, ins Deutsche übersetzt: »Wenn die Nachricht wichtig ist, wird sie mich finden.«

»The news will find me« – das ist das Schreckensszenario für alle, die vom Filtern, Einordnen und Präsentieren von Nachrichten leben, vor allem also für Medienhäuser und Verlage. Gleichzeitig ist der Satz das Versprechen des Social Web. Das Internet ist längst kein passiver, stetig wachsender Informationsspeicher mehr – es ist ein lebendiger Organismus, in dem sich ununterbrochen Veränderungen und globale Gespräche abspielen. Tatsächlich verbreiten sich unter einem Teil der Internetnutzer Nachrichten und Neuigkeiten heute anders als noch vor wenigen Jahren. Über Status-Updates bei Facebook zum Beispiel. Längst schon schreiben die Nutzer der Community nicht nur Dinge wie »trinke gerade Kaffee« ins entsprechende Feld. Sie kommentieren auch aktuelle Ereignisse, oft kombiniert mit einem Link zu einer Nachrichtenquelle. Sie weisen ihre Facebook-Freunde auf interessante Artikel, lustige Videos, faszinierende Fotostrecken im Netz hin. Sie machen ihrem Ärger über eine Politikeräußerung Luft. Sie reißen Witze über das Ergebnis einer eben zu Ende gegangenen Bundesligapartie. Sie tippen »Rest in peace, Michael« ins Twitter-Eingabefenster. Kurz: Sie reden über Nachrichten und Neuigkeiten.

Bei Plattformen wie Facebook und eben auch Twitter finden 24 Stunden am Tag übers Netz vermittelte Konversationen statt. Manchmal eher asynchron (das trifft vor allem auf Facebook zu), manchmal auch nahezu in Echtzeit – als ob die Teilnehmer des Gespräches gerade gemeinsam am Tisch säßen oder im Aufzug stünden. Genauso fühlen sich Twitter-Konversationen auch oft an: Es sind »Haste schon gehört?«-Gespräche, vielleicht mit ein, zwei schnell eingestreuten Witzen. Schon macht es »Bing!«, die Aufzugtür öffnet sich und das Gespräch ist vorbei. Für Menschen, die in einer Community oder bei Twitter ein großes Netzwerk haben, kommt dabei an einem einzigen Tag ziemlich viel »Haste schon gehört?« heraus. Je breiter und differenzierter das Netzwerk des Einzelnen ist, desto relevanter sind die Informationen, die da vermittelt werden, und desto schneller erreichen ihn interessante Geschichten wie etwa die, dass im Hudson River gerade ein Flugzeug notgelandet ist, eine Nachricht, die samt Foto vom Twitter-Account eines New Yorkers aus um die Welt ging, bevor sie die klassischen Medien melden konnten.

Durch Kaskaden des Weitererzählens können einzelne Links oder Informationen rasend schnell durch ein Netzwerk wandern. Die Geschwindigkeit ist umso höher, je mehr Menschen sie für interessant halten und deshalb weiterreichen – »retweeten«, wie das bei Twitter heißt. Für Menschen, deren Netzwerke gut sortiert sind, gilt daher tatsächlich: »The news will find me.«

Solche globalen Gesprächsrunden waren bei jedem größeren Nachrichtenereignis der letzten Jahre zu beobachten. Kurze Zeit nach den Attacken auf zwei Hotels und mehrere andere Ziele in Mumbai im November 2008 verbreitete sich die Nachricht über Twitter. Die technikaffine junge Elite im Zentrum der indischen Finanzmetropole nutzte ihre Handys, um erste Kurznachrichten über die Ereignisse vor Ort abzusetzen. Blog-Einträge, ein Flickr-Fotoset und ein Google-Maps-Mashup mit Markierungen und Informationen über die Anschlagsorte folgten bald. Das soziale Netz hängte die alten Medien ab, was die Verbreitung und Verarbeitung von Nachrichten anging – wenn auch nur kurzfristig.

»In den letzten 35 Minuten haben sechs laute Explosionen das Trident-Hotel erschüttert«, schrieben zu Beginn der Anschlagsserie gleich mehrere Twitterer. Die Nachricht kam damit gewissermaßen in Echtzeit auf der anderen Seite des Globus an, lange bevor Nachrichtenagenturen die Detonationen meldeten, Stunden vor ersten TV-Berichten zum Thema. Die internationalen Mainstream-Medien haben jedoch gelernt:

Sie bedienen sich der neuen Nachrichtenströme, um möglichst schnell an Stimmen vom Ort des Geschehens, möglichst an Augenzeugenberichte zu kommen.

Der indische Blogger Vinukumar Ranganathan etwa wurde von CNN interviewt, weil er einer der Ersten war, die Bilder lieferten. Er wohnte nur zwei Minuten von einem der Anschlagsorte in Mumbai entfernt, nahm seine Kamera, ging hinaus auf die Straße und fotografierte herumliegenden Schutt, umgestürzte Motorroller und Blutflecken auf dem Asphalt. »Sie haben zwar die Anschläge nicht gesehen«, fragte der CNN-Interviewer, »aber wie haben Sie sich gefühlt?«

Blogger Amit Varma hatte einen Eintrag über seine persönlichen Erlebnisse in der Terrornacht verfasst, er berichtete, dass er in einem Hotel untergekommen sei, weil der Heimweg zu unsicher schien. Mit dem tatsächlichen Grauen der Anschläge kam er nicht in Berührung. Später schrieb Varma in sein Blog: »Ich war vor ungefähr drei Stunden in ›Larry King Live‹ auf CNN. Die hatten mich angerufen und mich gebeten, als Augenzeuge in der Show aufzutreten. Ich habe protestiert, weil ich doch gar nichts gesehen hatte, ich war nur in der Nähe.«

Eine Reihe von betroffenen oder zumindest in der Nähe lebenden Netznutzern bemühte sich, Informationen weiterzureichen. Um sie herum jedoch stand (virtuell) eine ungleich größere, laut schwatzende Gaffergruppe. Und einige der Gaffer waren Profis, denen die neuen medialen Möglichkeiten vor allem dazu dienten, in Windeseile an möglichst emotionalisierende Interviewpartner zu kommen.

Echte von Amateuren vermittelte Nachrichten über die Ereignisse vor Ort blieben Mangelware. Bei YouTube beispielsweise fanden sich zwar aktuelle Videos, die mit »Mumbai« und »Terror« verschlagwortet waren, doch fast alle waren Mitschnitte von TV-Nachrichtensendungen.

Wenn die Maschinen der großen Nachrichtenorganisationen einmal angelaufen sind, sind sie immer noch das Maß der Dinge. Aber das mediale Ökosystem des Planeten hat sich trotzdem unwiderruflich verändert, das Wechselspiel von privaten, halb öffentlichen und medialen Veröffentlichungen ist kompliziert geworden.

Als die grüne Protestbewegung im Iran sich formierte, um den Wahlsieg von Mahmud Ahmadinedschad öffentlich und lautstark anzuzweifeln, erfuhr die Welt vor allem über Twitter und YouTube von den Ereignissen, weil die Korrespondenten der internationalen Medien kurzerhand ausgewiesen worden waren. Wenige Tage nach Beginn der Proteste sprach ein hochrangiger Militärsprecher eine offene Drohung gegen Blogger und Website-Betreiber im Land aus: Inhalte, die »Spannungen erzeugen« könnten, müssten sofort entfernt werden, andernfalls drohten juristische Konsequenzen. Irans Regime hatte Angst vor dem Netz und beauftragte schließlich sogar Agenten, über Twitter Propaganda und Panik zu verbreiten. Alle großen deutschen Nachrichtensendungen bedienten sich früher oder später bei YouTube, weil an anderes Bildmaterial einfach nicht heranzukommen war. Die Sender unternahmen größte Anstrengungen, um die Echtheit des Materials einzuschätzen, um echte Dokumente der Ereignisse von Propaganda zu unterscheiden. Traditionelle Medien stellt die neue Vielfalt der Kanäle vor große Herausforderungen, es macht sie aber auch unverzichtbar: Das Bedürfnis nach vertrauenswürdiger Einordnung ist im Zeitalter der schwer überprüfbaren Nachricht so groß wie nie zuvor.

Wir alle haben uns innerhalb einer verblüffend kurzen Zeitspanne daran gewöhnt, dass dieser globale, multimediale, unglaublich komplexe Kommunikationsraum existiert. Einen Teil davon haben wir in unseren Alltag integriert, in allerdings höchst unterschiedlicher Intensität. So mancher fühlt sich schon jetzt überfordert.

Kapitel 11
Wir Überforderten

Im April 2005 ging die Meldung um die Welt, elektronische Kommunikation mache nachweislich dumm. CNN titelte: »E-Mails ›schaden dem IQ mehr als Haschisch‹«. Die »Sunday Times«: »Warum SMS Ihrem IQ schaden.« 80 klinische Tests« hätten gezeigt, dass ständige Unterbrechungen durch E-Mails oder SMS den Intelligenzquotienten um im Schnitt 10 Punkte senkten. Die Berichte basierten auf einer Pressemitteilung des Unternehmens Hewlett-Packard (HP), dem Finanzier der »Studie«. Im Januar 2010 gestand der angebliche Entdecker des Effekts, der Psychologe Glenn Wilson, die Studie sei »vielerorts falsch dargestellt« worden. Nur acht Versuchspersonen hätten Testaufgaben bearbeitet. Wurden sie dabei durch ständiges Telefonklingeln und aufblinkende E-Mails abgelenkt, sank, wenig überraschend, ihre Leistung. Vergleiche mit Marihuanagebrauch oder Schlafentzug seien »zweifelhaft«, da der beobachtete Effekt »fast sicher auf vorübergehender Ablenkung basiert«. HP hatte die irreführende Pressemitteilung zu diesem Zeitpunkt längst diskret entfernt. Die zitierten Medienberichte sind unverändert online.

Wer heute aus dem Urlaub kommt, hat mehr Möglichkeiten, seinen Bekanntenkreis über die Ferienerlebnisse zu unterrichten als durch einen Diaabend. Er kann dem Freund im Büro am anderen Ende der Stadt, des Landes, des Kontinents, der Welt morgens blitzschnell seine Ferienfotos zeigen: über Flickr, über Facebook oder MySpace, über Picasa oder Evernote, als E-Mail-Anhang. Parallel könnte er eine Instant-Messenger-Konversation über die Schönheiten von Mallorcas Norden führen. Dabei auf ein YouTube-Video verweisen, das eine besonders halsbrecherische Fahrradabfahrt aus den Bergen nach Sóller zeigt. Über das kleine Fensterchen rechts unten im Browser-Eck seinen 123 Twitter-Followern eben mitteilen, dass er wohlbehalten wieder da ist. Die RSS-Feeds auf interessante neue Nachrichten oder Blog-Einträge checken. Kurz googeln, wie dieses kleine Restaurant in Palma nochmal hieß, das er dem Kollegen für seinen nächsten Urlaub auf der Insel empfehlen wollte. Ihm danach den Link zur Website dieses Restaurants übermitteln – per E-Mail, ICQ, AIM, Twitter, Facebook. Und bei del.icio.us oder Mister Wong ein Lesezeichen dafür ablegen, für später einmal. Und so weiter.

Ein voll aufgerüsteter Webbrowser ist in Verbindung mit ein paar Zusatzwerkzeugen heute eine mächtige Kommunikations- und Informationszentrale, wahnsinnig praktisch – und gleichzeitig ein Aufmerksamkeits- und Produktivitätsfresser, der Henry Ford und Frederick W. Taylor die Zornesröte ins Gesicht getrieben hätte.

Allerdings entspricht der oben beschriebene Netzalltag in Deutschland keineswegs dem Mainstream. Die meisten Menschen nutzen das Netz wesentlich selektiver und zudem weniger intensiv. Der Online-Studie von ARD und ZDF aus dem Jahr 2010 zufolge sind nur 39 Prozent der deutschen Internetnutzer auch Mitglied eines privaten Social Networks wie Facebook, StudiVZ, MySpace oder Wer-kennt-Wen. Fotosammlungen wie Flickr oder Picasa nutzen nur 19 Prozent (im Vorjahr lag die Prozentzahl höher). Online-Lesezeichensammlungen wie del.icio.us oder Mister Wong haben eine Anhängerschaft von gerade einmal 2 Prozent. Und das sind schon die Alteingesessenen unter den Web-2.0-Angeboten. Twitter hat einer Erhebung aus dem Sommer 2010 zufolge 275 000 deutschsprachige Nutzer – bei 49 Millionen Internetnutzern allein in Deutschland keine allzu eindrucksvolle Zahl.

Das WWW und seine Möglichkeiten wachsen in so atemberaubendem Tempo, dass es inzwischen selbst den habituellen

»Early adopters« zu viel wird. Das sieht man sehr schön an den Reaktionen auf Googles Rundum-Kommunikations-und-Kollaborations-Wunderwerkzeug namens Wave. Die Neuschöpfung, die im Herbst 2009 mit viel Brimborium vorgestellt und von den Liebhabern digitaler Technologie heiß erwartet wurde, sollte die digitale Kommunikation auf die nächste Stufe heben: Wave erlaubte, grob gesagt, all die oben beschriebenen Aktivitäten wie Fotos hochladen, chatten, Videos vorführen, Notizen ablegen und noch viel mehr, gleichzeitig und in Echtzeit. Die Begeisterung für das von Google heimlich entwickelte und dann auf die Welt losgelassene Projekt war anfangs riesig – kühlte aber relativ schnell ab. Wave war einfach zu komplex, zu vielseitig, es löste Probleme, die kaum jemand wirklich hatte. Im August 2010, weniger als ein Jahr nach dem offiziellen Start, kündigte Google an, man werde die Entwicklung an Wave einstellen. Wegen mangelnden Zuspruchs der Nutzer.

Was derzeit geschieht, ist in der Menschheitsgeschichte bislang einzigartig: Die Entwicklung verläuft so rasant, dass selbst die größten Technikfanatiker nicht mehr nachkommen. Neue Werkzeuge können sich gar nicht so schnell durchsetzen, wie weitere aufgesetzt werden, die Vorangegangenes womöglich schon wieder überflüssig machen. Während ganz vorne, bei den hartgesottensten Allesausprobierern, eine permanente Umwälzung im Gange ist, wartet die Masse der Internetnutzer lieber in aller Ruhe ab – und verlässt sich weiterhin auf die 40 Jahre alte E-Mail als Basiswerkzeug. Die Kluft wird täglich breiter zwischen denen, die wissen, was das Netz schon heute alles kann, die viele seiner Möglichkeiten tatsächlich benutzen, und jenen, denen es viel zu mühsam ist, sich ständig neue Technologien, Kommunikationsformen, Verhaltenskodizes anzueignen.

Ich bin längst selbst Opfer dieser Entwicklung. An meinem Arbeitsplatz in der Redaktion von SPIEGEL ONLINE stehen zwei Monitore. Darauf verteilt sich ein Großteil des Informations-

und Kommunikationschaos, dem ich mich an jedem Arbeitstag aussetze: ein Redaktionssystem, in dem Artikel bearbeitet werden, mehrere Browser-Fenster, jedes mit drei bis dreißig geöffneten Registrierkarten, ein RSS-Reader mit mehreren Dutzend Feeds von verschiedenen Weblogs, Nachrichtenseiten und anderen Quellen, ein Ticker mit den Meldungen der großen Nachrichtenagenturen und natürlich ein E-Mail-Programm. Dazu kommen in regelmäßigen Abständen aufpoppende Nachrichten eines Instant-Messaging-Systems, das zur redaktionsinternen Kommunikation benutzt wird, und ein Fensterchen rechts unten in der Ecke meines Standard-Browsers, in dem kontinuierlich Twitter-Kurznachrichten einlaufen. Ab und zu klingelt auch das Telefon.

Zwischen all diesen Informations- und Kommunikationskanälen springe ich hin und her, immer in dem Bewusstsein, dass ich unmöglich alles aufnehmen und verarbeiten kann, was im Minutentakt auftaucht.

Wenn ich abends nach Hause komme, fühle ich mich geistig erschöpft, unkonzentriert, dümmer als am Morgen. Ständige Unterbrechungen, permanente Ablenkung – dazu braucht man keine Studien – sind schlecht für die Konzentration. Ich überlege immer wieder einmal, wie sich das Chaos reduzieren ließe, was man weglassen, ob man sich nicht selbst disziplinieren könnte. Zum Beispiel nur zu jeder vollen Stunde E-Mails zu checken und nicht jedes Mal, wenn mir die Verarbeitungszeit des Redaktionssystems zu lange vorkommt und ich nutzlos verstreichende zwei Sekunden deshalb mit einem kurzen Blick in den Posteingang fülle (der dann gern mal eine halbe Stunde dauert). Bis jetzt ist mir aber keine gangbare Lösung für das Problem eingefallen. Es gibt allenfalls Hilfsmittel wie E-Mail-Filter, die Nachrichten gewisser PR-Agenturen direkt in einen gesonderten Ordner befördern. In den will ich eines Tages mal hineinsehen, wenn ich dazu komme. Das fundamentale Problem aber bleibt bestehen, ich vermute, dass es

Börsenmaklern und anderen Aktualitätsjunkies ähnlich geht. Meinen Geschwistern und meiner Frau dagegen geht es nicht so, obwohl auch sie einen Großteil ihrer Arbeitstage am Computer verbringen. Scheint etwas Berufsspezifisches zu sein.

Wie anstrengend es ist, ein Informations(ver)arbeiter im 21. Jahrhundert zu sein, hat Frank Schirrmacher, Mitherausgeber der »Frankfurter Allgemeinen Zeitung«, 2009 in seinem Buch »Payback« beklagt. Allerdings interpretierte er darin die von ihm selbst erlebte Überforderung als einen Vorboten dessen, was der gesamten Menschheit drohe: ein Informations- und Kommunikationsalbtraum, vor dem wir, fürchtet Schirrmacher, in die stählernen Arme der Maschinen flüchten werden, die dann die Herrschaft über uns übernehmen. Computer und das Internet, so seine Argumentation in extrem verkürzter Form, schaffen einen Informationswust, dessen wir nicht mehr Herr werden, überfordern uns mit dem Angebot. Die einzige Chance, die wir im Kampf gegen die Flut haben, sind, bittere Ironie, auch wieder die Computer: Nur sie und ihre Algorithmen können mit all den Daten noch umgehen. Wir geben uns in ihre Hände, gewähren ihnen Einblick in unsere Wünsche und Vorlieben, damit sie uns die richtigen Vorschläge machen, die richtigen Informationen aus dem Chaos herausfiltern. Wir machen unser eigenes Verhalten schließlich vollständig vorhersagbar. Die Maschinen und ihre Formeln übernehmen die Herrschaft über uns. Schirrmachers Buch ist von den Polemiken eines Jaron Lanier oder gar Andrew Keen weit entfernt. Er stellt wichtige, berechtigte Fragen darüber, wie wir mit der Informationsflut in unserem Alltag künftig umgehen sollen. Zum Teil jedoch macht er das Netz für Entwicklungen und Probleme verantwortlich, die aus ganz anderen Bereichen stammen.

Schirrmachers Warnung vor der vermeintlich drohenden Verhaltensvorhersagemacht von Computern und Software beispielsweise ist in Wahrheit eine Anklage gegen die wissenschaftliche Psychologie, die es seit 150 Jahren gibt. Deren erklärtes Ziel ist es, ihren Gegenstand, das Erleben und Verhalten des Menschen, zu verstehen und damit vorhersagbar zu machen. Das gilt im Übrigen gleichermaßen für jede andere Naturwissenschaft. Weil jedoch das menschliche Verhalten so komplex ist, wird das (wie in vielen anderen Wissenschaften auch) nur mit Computern gehen – eines fernen Tages. Denn bislang ist man noch weit davon entfernt. Auch Google kann das Verhalten Einzelner nicht vorhersagen, trotz aller Rechenleistung dieser Welt.

Datenschutz, das Sicherstellen von Anonymität, das Verhindern umfassender Persönlichkeitsprofile über jeden Menschen ist eine der großen Herausforderungen unserer Zeit, kein Zweifel. Gefahr droht aber nicht durch eine »autoritäre Herrschaft der Maschinen«, wie Schirrmacher befürchtet, sondern durch autoritäre Regime, unkontrollierte Sicherheitsbehörden und rücksichtslos agierende Unternehmen. Durch Menschen also. Vor der drohenden Machtübernahme durch Computer zu warnen, die »schon begonnen haben, ihre Intelligenz zusammenzulegen«, ein »Matrix«-meets-»Terminator«-Weltbild gewissermaßen, hilft da nicht weiter.

Es gibt für das Unbehagen, das Menschen, die nicht mit Computern aufgewachsen sind, gegenüber dem Internet empfinden, eine einfache Erklärung: Das Internet ist ein sehr unordentliches, ungeordnetes Ding – das ist lästig und gewöhnungsbedürftig, besonders für Menschen, die Ordnung lieben. Das Internet ist wie der grauenvollste überfüllte Dachboden, den man sich vorstellen kann, vollgestopft nicht nur mit den Hinterlassenschaften der eigenen Kinder, die sich jetzt weigern, das ganze Zeug endlich mal abzuholen oder wegzuwerfen, sondern auch noch mit dem Gerümpel der halben Menschheit. Die einzige Möglichkeit, in dem Chaos zu finden, was man sucht, scheint zu sein, sich in die Hände einer Suchmaschine wie Google zu begeben. Genau da beginnt aber die

Fehlwahrnehmung: Wir sollten nicht damit zufrieden sein, über die Relevanz von Informationen künftig Google entscheiden zu lassen. Wir müssen uns an das Chaos gewöhnen, dabei aber auch weiterhin auf andere Menschen und deren Einschätzungen vertrauen. Das Weitererzähl-Web ist der erste große Schritt in diese Richtung. Soziale Filter können und müssen die maschinellen ersetzen oder wenigstens ergänzen.

Womit wir bei der Klage über zu viel Kommunikation wären, die in diesen Tagen vielerorts zu vernehmen ist. Die Geschwätzigkeit und Belanglosigkeit der digital vermittelten Konversationen wird da beklagt, das Schnatter- und Flatterhafte. Keine Tirade über die Überflüssigkeit von Twitter wäre komplett ohne den Verweis auf Leute, die dort mitteilen, was sie gerade zum Frühstück gegessen haben. Und da ist tatsächlich etwas dran: Es ist wirklich viel leichter geworden, gewissermaßen niederschwellig Kontakt zu Freunden, Bekannten oder Wildfremden aufzunehmen, über E-Mails, Social Networks, SMS und viele andere Kanäle. Das ist meist nützlich, oft erbaulich, kann aber auch lästig sein.

Die Tatsache, dass es einfacher ist als je zuvor, mit anderen Menschen in Kontakt zu treten, als ein ernstes Problem zu betrachten statt als immense Chance – dazu gehört schon eine gehörige Portion Kulturpessimismus. Es ist auch eine interessante Volte in der Debatte um elektronische Medien: Wo einst vor Vereinzelung, Isolation und drohendem Autismus gewarnt wurde, wird nun plötzlich allzu viel Kommunikation als das wahre Problem identifiziert.

Die pessimistische Wahrnehmung der digitalen Gegenwart und Zukunft, die der US-Autor Nicholas Carr vertritt, ist eine biologistische. Seine Argumentation lautet, wiederum stark verkürzt: Da Computer uns das Leben in vieler Hinsicht leichter machen – etwa, weil das Navigationssystem im Auto uns der Aufgabe enthebt, jeden Weg gründlich mental vorauszuplanen, Taschenrechner uns das Kopfrechnen abnehmen –, machen sie uns auch dümmer. Das erinnert an die Argumentation der Datenträgernostalgiker: Früher war es schwieriger, an Musik heranzukommen und sie sich anzuhören, deshalb war die Musik jener Tage mehr wert. »Wir sind ja früher noch barfuß durch den Schnee in den Plattenladen…«

Eine vergleichbare Argumentationslinie verfolgte im Frühjahr 2011 der Chefredakteur der eigentlich sehr internetaffinen »New York Times«, Bill Keller. »Wir outsourcen unsere Gehirne in die Datenwolke«, schrieb er in einem Artikel mit dem Titel »Die Twitter-Falle«. Das Lösen realweltlicher Probleme – Rechenaufgaben, Informationsspeicherung, Orientierung – mithilfe digitaler Medien ist dieser Logik zufolge ein Schritt in die falsche Richtung, weil es die Menschheit zunehmend verweichlichen lässt.

Das Lamento über all die verlorenen Fähig- und Fertigkeiten entlarvt sich selbst als absurd, wenn man es noch ein bisschen weiter in die Vergangenheit treibt. Die wenigsten von uns können heute noch Körbe flechten, Brot backen oder mit Ochs, Egge und Pflug ein Feld bestellen, Letzteres würde uns schon rein körperlich überfordern. Viele hämische Bemerkungen waren in den vergangenen Jahren zu lesen über Hartz-IV-Empfänger, die sich so gar nicht zur Spargel- oder Gurkenernte eignen wollten. Kein Zweifel: Ein Bauer im 18. Jahrhundert war härter als wir, konnte vermutlich auch mit weniger Gejammer Schmerzen aushalten (und starb meist viele Jahre früher). Der Niedergang der Menschheit fing demnach spätestens mit der Erfindung dampfbetriebener Landmaschinen an, wenn nicht schon mit dem Einsatz von Zugpferden.

Denkt man diese Argumentation konsequent zu Ende, bedeutet das: Alle technologischen und wissenschaftlichen Errungenschaften der Menschheit wären besser unterblieben, weil das Leben ohne sie deutlich schwieriger und damit authentischer, echter, besser war. Natürlich fordern weder Carr noch Keller oder Schirrmacher, Autos, Flugzeuge, Fernsehen, Radio, Schrift und das Rad wieder abzuschaffen. Die technikpessimistische Sicht, die sie vertreten, legt aber genau diesen Schluss nahe.

Alle drei sind sich dieses Fallstricks bewusst und umgehen ihn mit einem vorhersehbaren Dreh: Diesmal ist alles anders. Carr schreibt in seinem 2010 veröffentlichten Buch »The Shallows«, das Internet habe bereits angefangen »unser Denken zu verändern«, und das klingt bedrohlich. Unser Gehirn tue etwa bei einer Online-Recherche andere Dinge, als wenn wir ein Buch lesen. Das ist nicht verwunderlich, schließlich ist der kognitive Prozess, der sich da vollzieht, ein vollkommen anderer. Carr aber benutzt das Ergebnis, um sich ein introspektives Gefühl zu erklären, das ihn in letzter Zeit beschleicht: »Ich denke nicht mehr so wie früher.« Er könne sich, lamentierte Carr in einem Artikel, der die Basis für die Buchveröffentlichung bildete, beispielsweise nicht mehr so lang auf das Lesen eines Textes konzentrieren: »Meine Konzentration lässt nach einer oder zwei Seiten nach.«

Die Frage ist: Ist daran wirklich das Internet schuld? Diverse Studien haben gezeigt, dass wir alle schon deutlich vor unserem 50. Lebensjahr abzubauen beginnen, wenn auch nicht in jedem Bereich gleich schnell. Manche Fähigkeiten, insbesondere die, Dinge schnell wahrzunehmen, nehmen schon vom Beginn des Erwachsenenalters an ab, die meisten jedoch, glaubt man Längsschnittstudien, etwa ab Mitte zwanzig bis Mitte dreißig. Niemand, der sich erst nach Überschreiten dieses Alters mit digitalen Medien zu beschäftigen begann, ist zu beneiden. Ein langsamer werdender kognitiver Apparat trifft auf eine Welt, die sich augenscheinlich beschleunigt.

Nun aber deuten professionelle Informations(ver)arbeiter ihr persönliches Überforderungserlebnis in ein Menetekel für die gesamte Menschheit um. Mit großer Resonanz – denn die digitale Spaltung zwischen den Menschen, die mit digitaler Technologie aufgewachsen sind, und denen, in deren Leben sie wie eine unerwartete Urgewalt einbrach, sorgt nicht nur für wirtschaftliche Umbrüche, sondern auch für höchst privates Missempfinden, selbst oder sogar gerade bei Menschen, die diese Technologien nicht oder kaum nutzen. Wer sich abgehängt, überfordert und vom Wandel überrollt fühlt, aber zu differenziert für aggressive Nostalgie der schlichteren Prägung ist, nimmt solche Gedanken dankbar auf: Zitierten Carr, Keller und Schirrmacher nicht seriöse Studien, die deutlich zeigen, dass »das Internet unser Denken verändert«, wie sie nicht müde werden zu betonen? Ist da nicht eine wissenschaftlich belegte Bedrohung, die das eigene Unbehagen nicht nur er-, sondern zur einzig vertretbaren Haltung verklärt?

Tatsächlich ist die Feststellung, dass das Internet unser Denken verändert, zunächst einmal trivial. Jede Art kognitiver Betätigung sorgt dafür, dass in unserem Gehirn Stoffwechselprozesse ablaufen, die das Gehirn und damit das Denken verändern, und unterschiedliche Arten von Beschäftigung gehen mit unterschiedlicher Aktivierung verschiedener Regionen des Gehirns einher. Keine einzige der Studien, die in dieser Debatte ins Feld geführt worden sind, zeigt wirklich, dass Internetnutzung unser Denkvermögen schwächt. Im Gegenteil, diverse Studien geben Anhaltspunkte, dass die Beschäftigung mit dem Internet und sogar die mit Computerspielen kognitive Leistungen in bestimmten Bereichen verbessern kann. Sie befördern die Hand-Auge-Koordination und die Fähigkeit, sich schnell räumlich zu orientieren. Eine experimentelle Studie an der University of Rochester zeigte 2010 beispielsweise, dass regelmäßiges Spielen des Ego-Shooterspiels »Call of Duty 2« dabei half, in einer simplen Reaktionsaufgabe die aktuelle Situation schnell zu erfassen und anschließend angemessen zu reagieren. Daphne Bavelier, eine der Forscherinnen, erklärte: »Es stimmt nicht, dass Spieler von Actionspielen nur ballern und weniger genau sind: Sie sind ebenso genau und auch schneller« als die Vergleichsgruppe, die das Gesellschaftssimulationsspiel »Die Sims 2« spielte. Schon 2004 zeigte eine Studie in Israel, dass Ärzte, die in Operationen die sogenannte laparoskopische Chirurgie einsetzen, bei der eine Kamera und Operationsinstrumente ferngesteuert werden, deutlich weniger Fehler machten und schneller zum Ziel kamen, wenn sie in ihrer Freizeit regelmäßig Videospiele spielten. Das Ergebnis ist seitdem in diversen Studien wiederholt worden. Manche Universitäten entwickeln inzwischen sogar Trainingsspiele, damit sich angehende Chirurgen vor Operationen »aufwärmen« können.

Für die meisten Menschen ist die Frage, inwieweit sich der Gebrauch von Technik und Medien auf ihren Geist auswirkt, jedoch ohnehin weitgehend akademisch: Ihre Computer- und Internetnutzung ist schlicht zu eingeschränkt und zu selektiv, um ihre Geistesverfassung ernstlich zu beeinflussen, in der einen wie in der anderen Richtung.

Chaos auf dem globalen Schreibtisch

Es gibt allerdings einen Teil der Gesellschaft, in dem die Dinge anders liegen. Die Rangliste der von 14- bis 19-Jährigen zumindest gelegentlich genutzten Online-Angebote sieht laut der ARD/ZDF-Online-Studie aus dem Jahr 2010 folgendermaßen aus:

Wikipedia: 95 Prozent.

Videoportale wie YouTube: 95 Prozent.

Private Communitys: 81 Prozent.

Instant-Messaging-Dienste wie ICQ oder AIM: 81 Prozent.

Foto-Communitys: 28 Prozent.

Die letzte Zahl ist bemerkenswert, denn im vorangegangenen Jahr lag sie noch bei 42 Prozent. Offenbar machen die Social Networks mit den verbesserten Möglichkeiten, Bilder hochzuladen und dem eigenen Freundeskreis verfügbar zu machen, spezifische Fotocommunitys wie Flickr langsam überflüssig.

Die übrigen Zahlen aber zeigen: Der Zugriff auf das Wissen der Welt und die digital vermittelte Kommunikation mit dem eigenen Freundeskreis sind für die digitalen Eingeborenen von heute fast so selbstverständlich wie elektrisches Licht.

Für diese Altersgruppe stellt das Internet womöglich tatsächlich eine Gefahr dar. Und zwar eine, die sich ziemlich gut mit den Gefahren eines unaufgeräumten Schreibtischs vergleichen lässt. Es ist eine psychologisch-pädagogische Binsenweisheit, dass eine Umgebung voller Ablenkungen und Versprechen für angenehmere Beschäftigungen als jener, der man gerade nachgeht, nicht gut für konzentriertes Arbeiten ist. Bis heute bringt man Kindern sinnvollerweise bei, dass sie ihren Schreibtisch aufräumen sollen, bevor sie mit den Hausaufgaben beginnen. Dass auf der Tischplatte herumliegende Zeitschriften, Bücher, Spielsachen im Zweifel dafür sorgen, dass sie für ihre Hausaufgaben eher länger brauchen werden als kürzer. Stimuluskontrolle nennen das Verhaltenspsychologen: Wenn man sich nicht den lockenden Reizen aussetzt, die mit angenehmeren Beschäftigungen verknüpft sind, ist es leichter, bei der Sache zu bleiben. Ein Computer mit Internetanschluss ist – und darunter leide ich ebenso wie Frank Schirrmacher oder Nicholas Carr – derzeit der unordentlichste Schreibtisch der Welt. Auf dem Bildschirm lauern jederzeit unendlich viele Ablenkungen, Verlockungen, die einem eine schnellere Befriedigung versprechen als die anstrengende Aufgabe, die man sich gerade vorgenommen hat. Selbst eigentlich Ungeliebtes wird attraktiv, wenn man etwas noch Ungeliebteres tun muss – deshalb sind Studentenwohnungen zur Examenszeit oft besonders sauber und ordentlich.

Dieser Mechanismus funktioniert auch am Rechner: Ich ertappe mich häufig dabei, dass ich meinen E-Mail-Account oder meinen RSS-Reader aufrufe, wenn ich mit der Arbeit an einem Text nicht weiterkomme. Die Herausforderung für den Arbeitsplatz der Zukunft besteht darin, den digitalen

Schreibtisch aufzuräumen – indem man zum Beispiel den Browser beim Start nicht automatisch aufruft und nach jeder notwendigen Netzrecherche sofort und diszipliniert wieder schließt. Indem man womöglich Software installiert – die gibt es bereits –, die den Zugriff auf bestimmte Programme oder Internetdienste reglementiert, ihn etwa nur innerhalb bestimmter Zeiträume zulässt.

Für Eltern, die ihre Kinder zum konzentrierten Arbeiten anhalten müssen, wird diese Aufgabe durch das Netz nicht leichter, kein Zweifel. Auf der anderen Seite ist die Lösung des Problems vielleicht verblüffend einfach: So wie mir in meiner Kindheit Fernsehen nur zu bestimmten Zeiten und für spezifische Sendungen gestattet war, so müssen die Eltern der Gegenwart und Zukunft die Computernutzung ihrer Kinder einschränken, dafür sorgen, dass die Sprösslinge nicht nur digital, sondern auch real kommunizieren, sich sportlich betätigen, Bücher lesen. Und ihre Hausaufgaben mit einem Stift auf Papier erledigen, wann immer das möglich ist. Denn die Behauptung, dass der Computer für die Hausaufgaben gebraucht wird, ist heute noch fast ebenso unwahr wie 1983: Der JIM-Jugendstudie 2009 zufolge verbringen Jugendliche täglich etwa zweieinviertel Stunden mit dem Internet. Sie nutzen es in erster Linie zur Kommunikation, beispielsweise über Social Networks oder Instant Messaging, sie verschaffen sich Unterhaltung, hören Musik oder spielen. Schule und Ausbildung dagegen sind kaum ein Thema.

Eltern, die ihren Kindern einen verantwortungsbewussten Umgang mit dem neuen Alleskönnermedium beibringen, bekommen im Austausch im besten Fall ein Geschenk: Kinder nämlich, die sich in den digitalen Weiten da draußen bewegen wie Fische im Wasser, die nahezu jede beliebige Information in kürzester Zeit herbeischaffen können (und dabei verlässliche von verdächtigen Quellen zu unterscheiden wissen), die ihre sozialen Netze on- wie offline pflegen, die sich für das

Weltgeschehen nicht nur interessieren, weil es um acht in der Tagesschau zu sehen ist, sondern weil sie sich auf digitalen Kommunikationsplattformen mit Menschen aus fernen Ländern austauschen. Die mit den digitalen Produktionsmitteln so souverän umgehen, dass sie innerhalb weniger Stunden aus einem kuriosen Sportereignis ein Stückchen Satire schaffen können, das weltweit für Gelächter sorgt. Kinder die, um es mit Steven Levy zu sagen, gelernt haben, dass man mit Computern Kunst und Schönheit schaffen kann.

Kapitel 12
Die langen Leinen der Konzerne

*Im Februar 2009 reichte ein kleiner Software-Hersteller ein
Spiel namens »Party Trampoline« zum Verkauf in Apples App
Store fürs iPhone ein. Darin kann man US-Politiker auf einem
Trampolin im Oval Office herumhüpfen lassen, Republikaner
wie Demokraten. Die Cartoon-Versionen von Barack Obama, Hil-
lary Clinton oder Sarah Palin müssen mit Kippbewegungen des
Geräts so gesteuert werden, dass sie mit ihrem Kopf an Ballons
stoßen, die dann zerplatzen. Apple verweigerte dem Programm
die Aufnahme. Der Grund: Die Regeln des App Store untersagen
Inhalte, »die Figuren des öffentlichen Lebens der Lächerlichkeit
preisgeben«. Inzwischen ist »Party Trampoline« doch im App
Store erhältlich, nur tragen jetzt die Politiker auf dem Trampolin im Oval Office braune Papiertüten mit Gucklöchern über
den Köpfen.*

Die Prophezeiungen von Internetoptimisten wie John Perry
Barlow scheinen sich auf den ersten Blick erfüllt zu haben:
Es gibt mehr Kommunikation, mehr weltweiten Austausch,
mehr Transparenz als je zuvor. Als sei der Cyberspace, dessen
Unabhängigkeit Barlow in einem berühmt gewordenen, pathe-
tischen Traktat aus dem Jahr 1996 beschwor, tatsächlich Wirklichkeit geworden: »Der Cyberspace besteht aus Transaktionen,
Beziehungen und dem Denken selbst, wie eine stehende Welle
im Gewebe unserer Kommunikation. Unsere Welt ist eine, die
überall und nirgends ist, in der es keine Körper gibt. Wir schaffen eine Welt, die jeder betreten darf, ohne Privilegien oder
Vorurteile, die auf Rasse, wirtschaftlicher oder militärischer
Macht oder dem Stand, in den man hineingeboren wird, beru-

hen. Wir schaffen eine Welt, in der jeder überall seine oder ihre Überzeugungen ausdrücken darf, egal wie ungewöhnlich sie sein mögen, ohne befürchten zu müssen, zum Schweigen oder zur Anpassung gezwungen zu werden.«

Schon damals allerdings, vor dem Platzen der Dotcom-Blase und den lauter werdenden Warnungen vor den vermeintlichen Gefahren der Vernetzung, regte sich Widerspruch. 1997 schrieben die britischen Soziologen Richard Barbrook und Andy Cameron einen viel beachteten Aufsatz, in dem sie das Gedankengut, das aus der Allianz zwischen Althippies und Digital-Unternehmern hervorgegangen war, »kalifornische Ideologie« tauften – um dann hart damit ins Gericht zu gehen: »Obwohl die Anhänger der elektronischen Agora und des elektronischen Marktes die Befreiung der Individuen von staatlichen Hierarchien und privaten Monopolen versprechen, lässt die soziale Polarisierung der amerikanischen Gesellschaft eine noch beklemmendere Vision der digitalen Zukunft entstehen. Die Technologien der Freiheit werden zu Maschinen der Herrschaft.«

Barbrook und Cameron bezogen ihre Kritik damals ganz explizit auf die Leute im Dunstkreis der Online-Community The Well, auf Barlow, Kapor und den »Wired«-Gründungschefredakteur Kevin Kelly. Der hatte 1994 ein Buch namens »Out of Control« geschrieben, in dem er eine neue Ära gesellschaftlicher und wirtschaftlicher Organisation prophezeite. Er erfand eine Vorstellung von unternehmerischem Handeln, die bis heute in den Köpfen vieler Internetfirmengründer herumspukt. Kelly war der Meinung, dass Unternehmen, wenn man sie nur richtig, nämlich dezentral und vernetzt organisierte, im Wortsinne »gut« sein könnten.

Genau diese Vorstellung durchweht das Silicon Valley bis heute – was einerseits den naiven Charme vieler Startup-Unternehmen ausmacht, andererseits aber zu wachsender Heuchelei bei vielen führt, die das Netz derzeit unter sich aufzuteilen versuchen.

In Wahrheit sieht die Netzwelt heute etwas anders aus, als Barlow und seine techno-optimistischen Mitstreiter sich das damals ausgemalt hatten. Konzerne diktieren Anbietern von Software und Inhalten ihre Bedingungen und sammeln hemmungslos private Daten ihrer Nutzer, immer auf der Suche nach noch weiter reichenden Möglichkeiten, Werbung und Marketing zu personalisieren. Totalitäre Regime zensieren, reglementieren und überwachen das Netz, so gut sie können. Im Iran, in China und anderswo wird das Internet zwar von Oppositionellen und Dissidenten eingesetzt – aber auch von den Geheimdiensten, die Nutzer überwachen, Propaganda streuen und bei Bedarf einfach mal ein Angebot abklemmen.

Die Hippierhetorik der Web-Visionäre der Achtziger und Neunziger ist dennoch nicht verklungen. Googles (inoffizielles) Motto ist bekanntlich »Don't be evil« – auch wenn das manchem im Unternehmen heute nicht mehr so recht behagt. Wenn man Facebook-Gründer Mark Zuckerberg fragt, was sein Ziel ist, spricht er am liebsten vom »Sharing«, vom Teilen und Mitteilen, von gemeinsamem Nutzen. Geld stehe für ihn nicht so im Vordergrund. Twitter-Mitgründer Evan Williams kassierte Häme, als er bei einer Podiumsdiskussion einmal verkündete, ein Ziel seines Unternehmens sei es, eine »Kraft, die Gutes bewirkt«, zu sein. Ein Schelm, wer dabei an Goethes Mephisto denkt.

In ihrer »Magna Carta für das Zeitalter des Wissens« sagten der Futurologe Alvin Toffler und drei Co-Autoren im Jahr 1994 vorher, das Netz werde Monopole zum Verschwinden bringen: »Im Cyberspace wird ein Markt nach dem anderen von einem ›natürlichen Monopol‹ in einen verwandelt, in dem Wettbewerb die Regel ist.« Tatsächlich ist das Gegenteil eingetreten. Das Internet hat bis zum Jahr 2010 einen dominanten Einzelhändler für Waren aller Art hervorgebracht: Amazon. Einen dominanten Marktplatz für Musik und zunehmend auch TV-Inhalte und Filme: iTunes. Ein dominantes Auktionshaus: Ebay. Ein dominantes Social Network:

Facebook. Und eine dominante Suchmaschine: Google. Eine dominante Seite für gestreamte Videoclips: Googles Tochter YouTube. Die Ausnahme in dieser Reihe ist das dominante Online-Lexikon – denn Wikipedia ist kein kommerzielles Unternehmen, sondern das äußerst erfolgreiche Produkt einer globalen Gemeinschaft von Freiwilligen, die sich einer meritokratischen Hierarchie unterordnen, um gemeinsam ein freies, kostenlos benutzbares Reservoir des Weltwissens zu schaffen. Ein echtes Kind der Hippie-Ideale von Barlow und Co., gepaart mit der Hacker-Ethik von Steven Levy.

Dass das Internet, im Gegensatz zu den Erwartungen von Toffler, Kelly und anderen, die Monopole nicht zum Verschwinden brachte, sondern offensichtlich begünstigte, hat mit dem zu tun, was Soziologen, Ökonomen und Kommunikationswissenschaftler Netzwerkeffekt nennen: Ein Netzwerk wird umso wertvoller, je größer, verzweigter, informationshaltiger es ist. Bei Amazon trägt der Nutzer mit jedem Einkauf dazu bei, die automatisierten Verkaufsempfehlungen der Plattform weiter zu verbessern: »Nutzer, die dieses Buch kauften, kauften auch…«. Facebook wird für ein Mitglied jedes Mal dann nützlicher, wenn sich noch ein Bekannter für den Dienst anmeldet und das gigantische Reservoir an persönlichen Erlebnissen, Fotos, Videos und anderen digitalen Lebensäußerungen vergrößert. Jeder Google-Nutzer hilft mit, die Google-Suche weiter zu verbessern, weil erfasst und ausgewertet wird, auf welche Links er nach seiner Suchanfrage klickt und ob er wegbleibt oder sofort wieder zurückkommt, also nicht gefunden hat, was er sucht. Die auf vernetzter Information basierenden Angebote wachsen nach dem Schneeballprinzip: Jeder Nutzer ist eine potenzielle Informationsquelle zur Verbesserung des eigenen Angebots und gleichzeitig ein potenzieller Produktbotschafter, der seinerseits andere Internetnutzer als Neukunden akquirieren kann – wenn man ihn zufriedenstellt. Dazu kommen bei jenen Unternehmen, die tatsächlich mit physischen oder digitalen Waren handeln, die üblichen Nutzeffekte eines Quasi-Monopols: Man kann mit Zulieferern deutlich härter verhandeln und seinen Endkunden somit sehr attraktive Preise bieten. Das gehört zu den Erfolgsmodellen von Amazon und iTunes.

All jene, die in Zeiten des Dotcom-Booms auf die digitale Zukunft gewettet haben, hatten im Rückblick betrachtet gar nicht Unrecht, sie wussten nur nicht, auf welchen künftigen Monopolisten sie ihr Geld hätten setzen sollen. Hätte man im Jahr 2001 für 10 000 Dollar Amazon-Aktien gekauft, sie wären heute 170 000 Dollar wert. Der Wert von Google-Aktien hat sich im gleichen Zeitraum immerhin knapp verfünffacht – aus 10 000 Dollar wären etwa 48 000 geworden. Apple-Aktien für 10 000 Dollar im Jahr 2001 wären zehn Jahre später 420 000 Dollar wert gewesen.

Die digitale Zukunft hat uns fest im Griff, und das gewaltige kommerzielle Potenzial, das nun also doch im Netz und der Welt der körperlosen Daten steckt, ist nicht mehr zu übersehen. Dass diese Unternehmen und ihre Protagonisten öffentlich bekennen, sie seien primär an Geld interessiert, an Moral aber weniger, erwartet niemand. Das wäre einfach schlechte Öffentlichkeitsarbeit. Mit so viel Inbrunst und humanistischem Gestus wie im Silicon Valley aber wird nirgends von der eigenen Mission gesprochen. Gerade bei fremdfinanzierten Unternehmen, deren erstes Ziel es nun einmal per definitionem ist, ihre Anteilseigner zufriedenzustellen, führt das zu Verrenkungen.

Es mag durchaus sein, dass Twitter-Gründer Williams, Facebook-Erfinder Zuckerberg und andere von den menschheitsbeglückenden, weltverbessernden Eigenschaften ihrer Dienste überzeugt sind. Gleichzeitig ist es beunruhigend, wenn Unternehmer, die eben Unternehmen und keine Wohltätigkeitsorganisationen führen, so penetrant über das Gute in sich selbst sinnieren. Das Erbe der Netz-Hippies von damals ist eine nicht zu übersehende Selbstgerechtigkeit bei den Profiteuren des freien, offenen Netzes von heute. Der damalige Google-Chef Schmidt hat einmal gesagt, Google sei nicht wie andere börsennotierte Unternehmen, weil er selbst und die Gründer immer noch die Mehrheit der stimmberechtigten Anteile hielten. Man sehe sich selbst »als Firma mit einer Mission in Sachen Information, nicht mit einer Mission in Sachen Umsatz oder Profite«. Googles Börsenwert war im Sommer 2010 mehr als dreimal so hoch wie der von Daimler. Wie viel aber wäre Googles Güte noch wert, wenn der Konzern Verluste machen würde oder weniger stark weiterwüchse?

Man muss ja nicht gleich so weit gehen wie der kanadische Juraprofessor Joel Bakan. Der vertrat in seinem Buch »The Corporation« und im gleichnamigen Dokumentarfilm die These, moderne Aktiengesellschaften seien »so beschaffen, dass sie wie eine psychopathische Persönlichkeit funktionieren«: ohne Rücksicht auf andere, ausschließlich auf den eigenen Vorteil bedacht.

Fakt ist: Unternehmen treffen in der Regel Entscheidungen, die in erster Linie ihnen selbst nutzen. Tun sie das nicht, überleben sie nicht auf Dauer. Solange dieser Nutzen für das Unternehmen sich mit dem für die Gesellschaft, für Kunden oder Nutzer deckt, haben alle etwas davon (außer der Konkurrenz).

Tatsächlich zeigen die Strategien vieler Technikunternehmen auch, dass es mit ihren Bekenntnissen zu Offenheit und Weltverbesserung nicht allzu weit her ist. Dank des Erfolgs von Google, Apple, Facebook und einigen anderen ist die Tabula rasa Internet heute in Gefahr. Immer öfter bemühen sich die Anbieter digitaler Dienstleistungen, uns möglichst umfassend in Angebote einzubinden, in ihre ummauerten Kolonien im Netz zu locken, an bestimmte Hard- und Software zu fesseln. Apple hat iPhone, iPod und iPad, Microsoft Windows-Rechner, Windows-Handys und die Spielkonsole Xbox 360, Sony hat Sony-Ericsson-Handys und die Playstation 3, Google sein

Handy-Betriebssystem Android, Amazon das Lesegerät Kindle. Und die Gerüchte über ein Facebook-Telefon oder Facebook-Handy-Betriebssystem reißen nicht ab. Aus John Perry Barlows digitalem Grenzland mit seinen eigenbrödlerischen Siedlern und dem freien Meinungsaustausch soll nun doch eine schöne, saubere, digitale Shopping-Mall werden, mit Sicherheitspersonal, Sonderangeboten und klaren Regeln.

Im nächsten Schritt könnte es passieren, dass auch die Gänge der Mall unterschiedlich breit ausgelegt werden, je nachdem, wie zahlungskräftig die Besitzer der anliegenden Läden (oder Bibliotheken, Debattierclubs, Selbsthilfegruppen) sind. Derzeit gilt im Internet die Regel: Alle Daten werden gleich behandelt. Die Protokolle, die seit vielen Jahren für den Transport der Datenpäckchen rund um den Globus sorgen, unterscheiden nicht zwischen einer E-Mail, einem Stückchen Musikvideo oder einer illegal heruntergeladenen Audiodatei. Das Netz selbst ist nicht intelligent, sondern dumm, blind gegenüber den Inhalten, die es durchwandern, es weiß nichts von den Absendern und Adressaten der Daten.

All die technischen Wunder, die das Internet heute ermöglicht, beruhen auf der immer weiter wachsenden Intelligenz der Endpunkte an den Rändern des Netzes: Flash-Videos, Online-Spiele, Podcasts, Live-Streams, Videotelefonie und im Browser benutzbare Software funktionieren deshalb, weil unsere Rechner, besagte Endpunkte, dank ihrer generativen Fähigkeiten immer besser werden. Mindestens ebenso sehr aber sind sie der fundamentalen Ignoranz des Internets gegenüber Inhalten zu verdanken.

Es gibt jedoch Bestrebungen, das zu ändern. Mancher Internetprovider würde die Päckchen gerne, je nach Quelle, langsamer oder schneller transportieren. Das, was man in den USA Netzneutralität getauft hat, ist derzeit in großer Gefahr: Provider möchten sich gern eine zusätzliche Einnahmequelle erschließen, indem sie die Anbieter sehr datenintensiver

Anwendungen noch einmal zur Kasse bitten. YouTube müsste dann beispielsweise mehr zahlen, weil gestreamte Videos viel Bandbreite beanspruchen. Im Umkehrschluss aber würde das heißen: Wer nicht zahlen kann, muss sich mit dem zufriedengeben, was übrig bleibt.

Für weniger zahlungskräftige Anbieter wäre dieses Zwei-Klassen-Internet katastrophal. Seiten, die durchgehend langsamer laden als die Konkurrenz, würden in der Gunst der Nutzer immer weiter sinken. So könnte es schnell passieren, dass das kommerzielle, werbefinanzierte Angebot answers.com, das vor allem aus gespiegelten Inhalten der Wikipedia besteht, bald erfolgreicher ist als Wikipedia selbst – weil seine Betreiber vermutlich eher Geld hätten, um die Bandbreite zu bezahlen. Wäre das aber der Fall, würde Wikipedia zwangsläufig Leser und damit auch potenzielle Mitarbeiter verlieren. Schlimmstenfalls könnte das den langsamen Tod der kollaborativen Online-Enzyklopädie zur Folge haben.

Es gibt auch noch andere Bestrebungen, die segensreiche Dummheit des Internets abzuschaffen: Mancher Regulierer möchte die Datenpäckchen am liebsten irgendwo unterwegs aufschnüren und bei Bedarf einen Blick hineinwerfen können – es könnte ja ein Teil einer Bombenbauanleitung, eine Terroristenverabredung oder ein illegaler Download enthalten sein. Die entsprechende Technologie gibt es bereits, sie flächendeckend einzusetzen würde allerdings grobe Eingriffe in die Infrastruktur des Netzes erfordern. Abgesehen davon, dass ein solcher Eingriff fatal wäre: Die Tatsache, dass das Internet so rasant gewachsen ist, dass seine Nützlichkeit weiterhin exponentiell zunimmt, ist nicht zuletzt der Tatsache zu verdanken, dass es unparteiisch und unwissend ist.

Was für das kabelgebundene, stationäre, vor allem von PC-Besitzern genutzte Internet gilt – alle Daten sind gleich –, war im mobilen Internet schon von Anfang an nicht gegeben. Zwar sind unsere Mobiltelefone längst Computer, und wir sind kurz davor, das Internet nicht nur am Arbeitsplatz und zu Hause, sondern überall als selbstverständlich zu betrachten. Die Konzerne aber nutzen das nun aus, um neue Regeln zu schaffen. So verhindern die Telekommunikationsriesen, dass man über ihre Funknetze auf Internet-Telefoniedienste zugreift, denn wenn das möglich wäre, könnte man über Skype oder einen ähnlichen Dienst von jedem Handy aus Gespräche rund um den Globus gewissermaßen zum Ortstarif führen. Das wussten die Netzbetreiber bislang zu verhindern, weil Handys keine PCs sind und weil das Funknetz nicht den gleichen Regeln folgt wie das kabelgebundene Internet.

Kastrierte Pudel

Die Entwicklung unserer liebsten Technikspielzeuge hat in den vergangenen Jahren einen paradoxen Verlauf genommen. Man könnte von einer Nintendoisierung sprechen: Telefone und andere tragbare Internetgeräte ähneln immer mehr Spielkonsolen, Geräten mit eingeschränktem Funktionsumfang, fest verschlossen und nicht dazu gedacht, dass der Nutzer daran herumschraubt.

Diese Entwicklung vollzog sich in vier Schritten: Zunächst bauten die Hersteller Geräte, die eigentlich Computer sind (iPod, iPhone, Kindle, Blackberry oder eben Spielkonsolen), und nannten sie anders. Was im Grunde korrekt war, denn im Vergleich zu dem, was man seit den Achtzigern »Computer« nennt, waren diese Geräte kastriert. Neue Software dafür zu schreiben war nicht so einfach (außer man schraubte verbotenerweise an der Hardware herum). Es waren gewissermaßen fein frisierte Pudel ohne Fortpflanzungsmöglichkeit entstanden.

Diese neuen Geräte verkauften sich ganz hervorragend, obwohl das, was sie tatsächlich konnten, nur einen Bruchteil dessen ausschöpfte, wozu ihre Hardware eigentlich in der Lage ist. Ein iPod von heute kann es in puncto Rechenleistung leicht mit einem PC aus den frühen Neunzigern aufnehmen, aber eine Tastatur daran anzuschließen, ein Textverarbeitungsprogramm zu installieren und dann damit zu arbeiten ist nicht ohne weiteres möglich.

Nach einer gewissen Zeit entwickelten die Gerätehersteller eine neue Idee: Ihre kastrierten Computer wurden wieder ein Stück weit geöffnet, generativ gemacht. Aber eben nur ein bisschen. Das, was früher Software hieß und auf Computern lief, wurde nochmal »erfunden« – und »App« getauft, was für »Application«, sprich Anwendung, steht. Manche Apps verwandeln ein Handy in ein virtuelles Bierglas, manche erkennen Lieder, die man ins Mikrofon des Mobiltelefons singt, manche geben Fahrplanauskünfte, manche sind nur darauf ausgelegt, ein bestimmtes Magazin oder eine bestimmte Zeitung auf einem digitalen Endgerät so hübsch wie möglich aussehen zu lassen. Statt innerhalb des komplizierten, offenen, chaotischen Internets sollen wir unsere Informationen lieber in einzelne Programme verpackt und nett aufbereitet konsumieren. Und natürlich dafür bezahlen.

Die Apps für die nicht mehr ganz so kastrierten Geräte verkaufen sich nun ihrerseits wie geschnitten Brot, was die Hersteller freut, da sie – eine brillante Neuerung aus ihrer Sicht – nicht mehr jedermanns Software auf ihre Geräte lassen müssen. Zugang gewähren können nur sie selbst, und dafür nehmen sie eine Provision. 30 Prozent in der Regel, so ist das bei Apple und auch bei Amazon, dessen Lesegerät Kindle seit 2009 auch wieder ein bisschen mehr Computer sein und Apps abspielen darf.

Für Spielkonsolen wie die Playstation 3, die Xbox 360 oder die Wii gelten vergleichbare, tendenziell noch striktere Regeln. Alle diese Geräte sind mit dem Datennetz verbunden – aber zum Teil nicht mit dem freien, offenen Internet, in dem es neben den Angeboten der Quasi-Monopolisten noch so viel mehr gibt, sondern vorrangig mit den ausgewählten, abgegrenzten und kontrollierten Angeboten des jeweiligen Unternehmens: dem Apple-Netz, dem Microsoft-Netz, dem Sony-Netz. Die Konzerne schaffen sich abgeschottete Parallelwelten innerhalb des Internets. In Apples App Store für iPhone, iPad und Co. kann man nur Programme kaufen, die von Apple genehmigt worden sind. Was schon mal dazu führt, dass die App des »Stern« oder der »Bild«-Zeitung kurzzeitig aus dem Programm genommen wird, weil der Konzern von Steve Jobs keine blanken Brüste auf seinen Endgeräten sehen will. Mit Microsofts Xbox 360 kann man zwar in eigenen Apps Twitter und Facebook aufrufen, aber keine normalen Websites. Amazons Kindle kann gar nur über einen »experimentellen« Browser auf das WWW zugreifen, ansonsten nur auf den hauseigenen Download-Shop für Bücher. Sämtliche Geräte liefern ihren Schöpfern zudem fortwährend Daten über ihre Benutzer. Apple-Handys erfassen (anonymisiert) den Standort ihres Besitzers, Sony behält sich in seinen Geschäftsbedingungen das Recht vor, jedes über das Playstation-3-Spielernetzwerk geführte Gespräch mitzuhören. Für das Microsoft-Netzwerk Xbox Live gilt dasselbe. Dass all diese Dienste aufzeichnen, was man wann kauft, versteht sich von selbst. Die geschlossenen Ökosysteme mit eigener Hardware sind für ihre Betreiber nicht zuletzt gigantische Marktforschungswerkzeuge.

Ein extremes, aber bezeichnendes Beispiel für die Macht der Konzerne in den neuen digitalen Ökosystemen lieferte Amazon ausgerechnet anhand von George Orwells Überwachungsdystopie »1984«. An einem Donnerstag im Juli 2009 mussten die Käufer der elektronischen Version dieses Buchs für Amazons Lesegerät Kindle plötzlich feststellen, dass es von ihren Geräten verschwunden war. Für einen der Käufer erwies sich die Sache im Nachhinein als Glücksfall: Justin Gawronski hatte seinen Kindle dazu benutzt, elektronische Notizen zu seiner Schullektüre anzulegen. Die mit der Löschung des Buchs wertlos gewordenen Hausaufgaben dürften als die teuersten der Welt in die Geschichte eingehen: 150 000 Dollar bekamen der Schüler und seine Anwälte von Amazon. Die Kanzlei, die den Fall des 17-Jährigen übernommen hatte und die außergerichtliche Einigung erstritt, verwies auf »umfangreiche Notizen«, die Amazon mit der Digitalkopie von »1984« zwar nicht gelöscht, aber durch das Verschwinden des Bezugstextes unbrauchbar gemacht habe.

Warum aber hatte Amazon die doch im eigenen Online-Shop erworbenen Orwell-Ausgaben überhaupt entfernt? Es hatte sich herausgestellt, dass sie gar nicht hätten verkauft werden dürfen, weil der Verlag nicht die Rechte für den elektronischen Vertrieb besaß. Die Käufer hatten unwissentlich Raubkopien erworben.

Wäre das in einem herkömmlichen Buchladen geschehen, hätten die Käufer es vermutlich nie erfahren. Ein Buchhändler, dem der Fehler unterlaufen wäre, vorübergehend Raubdrucke zu verkaufen, würde kaum in die Wohnungen seiner Kunden eindringen, das Buch aus dem Regal ziehen und anschließend den Kaufpreis abgezählt auf den Küchentisch legen. Im realen Leben scheitert so etwas an praktischen und rechtlichen Hürden. Elektronisch ist es kein Problem. Amazon-Gründer Jeff Bezos entschuldigte sich schließlich persönlich und nannte die Löschaktion »dumm, gedankenlos und schmerzhaft im Widerspruch zu unseren Prinzipien«. Doch der Präzedenzfall war geschaffen.

Das Beispiel verdeutlicht, was unser aller Leben in den kommenden Jahren und Jahrzehnten dramatisch verändern könnte: Im Zeitalter digital vernetzter Geräte sind Werte wie die Unverletzlichkeit der Wohnung, der Schutz des Privateigentums oder das Briefgeheimnis nicht mehr viel wert. Spielkonsolen, Blackberrys, iPhones, Windows-PCs, Apple-Rechner, Blu-ray-Player – digital dauerhaft oder gelegentlich mit dem Hersteller verbundene Geräte können per Software-Update jederzeit aus der Ferne modifiziert werden. Ein iPhone, könnte man auch sagen, gehört einem längst nicht so sehr wie ein Kühlschrank oder Fahrrad. Wir hängen alle an der Leine der Konzerne. Außer man verlässt sich auf die Tricks freiheitsliebender Hacker, die Steven Levys prophetische Gebote weiterhin ernst nehmen und verlässlich jedes gefesselte Gerät früher oder später befreien: »Der Zugang zu Computern und auch sonst allem, was einem etwas über die Funktionsweise der Welt beibringen könnte, soll unbegrenzt und vollständig sein. Der Imperativ des eigenhändigen Zugangs muss herrschen!«

Wer allerdings seine Spielkonsole mit einem eingelöteten Chip so modifiziert, dass sie auch Raubkopien abspielen kann, wer sein iPhone mit einem passenderweise »Jailbreak« (Gefängnisausbruch) genannten Programm von den Software-Beschränkungen befreit, die Apple verfügt hat, der macht sich angreifbar: Er verstößt gegen die Regeln der Konzerne, verliert damit jeden Anspruch auf Garantie oder Gewährleistung und riskiert, von den Diensten der Gerätehersteller ausgesperrt zu werden. Microsoft beispielsweise löscht in regelmäßigen Abständen Hunderttausende von Zugängen zu seinem Konsolennetzwerk Xbox Live, wenn das Unternehmen aus der Ferne feststellt, dass die gekauften und bezahlten Konsolen von ihren Besitzern modifiziert worden sind. Der große Bruder bemerkt es, wenn man an seiner Schöpfung herumgespielt hat, und er bestraft diese Frechheit. Unter Umständen verstoßen Käufer, die ihre Geräte modifizieren, inzwischen sogar gegen geltendes Recht, weil das deutsche Urheberrechtsgesetz das absichtliche Umgehen technischer Kopierschutzmechanismen explizit verbietet. Diese Regelung setzt eine EU-Richtlinie um, die unter tatkräftiger Mitwirkung der Lobbyverbände der Unterhaltungsindustrie entstanden ist – als Reaktion auf Napster und Co. Damals ging es eigentlich um das Entfernen der neu eingeführten Kopierschutzmaßnahmen für Musik-CDs oder DVDs, zum Beispiel sogenannter »Digital Rights Management«-Systeme. Die legen fest, auf wie vielen Geräten ein Song oder eine Videodatei abgespielt werden darf, und sollen das Anfertigen von Kopien zur Verbreitung über Tauschbörsen verhindern. Nun aber sorgen die Richtlinie und die durch sie erzwungenen Gesetze dafür, dass Käufer eines Geräts, das sich nicht Computer nennen darf, mit ihrem Eigentum nicht anstellen dürfen, was sie wollen.

Jonathan Zittrain, der auch den Begriff der »generativen Systeme« populär gemacht hat, spricht in seinem Buch »The Future of the Internet – And How to Stop It« von den Gefahren durch solche »angebundenen Geräte« (»tethered appliances«). Die kämen immer mehr in Mode, weil damit, man denke nur ans rituelle monatliche Windows-Update, der Schutz vor Software-Attacken durch Bösewichte verbessert werden soll. Für die Hersteller kastrierter Computer ist dies das stärkstes Argument: Die Generativität völlig offener Systeme kann eben auch missbraucht werden zur Umgehung von Kopierschutzmechanismen ebenso wie zur Programmierung von Viren, zur Versklavung von Millionen Rechnern durch Kriminelle, die mithilfe solcher Bot-Netze Spam verschicken oder massenhafte Internet-Attacken gegen bestimmte Rechnersysteme durchführen können. Freiheit ist nur um den Preis individueller Wachsamkeit zu haben: Wer einen Rechner benutzt, egal, ob mit einem Apple-, Windows- oder Linux-Betriebssystem, der muss sich um Virenschutz und eine funktionierende Firewall kümmern. Sonst kann sein Rechner leicht zur Beute derer werden, die die Generativität des Netzes und seiner Endpunkte missbrauchen.

Die Macht der Konzerne gehört den Behörden

Das Schutzbedürfnis der Nutzer aber führt im Konzert mit dem Kontrollbedürfnis der Hersteller zu einer gefährlichen Situation: Die »Gefahren des Exzesses«, so Zittrain, müssen nicht unbedingt von Virenschreibern und Hackern ausgehen. Möglich seien nun auch »Eingriffe von Regulierungsbehörden in die Geräte selbst, und damit in die Art und Weise, wie Menschen diese Geräte benutzen können.« Anders formuliert: Durch solche angebundenen Geräte wächst nicht nur die Macht der Hersteller über die Nutzer ihrer Geräte, sondern auch die Macht staatlicher Organe, die mit genügend Druck jeden Hersteller zu Erfüllungsgehilfen eigener Überwachungs- und Kontrollwünsche machen können.

Zumindest was totalitäre und autoritäre Systeme angeht, haben Richard Barbrook und Andy Cameron mit ihrer Warnung, dass die Technologien der Freiheit zu Maschinen der Herrschaft würden, recht behalten. In China beugen sich Infrastrukturanbieter und Suchmaschinisten brav den Wünschen der Regierung – was nicht heißt, dass Dissidenten nicht die Schlupflöcher und versteckten Auswege zu nutzen wüssten, die das Internet immer noch bereithält. Beispiel Twitter: Weil der Dienst sich nicht nur über die – in China blockierte – Web-Seite Twitter.com benutzen lässt, sondern von Handys aus, über eine Vielzahl von Anwendungen, die von externen Entwicklern geschaffen wurden, über Browser-Erweiterungen oder über eigene Programme, die sich auf jedem Rechner installieren lassen, ist er zu einem Instrument des Widerstands geworden. Twitter, sagte mir ein bekannter chinesischer Dissident einmal, sei das wertvollste Werkzeug, das die Demokratiebewegung in seinem Land heute habe: »Weil man nicht noch einmal zensieren kann, was man schon zensiert hat.« Das Beispiel zeigt, wie offene, generative Systeme wie Twitter (das Unternehmen hat seine Programmierschnittstellen offengelegt und ermöglicht so die zusätzlichen Zugangswege) die Arbeit der Zensoren, Kontrolleure und Unterdrücker in den totalitären Staaten dieser Welt deutlich schwieriger machen können.

Anders sieht die Sache bei geschlossenen Systemen wie dem E-Mail-Dienst des Blackberry-Herstellers Research in Motion aus. Das Unternehmen wickelt den Nachrichtenverkehr seiner Kunden über eigene Server ab, die in den jeweiligen Ländern stehen, gewissermaßen über ein abgeschirmtes Netz innerhalb des Internets. Das schafft Vertrauen gerade bei den Geschäftskunden, die Wert darauf legen, dass ihre Kommunikation wirklich sicher ist. Inzwischen aber gerät Research in Motion in Bedrängnis. Die indische Regierung hat im Sommer 2010, ebenso wie die Regierungen von Saudi-Arabien, den Vereinigten Arabischen Emiraten, dem Libanon und weiteren Ländern, gefordert, dass ihre Sicherheitsbehörden Zugriff auf sämtliche E-Mails erhalten, die von Blackberry-Geräten aus verschickt werden. Andernfalls würden die Dienste, die Research in Motion anbietet, schlicht verboten. Dem Internet-Telefonie-Anbieter Skype steht dasselbe Schicksal bevor.

Das Argument für diesen massiven Eingriff in private und geschäftliche Kommunikation: Schließlich könnten auch Terroristen die Verschlüsselungsmechanismen der Blackberry-Technik oder Internet-Telefonate nutzen, um Nachrichten auszutauschen. In den Vereinigten Arabischen Emiraten hatte der dortige Netzbetreiber Etisalat seinen 145 000 Blackberry-Kunden schon im Jahr 2009 heimlich ein Update aufs E-Mail-Handy geschickt, das eine Spionage-Software enthielt. Durch einen einfachen Befehl des Netzbetreibers konnte diese aktiviert werden. Diese Software hätte dann alle empfangenen E-Mails und SMS in verschlüsselter Form an einen unbekannten Empfänger weitergereicht, mutmaßlich an die lokalen Sicherheitsbehörden. Das Ganze fiel überhaupt nur deshalb auf, weil ein Fehler dafür sorgte, dass die betroffenen Blackberrys rasant ihre Akkus leer saugten. Hätte nicht jemand einen Programmierfehler gemacht, hätten die Blackberry-Benutzer nie etwas davon erfahren, dass sie plötzlich Wanzen mit sich herumtrugen. Research in Motion erklärte, man habe von der Aktion nichts gewusst, warnte Nutzer vor dem Update und stellte eine Software zur Verfügung, mit der es sich wieder entfernen ließ.

Es gibt weitere Beispiele für die kreative Umwidmung angebundener Geräte durch Sicherheitsbehörden. In den USA etwa

half ein Autohersteller dem FBI dabei, über ein im Wagen eines
Verdächtigen installiertes Navigationssystem per Drahtlos-
anbindung und Mikrofon Gespräche abzuhören. Die Techni-
ker des PKW-Herstellers brauchten die Mikrofone nur per Fern-
befehl einzuschalten. In mindestens einem dokumentierten
Fall ist das, von einem Richter abgesegnet, auch geschehen.

Die beschriebenen Probleme gelten nicht nur für Hardware
mit Software-Anbindung, sondern mindestens ebenso sehr für
Web-basierte Anwendungen von Facebook bis Google Mail. Sie
sind alle gleichermaßen der Willkür ihrer Betreiber unterwor-
fen, und damit auch der Willkür all jener, die in der Lage sind,
diese Betreiber zur Kooperation zu zwingen. Als Google-Chef
Eric Schmidt im Dezember 2009 von einer TV-Moderatorin
gefragt wurde, ob man Google denn wirklich all seine persönlichen Daten anvertrauen könne, über E-Mail, Kalender, personalisierte Suche, antwortete Schmidt: »Wenn es etwas gibt, von
dem Sie nicht wollen, dass es irgendjemand erfährt, sollten Sie
es vielleicht ohnehin nicht tun.« Eine solche Argumentation:
»Nur wer etwas zu verbergen hat, macht sich über Datenschutz
Gedanken«, kennt man aus autoritären Systemen. Wer »wirklich
diese Art von Privatsphäre« brauche, fuhr Schmidt fort, müsse
sich nicht über Suchmaschinen wie Google Sorgen machen, die
solche Daten natürlich durchaus speicherten. Sondern über
die US-Behörden. Denn der als Reaktion auf die Anschläge vom
11. September 2001 verabschiedete »Patriot Act« erlaube unter
bestimmten Bedingungen auch den Zugriff auf die Daten, die
Google über seine Nutzer sammelt. Die Konzerne überwachen
uns gewissermaßen schon jetzt vorsorglich für den Fall, dass
eines Tages eine Regierungsbehörde eine entsprechende Anfrage
an sie richtet. Gleichzeitig versuchen sie, uns möglichst eng an
ihre geschlossenen digitalen Ökosysteme zu binden.

Hätte es eine derartige zentrale Kontrolle über Soft- und
Hardware schon in den Achtzigern und Neunzigern gegeben,
gäbe es heute kein Internet, wie wir es kennen. Die schöp-

ferische Kraft, die YouTube und Wikipedia, Skype und Ebay,
Freemail-Accounts, den kostenlosen, von Freiwilligen programmierten Browser Firefox, das freie Betriebssystem Linux
und massenweise andere kostenfrei nutzbare Software hervorgebracht hat, kann sich nur auf offenen, unreglementierten
Plattformen frei von staatlichen Überwachungsbegehrlichkei-
ten und manchmal sogar ohne kommerziellen Hintergedan-
ken entfalten.

Bei Google, einem der vielen Kinder des generativen Internets, hat man das verstanden. Das von Google initiierte Handy-
Betriebssystem Android ist eine offene Plattform, für die jeder
Software schreiben und verkaufen darf. Beim Vertrieb über
den offiziellen Android Market fallen jedoch auch wieder
30 Prozent Provision an. Der entscheidende Unterschied zu
Apple: Android-Apps dürfen auch anderswo verkauft werden.
Als Nutzer muss man Google nur seine Daten schenken, um
ein aktuelles Android-Handy richtig nutzen zu können. Am
besten funktionieren diese tragbaren Mini-Computer, wenn
man einen Google-Mail-Account und einen Google-Kalender
hat. Damit allerdings unterliegt man eben nicht nur dem
Zugriff des Suchmaschinenkonzerns, sondern im Zweifelsfall
auch dem der US-Sicherheitsbehörden.

Die vergleichsweise offene Google-Philosophie, die näher
an den Gründungsgedanken des Internets als Ganzem ist als
das weitgehend geschlossene, kontrollierte Modell von Apple,
scheint sich durchzusetzen: Im Frühjahr 2011 überholten
Android-Handys die iPhones erstmals, was die Marktanteile
angeht. Es gibt mittlerweile eine Vielzahl von Herstellern, die
ihre Geräte mit dem von Google geförderten offenen Betriebssystem bestücken. Die Vorherrschaft des iPhones im Markt für
Internet-Telefone geht zu Ende. Was nichts daran ändert, dass
beide Systeme, das von Apple wie das von Google, den Nutzer
stärker an einen bestimmten Konzern binden, als das im sta-
tionären Internet jemals der Fall war.

Das mobile Internet unterscheidet sich bereits jetzt in einem weiteren entscheidenden Punkt vom PC-dominierten Netz: Handys und andere Mobilcomputer sind eben keine offenen Plattformen, was die Hardware angeht. Die Miniaturisierung setzt dem Prinzip der freien Gestaltung enge Grenzen, das Tabula-rasa-Prinzip hat sich für die Miniaturcomputer nicht durchsetzen können aus einem praktischen Grund: In ein Mobiltelefon kann man nicht mehr einfach eine neue Festplatte oder einen schnelleren Prozessor einbauen. Zwar gibt es einige wenige Ansätze für sogenannte Open-Source-Handys, aber das sind extreme Nischenprodukte für echte Liebhaber und Bastler.

An all diesen Entwicklungen sind wir selbst schuld − schließlich kaufen und benutzen wir Geräte, deren Funktionsumfang absichtlich und gezielt eingeschränkt wird, die die Obhut ihrer Schöpfer nie ganz verlassen, die uns nie ganz gehören. Wir verzichten leichtfertig auf das Tabula-rasa-Prinzip, vielleicht, weil uns gar nicht klar ist, was wir eigentlich daran haben. Das ist die eine große Gefahr für das schöpferische Chaos und die kreative Freiheit, die der Computer und das Internet uns gebracht haben. Eine andere ist die Unkenntnis und Kurzsichtigkeit deutscher Spitzenpolitiker.

Kapitel 13
Digitale Grabenkämpfe

Im Sommer 2007, wenige Monate bevor das Gesetz zur vorsorglichen Speicherung aller Internet- und Telefonverbindungsdaten im Bundestag beschlossen wurde, befragten die »Kinderreporter« des ZDF-Morgenmagazins Bundestagsabgeordnete nach ihren Erfahrungen mit der digitalen Welt. Auf die Bitte, doch mal ein »paar verschiedene Browser« zu nennen, gaben Spitzenpolitiker folgende Antworten:

Peter Struck, damals SPD-Fraktionsvorsitzender: »Weiß ich nicht.«

Christian Ströbele, Bündnis 90/Die Grünen: »Ich weiß nur, dass es Leute gibt, die da so ein Programm entwickelt haben, wo man mit einzelnen Fundwörtern was finden kann. Aber ich mach' das nie.«

Brigitte Zypries, SPD, damals Bundesjustizministerin und somit für das Gesetz zur Vorratsdatenspeicherung zuständig: »Browser, was sind jetzt nochmal Browser?«

Die Überraschung auf den Gesichtern der politischen Spitzenkräfte Berlins war kaum zu übersehen im Sommer 2009. Etwas Unerhörtes war passiert. Eine neue politisch-gesellschaftliche Frontlinie war sichtbar geworden, eine, die das Klima in diesem Land auf Jahre hinaus prägen könnte.

Dabei sah zunächst alles nach einem echten Coup aus: Ursula von der Leyen (CDU), seinerzeit Familienministerin, hatte ein Gesetz gefordert und dann, gegen das Zögern und Widerstreben ihrer Kabinettskollegen aus den eigentlich zuständigen Ressorts Wirtschaft, Inneres und Justiz, auch durchgesetzt: Provider sollten verpflichtet werden, kinderpornografische Inhalte aus dem WWW zu filtern, die entsprechenden Sperrlisten würde das Bundeskriminalamt (BKA) führen. Wer eine einschlägige Seite aufrief, sollte ein Warnschild zu sehen bekommen. Ein wahltaktisch todsicheres Gesetz, zielte es doch auf einen ungemein konsensfähigen Feind: die Hersteller und Verbreiter von Kinderpornografie. Folgerichtig tat die Opposition erst gar nichts und gab dann kaum mehr als ein leises Wimmern von sich – um sich schließlich damit abzufinden, dass die Familienministerin als Bezwingerin der Kinderschänder würde Wahlkampf machen können.

Dann passierte das Unerhörte: Eine schnell wachsende Zahl von Menschen sprach sich offen und nicht anonym gegen die Filterpläne der Ministerin aus – am Ende waren es über 134 000, die eine entsprechende Petition unterzeichneten. Obwohl es doch gegen Kinderpornografie ging! In Berlin war man konsterniert. Karl-Theodor zu Guttenberg (CSU), damals Wirtschaftsminister, war so überrascht, dass ihm sogar der Fauxpas unterlief, die zu diesem Zeitpunkt bereits mehrere zehntausend zählenden Unterzeichner der Petition, immerhin ja Wähler, vor laufender Kamera in die Nähe von Kinderschändern zu rücken.

Wie konnten diese Leute es wagen, einen Vorschlag abzulehnen, den ernstlich zu kritisieren nicht einmal die Opposition bereit gewesen war? Nichts fürchtet man in Berlin mehr, als selbst für einen Kinderschänderapologeten gehalten zu werden.

Eine Erklärung musste her. Der Redakteur Heinrich Wefing äußerte in der »Zeit« die Vermutung, man habe es bei den Unterzeichnern mit »Ideologen des Internet« zu tun, mit einer Gruppe, die »Ausnahmen von den Regeln« verlange, die für alle gelten: »Im Namen der Freiheit wird der Austritt aus dem Recht propagiert.« Tatsächlich wurde in der Petition mitnichten digitale Anarchie gefordert: »Kinder zu schützen und sowohl ihren Missbrauch als auch die Verbreitung von Kinderpornografie zu verhindern, stellen wir dabei absolut nicht infrage – im Gegenteil, es ist in unser aller Interesse«, war da zu lesen.

Aber darum ging es im Kern auch gar nicht. Wefing hatte durchaus recht, als er an anderer Stelle in seiner Polemik von einem »Kulturkampf« sprach, als er Vokabeln wie »Generationskonflikt« bemühte. Was der Streit ums Thema Netzfilter sichtbar machte, war eben jene Kluft, die Deutschland schon länger teilt: Die Einheimischen des Netzes, die Jüngeren, die habituellen Nutzer digitaler Technologie, wurden es langsam leid. Sie wollten nicht mehr einfach wortlos hinnehmen, dass immer wieder ungeniert in ihre Lebenswirklichkeit eingegriffen werden sollte. Und zwar ausgerechnet von Leuten, die gerade unter den Jüngeren vielfach als in digitalen Belangen ahnungslos wahrgenommen werden. Nicht zu Unrecht übrigens: Bis heute sind größeren Teilen aller deutschen Parteien die von Experten vorgebrachten Argumente gegen Netzsperren offensichtlich nicht bekannt. In privaten Gesprächen bringen Abgeordnete noch immer ihr Missfallen darüber zum Ausdruck, dass die Große Koalition mit dem Aussetzen des Gesetzes vor der »Netzgemeinde« eingeknickt sei. Auch nachdem die schwarz-gelbe Koalition das Gesetz endgültig beerdigt hatte, änderte sich an dieser Haltung nichts. So hat sich einmal mehr ein diffuses Gefühl breitgemacht, dass hier irgendwelche Libertären ihr Steckenpferd reiten und man sich gegen sie nicht habe durchsetzen können.

Das gilt übrigens quer durch die Parteien, nicht nur für die Konservativen. Matthias Güldner etwa, Fraktionsvorsitzender der Grünen in der bremischen Bürgerschaft, schrieb im Juli 2009 in einem Blog-Eintrag, der dann vom Onlineangebot der »Welt« übernommen wurde: »Wer Ego-Shooter für Unterhaltung, Facebook für reales Leben, wer Twitter für reale Politik hält, scheint davon auszugehen, dass Gewalt keine Opfer in der Realwelt fordert. Anders kann die ignorante Argumentation gegen die Internetsperren gar nicht erklärt werden.« Diese Formulierung, die Verquickung von Dingen, die nun wirklich rein gar nichts miteinander zu tun haben, illustriert das Pro-

blem sehr schön: Hier wird, von einem Grünen-Politiker um die
50, ein Generationenkonflikt diagnostiziert, in dem sich der
Autor selbstverständlich auf der richtigen Seite wähnt. Die Sach-
argumente, die jenseits aller Ideologie gegen das Sperrgesetz
sprachen, deutete Güldner als Versuch, »knallhart« die »Defini-
tionsmacht in Zeiten der Virtualisierung der Welt« an sich zu
reißen. Eines der Argumente, nämlich die Netzsperren seien
kinderleicht zu umgehen, kommentierte Güldner lediglich mit
den Worten »da haben sich einige wohl das Hirn herausgetwit-
tert«. Um den Rundumschlag zu vollenden, erklärte er auch
noch die von seiner eigenen Partei sonst so häufig gepriesenen
Instrumente der direkten Demokratie für wertlos, ja schädlich:
Wer dem Weltbild der Gegner des Gesetzes widerspreche, werde
»mit Massenpetitionen per Mausklick weggebissen«. Güldner
wurde daraufhin vom Grünen-Bundesvorstand zurückgepfiffen
und öffentlich gerügt, es gab einige Parteiaustritte und Kritik
aus der Jugendorganisation der Grünen. Eins aber hatte der
Ausbruch gezeigt: Manche unter Deutschlands Alternativen
betrachten digitale Technologie immer noch mit dem gleichen
Argwohn wie damals in den frühen Achtzigern, als der PC des
jungen Fraktionsmitarbeiters aus Angst vor seiner »arbeitsplatz-
zerstörenden Wirkung« wieder nach Hause geschickt wurde.

Der tausendfache Widerspruch markierte einen neuen
Rekord, aber wer genau hinsah, konnte die gesellschaftliche
Spaltung auch schon vorher sehen. Ob beim Thema Computerspiele, bei der Vorratsdatenspeicherung, bei den Debatten um
die Online-Durchsuchung: Immer wieder gab es Protest und
Streit und immer wieder zwischen den gleichen gesellschaftlichen Gruppen. Der Konflikt zieht sich auch durch die Feuille-
tons und Talkshows der Republik: Er schlägt sich nieder in den
Debatten über die katastrophalen Folgen der Digitalisierung
für die Musikbranche, über die Probleme der Zeitungsland-
schaft, über die angeblich verblödenden Effekte von Handys,
YouTube, Facebook und Videospielen.

Die Debatte über »das Internet« wird auf einem zum Teil erschreckenden Niveau geführt. Ein Beispiel: Der Redakteur Adam Soboczynski schrieb im Frühjahr 2009 einen Artikel für die »Zeit«, der mit »Das Netz als Feind« überschrieben war, im Kern eine wortreiche Publikumsbeschimpfung, in der Internetnutzern pauschal »Anti-Intellektualismus« und »Bildungsfeindlichkeit« vorgeworfen wurden. Erwartungsgemäß liefen zu der im Internet lesbaren Version des Artikels teils höflich kritische, teils lobende und teils hämische Kommentare auf.

Andernorts waren die Reaktionen deftiger, einige der Beschimpften kritisierten den Autor in Blog-Einträgen mit deutlichen Worten. »Zeit«-Feuilletonchef Jens Jessen sprang seinem Autor deshalb in einer folgenden Ausgabe der Zeitung bei: In den, Jessen zufolge, »wütenden Reaktionen« auf Soboczynskis Artikel zeige sich »Netzfanatismus«, »ein egalitärer Relativismus, der kein Mehr- oder Besserwissen dulden kann«, sogar »E-Bolschewismus« wollte Jessen ausgemacht haben. Schlimmer noch, das Ganze sei ein Symptom der Verdummung: »Die Pisa-Katastrophe, überall sonst beklagt, ist im Netz zur Norm erhoben worden.« Die habituellen Internetnutzer meiner Generation, die diese Worte lasen, schüttelten den Kopf über so viel als Arroganz verkleidete Ignoranz.

Doch diese Art von Pauschalurteil ist in deutschen Blättern in den vergangenen Jahren beinahe zur Regel geworden. »Das Internet verkommt zum Debattierclub von Anonymen, Ahnungslosen und Denunzianten« (Bernd Graff, »Süddeutsche Zeitung«, unter der Überschrift »Die neuen Idiotae«), »Internet-Blogs zersetzen das informierte und unabhängige Urteil« (Josef Schnelle, »Berliner Zeitung«). Die »Zeit«-Redakteurin und Buchautorin Susanne Gaschke diagnostizierte in einem Beitrag für die »Frankfurter Allgemeine Sonntagszeitung« eine »Netzbewegung« mit »hermetischem Vokabular«, die andere ausschließen wolle und »einen gewissen Fanatismus, eine Kompromisslosigkeit im Diskurs« an den Tag lege. Bei Jens

Jessen in der »Zeit« wurde das Internet sogar zur handelnden Person: »Das Internet, bevor es großmäulig von E-Democracy redet, muss erst einmal eine angstfreie Gesellschaft in seinen Räumen erlauben.«

All diese Thesen, Behauptungen und vermeintlichen Beobachtungen über das Internet als solches sind nicht falsch im engeren Sinne: Sie sind schlicht sinnlos. Ebenso sinnlos wie die Versicherung, Papier und Tinte seien in Wahrheit gar keine Kraft des Guten. Ebenso sinnlos wie die auf einem belauschten Kneipengespräch basierende Schlussfolgerung, Deutschland sei ein Land voller Dummköpfe.

Kein Zweifel: Das Internet existiert, und es wird auch nicht wieder verschwinden. »Das Internet« aber, wie es Soboczynski, Jessen und all die anderen Autoren immer wieder kritisieren und attackieren, existiert nicht. »Das Internet« als ein mehr oder minder homogenes Gebilde nämlich, in dem bestimmte Regeln gelten (oder nicht gelten), in dem bestimmte Verhaltensweisen angeblich ständig zu beobachten sind, in dem sich angeblich eine bestimmte Spezies Mensch tummelt, der (fast) nichts heilig ist. Das Internet ist das vermutlich komplexeste Gebilde in der Geschichte der Menschheit, eine Kraft der Veränderung, die es mit dem Buchdruck mindestens aufnehmen kann. Und es gehört für viele Millionen Menschen in diesem Land völlig selbstverständlich zu ihrem Alltag. Im deutschen Feuilleton aber wird nach wie vor vielfach darüber gesprochen, als handele es sich um eine lächerliche Trendsportart, die von ein paar verblendeten Schwachköpfen betrieben wird. Es ist, als klänge da ein Echo der vom Digitalen »Reduzierten« durch, die Gisela Friedrichsen 1990 anlässlich des Prozesses gegen die KGB-Hacker an deutschen Computerstammtischen vermutete. Das damals etablierte Ressentiment gegen Menschen, die Computern nicht mit Skepsis oder Abscheu, sondern womöglich mit Freude und Spaß begegnen, hat sich mancherorts bis heute gehalten.

Auch in den Seniorenberuhigungsrunden, zu denen Deutschlands öffentlich-rechtliche Talkformate am späteren Abend mittlerweile geworden sind, wird über das Internet immer und grundsätzlich aus diesem Blickwinkel gesprochen: Macht es uns (sprich: die!) dumm? Verdirbt es unsere Jugend? Befördert es den Terrorismus? Ist es ein Hort für Pädophile und andere Kriminelle? Muss der Staat denn nicht endlich eingreifen? Es spricht für sich, dass der von den deutschen Mainstreammedien zum Klassensprecher der Internetgeneration gekürte Werber, Blogger und Buchautor Sascha Lobo einen knallroten Irokesenschnitt auf dem Kopf trägt: So sieht das Internet in den Augen eines substanziellen Anteils der deutschen Gesellschaft bis heute aus, unernst, rebellisch, halbseiden, noch nicht ganz erwachsen, ein bisschen aggressiv. Wenn ein deutscher Fernsehmacher das Internet ins Studio holen will, lädt er einen Irokesenschnitt ein.

Tatsächlich macht Lobo seine Sache oft gut, und er füllt eine Lücke. Die vermeintlich Verblödeten, Verrohten, Dummgesurften sind mehrheitlich noch nicht in einem Alter, in dem sie gesellschaftliche Führungspositionen besetzen könnten. Deshalb wird gern und viel über ihre Köpfe hinweg geredet. Aber sie haben heute, dem Internet sei Dank, ganz neue Werkzeuge zur Verfügung, um sich zur Wehr zu setzen.

So wie der damals 21-jährige Jurastudent Matthias Dittmayer, der öffentlich-rechtlichen TV-Magazinen Ende 2007 in einem viel beachteten und bis heute populären YouTube-Video Recherchefehler, Polemik und verzerrende Darstellungen in Beiträgen über Computerspiele und -spieler vorwarf. In der gut neunminütigen Eigenproduktion wies Dittmayer den gebührenfinanzierten Informationsprogrammen »Hart aber fair«, »Panorama«, »Frontal 21« und »Kontraste« teils haarsträubende Fehler und Unwahrheiten nach. Da wurde in einer Sendung zum Beispiel detailliert beschrieben, wie man in »Grand Theft Auto: San Andreas« willkürlich ausgewählte

Opfer mit einer Kettensäge in Stücke schneiden könne, was in dem Spiel aber gar nicht möglich ist. In »Panorama« wurde sogar eine Szene vollständig konstruiert: Für die Kamera leerte irgendjemand ein Gewehrmagazin in eine Pixel-Leiche im Kriegsspiel »Call of Duty«, im Schneideraum kombinierte man diese Szene anschließend mit dem Lachen eines für den Beitrag gefilmten Spielers. Der jedoch hatte eigentlich über den Witz eines Mitspielers gelacht und selbstverständlich nicht auf so unsinnige Weise virtuelle Munition vergeudet. Der Beitrag ließ damit den Eindruck entstehen, als amüsiere sich der Mann darüber, dass er gerade auf eine virtuelle Leiche geschossen habe. Der NDR-Intendant musste nach wütenden Protesten eingestehen, dass man die Szene konstruiert hatte, das sei jedoch »durchaus üblich«. Der NDR-Rundfunkrat sah keinen Grund zur Beanstandung.

Im gleichen Beitrag verbreitete die »Panorama«-Redaktion die Behauptung, in »Grand Theft Auto: San Andreas« gewinne, »wer hier möglichst viele Frauen vergewaltigt«. Ein Spiel, in dem Vergewaltigungen möglich sind oder gar belohnt werden, gibt es auf dem deutschen Markt nicht. Gewaltverherrlichende Medien sind hierzulande verboten, und es sind auch schon Spiele aus genau diesem Grund von Richtern aus dem Verkehr gezogen worden. Bei vielen der Menschen, die in Deutschland Computer- und Videospiele mögen – und das sind einer aktuellen Studie zufolge ein Drittel aller Deutschen über 14, 80 Prozent aller Teenager, 40 Prozent aller Deutschen zwischen 30 und 39 –, hat sich inzwischen die Gewissheit festgesetzt, dass man in diesem Land über ihr Hobby ungestraft so viele Lügen verbreiten kann, wie man möchte. Und das betrifft die Medien ebenso wie die Politik. Es gibt bis heute hochrangige deutsche Volksvertreter, die das Märchen von den Kettensägenverstümmelungen und die Geschichte von den Vergewaltigungsspielen immer wieder erzählen, wenn sich die Gelegenheit bietet.

Nach dem Freispruch durch den Rundfunkrat wurde Dittmayer, der selbst eine Beschwerde an die »Panorama«-Redaktion gerichtet hatte, aktiv und schnitt seine private Medienkritik zusammen. Der Clip machte ihn zu einem kleinen Helden der deutschen Computerspielerszene. Er betreibt heute ein populäres Blog namens »Stigma Videospiele«, das verzerrende Berichte und Entlastendes über Computerspiele und ihre Auswirkungen sammelt und kommentiert. Man kann über Computer- und Videospiele durchaus geteilter Meinung sein, viele sind schlecht oder schlicht dämlich. Gerade im Ego-Shooter-Genre gibt es eine Vielzahl von Titeln, die mit ihrem dumpfen Militarismus wirken wie interaktive Werbeprospekte der amerikanischen Armee (die bei ihrer Entwicklung in der Regel Berater zur Verfügung stellt). Doch auch Videospieler haben ein Recht darauf, in gebührenfinanzierten Informationssendungen nicht als Psychopathen dargestellt zu werden, die über Leichenschändungen lachen, mit Vergnügen virtuelle Opfer verstümmeln und mit Massenvergewaltigungen nach neuen Highscores streben. Der mediale Mainstream aber muss sich erst langsam daran gewöhnen, dass es da plötzlich durchaus artikulierte Menschen gibt, die es wagen zu widersprechen. Die Petitionen anstrengen, Beschwerdebriefe schreiben, sogar Demonstrationen organisieren.

Bis vor nicht allzu langer Zeit nämlich waren Angst machende Beiträge über Computerspiele im deutschen Fernsehen eine sichere Sache: Das öffentlich-rechtliche Publikum, das im Schnitt 60 Jahre alt ist, goutierte ein bisschen angenehmes Gruseln über die Freizeitbeschäftigungen der Jugend von heute und interessierte sich dabei augenscheinlich nicht so sehr für die journalistische Genauigkeit. Diese Zeiten sind vorbei: Heute werden Beiträge über Computer- und Videospiele mit Argusaugen beobachtet, online analysiert und diskutiert. Das ändert nichts daran, dass immer noch viel Unsinn behauptet wird. Matthias Dittmayer hat mittlerweile ein Promotionsstudium in Jura aufgenommen, katalogisiert aber weiterhin Artikel und Beiträge zum Thema und stößt immer wieder auf die gleichen Mythen. Zum Beispiel den, dass das US-Militär Ego-Shooter entwickelt habe, um Soldaten die Tötungshemmung abzutrainieren. Das ist nachweislich falsch, es würde auch gar nicht funktionieren, denn reales Töten echter Menschen mit einer realen Waffe lässt sich am Monitor mit der Maus in der Hand nicht simulieren. Trotzdem, so Dittmayer, »finde ich alle drei Monate wieder in irgendeinem Zeitungsartikel diese Aussage«. Er habe »geglaubt, es würde mit der Zeit besser werden«, sagt Dittmayer, aber bislang hat er noch keinen Grund gesehen, »Stigma Videospiele« wieder einzustellen. Jeden Tag besuchen die Seite etwa 2500 Leser. Er selbst spielt nur noch einmal pro Woche, gemeinsam mit Kommilitonen. Keine Ego-Shooter, sondern Strategiespiele.

Immigranten machen Politik für Einheimische

Es gibt in Deutschland eine gebildete, gut informierte, zunehmend frustrierte Minderheit, die überzeugt ist: Das Land wird regiert, die öffentliche Meinung hierzulande dominiert von Menschen, für die das Internet eine fremde Welt und Computerspiele ein potenziell gefährlicher Zeitvertreib ist. Von Menschen, die immer noch stolz auf die eigene Fähigkeit sind, SMS zu verschicken. Von digitalen Immigranten eben.

Gleichzeitig leben in diesem Land mehr als 20 Millionen Menschen, die jünger sind als 35 oder 40 (um mal eine willkürliche Grenze für die Angehörigen der Generation C64 und der nachfolgenden Generationen zu ziehen), in deren Leben digitale Technologie eine zentrale, eine vor allem selbstverständliche Rolle spielt. Für die das Internet nicht »der Cyberspace« ist, sondern ein normaler Teil ihres Alltags, ebenso wie Telefone für die Generationen davor. Die Computerspiele seit

ihrer Jugend kennen und deshalb nicht für gefährliche Amok-
trainer halten. Die wissen, was ein Browser ist.

Die einen, die digitalen Immigranten, machen Politik für
die anderen, die in einer vom Digitalen durchdrungenen Welt
leben. Das kann auf die Dauer nicht gutgehen. Tatsächlich
ist in den vergangenen Jahren sogar schon eine Menge schief-
gegangen: Die deutsche Politik hat das Internet nicht nur
unter Helmut Kohl, sondern auch unter allen darauffolgenden
Regierungen fast vollständig verschlafen. Es ist nicht so, dass
man sich nicht hin und wieder mal bemüht hätte: Immer wieder wurden Internetbeauftragte bestimmt, Arbeitsgruppen,
Beiräte und Kommissionen eingesetzt. Nur interessierte sich
am Ende nie jemand von denen, die wirklich etwas zu sagen
hatten, für deren Vorschläge. Internetbeauftragter zu sein hat
in deutschen Parteien bislang niemanden wirklich weiterge-
bracht. Es war nicht karrieredienlich, sich für dieses Thema
zu interessieren. Erst als Ursula von der Leyen mit dem Kampf
gegen Kinderpornografie eine massiv problematisierende Art
der Annäherung fand, konnte das Internet in Deutschland
sogar zum Wahlkampfthema werden. Der deutschen Politik
ist das Internet bis heute in erster Linie als Gefahrenquelle
präsent.

Dann aber wuchs, völlig überraschend, der Widerstand.
Die Unterzeichner der Netzpetition waren nicht für Kinderpornografie im Netz. Sie hielten von der Leyens Filter nur für
keine sinnvolle Lösung, weil er die Quellen der schlimmen
Bilder unberührt, weil er sich leicht umgehen ließe – und
sie wehrten sich dagegen, dass künftig eine Polizeibehörde
als oberster Zensor über falsch und richtig im Netz entscheiden sollte. Im Kern geht es natürlich auch um ein Echo von
Barlows Utopie vom freien digitalen Grenzland: Das Netz
soll ein Netz für alle sein, überall. Ein spezielles Deutsch-
landnetz, das nach hiesigen Regeln (auch wenn die sich, wie
gesagt, leicht umgehen ließen) gefiltert würde, widerspräche

diesem Gedanken. An diesem Punkt ist die Argumentation der Netzsperrengegner am ehesten angreifbar. Über jeden Zweifel erhaben ist jedoch der Wunsch, auf keinen Fall eine Polizeibehörde als obersten Zensor des wichtigsten Mediums der Gegenwart zuzulassen.

Man erinnere sich an den Aufschrei, an die nationale Debatte, die die Ermöglichung der akustischen Wohnraumüberwachung, »Großer Lauschangriff« genannt, einst hervorrief. Und man stelle sich vor, eine Regierung versuchte möglichst schnell ein Gesetz durchzupeitschen, das Folgendes vorsieht: Jede gedruckte Publikation, die in Deutschland erscheint, jede Zeitung, jedes Buch und jedes Flugblatt muss künftig dem BKA zur Beurteilung vorgelegt werden. Das erstellt dann Listen mit Druckwerken, die zu übel sind, um publiziert zu werden. Geheime Listen. Das Land wäre in Aufruhr.

Der Vergleich mag polemisch klingen, er ist es aber nicht. Dem BKA die Zensorenrolle zu verweigern, war ein zutiefst demokratischer Wunsch, einer, der dem Geist des Grundgesetzes voll und ganz entspricht. All jene, die danach als »Ideologen« diffamiert wurden, denen zu Guttenberg unterstellte, dass sie sich »gegen die Sperrung von kinderpornografischen Inhalten sträuben«, waren mehrheitlich keineswegs Befürworter von Anarchie im Netz. Sie waren für Freiheit und für die in der Verfassung garantierten Bürgerrechte, für Gewaltenteilung, für »checks and balances«.

Demokratische Verfassungen werden nicht unter der Annahme gemacht, dass Menschen im Zweifel das Richtige tun werden, dass Politiker und Polizisten ja im Grunde gute Menschen sind und deshalb schon nichts schiefgehen wird. Sie sind konstruiert, um auch Fällen widerstehen zu können, in denen etwas nicht so läuft, wie man sich das als rechtschaffener Bürger wünscht. Deshalb dürfen Polizisten keine Verbrecher verurteilen, deshalb unterliegen Geheimdienste der Kontrolle des Parlaments, und deshalb entscheiden Polizeibehörden in Demokratien nicht, was publiziert werden darf und was nicht. Die Tatsache, dass genau dieser zentrale Punkt jeder demokratischen Verfassung in von der Leyens Gesetzentwurf zunächst völlig übergangen wurde, sagt einiges über die Sorglosigkeit, mit der deutsche Politiker vorgehen, wenn es um Verfassungsprinzipien an einer Stelle geht, die sie und viele ihrer Wähler nicht sonderlich zu interessieren scheint: im Internet. Das war auch bei den Gesetzentwürfen zur Vorratsdatenspeicherung und der sogenannten Online-Durchsuchung so: Beide landeten vor dem Verfassungsgericht in Karlsruhe, in beiden Fällen erklärten die Richter die Gesetze in ihrer vorliegenden Form für nicht verfassungsgemäß.

Dass die Unterzeichner der Petition gegen das Filtergesetz es wagten, Vernunft und Bürgerrechte sogar auf die Gefahr hin, als Päderastenfreunde gebrandmarkt zu werden, zu verteidigen, ist eine Entwicklung, die es eigentlich zu feiern gälte. Hier setzten sich Menschen für sinnvolle Gesetze und demokratische Grundprinzipien ein, teils schamloser öffentlicher Diffamierung zum Trotz. Für Deutschlands politische Klasse war es ein Vorgeschmack auf das, was noch kommen sollte: Die digitalen Einheimischen hatten begonnen, sich einzumischen.

Der nächste Schritt erfolgte nur wenige Monate später: Bei der Bundestagswahl im September 2009 stimmten 2 Prozent aller Wähler, knapp 850 000 Menschen, für die Piratenpartei. Eine Partei, die sich bis kurz zuvor praktisch nur mit einem einzigen Programmpunkt hervorgetan hatte: der Forderung nach einer Reform des Urheberrechts. Die schwedische Piratenpartei, die Mutter dieser mittlerweile europaweiten Bewegung, ist ein Kind von Napster. In Schweden wurde und wird Filesharing mit besonderer Hingabe betrieben, und man reagierte mit besonderer Wut, als die Musikbranche den Krieg gegen die eigenen Kunden begann. Die Partei wurde als Reaktion auf geplante strengere Gesetze gegen Datentausch im Internet gegründet, verschrieb sich jedoch schnell weiteren Themen wie Datenschutz und Informationsfreiheit. Heute existieren offiziell registrierte Piratenparteien in 14 europäischen Ländern, besondere politische Durchschlagskraft aber konnten sie kaum entfalten. Nur die schwedische Partei errang bei den Europawahlen im Sommer 2009 mit 7,1 Prozent der Stimmen einen Achtungserfolg und entsandte einen Abgeordneten ins Europäische Parlament. Bei der schwedischen Parlamentswahl im September 2010 aber kam die Partei gerade noch auf ein Prozent. In Deutschland war das viel beachtete Ergebnis bei der Bundestagswahl der größte Erfolg, den die Piratenpartei verzeichnen konnte. Ursula von der Leyen verdanken die deutschen Piraten eine Menge: In den Monaten von Juni bis Oktober 2009 verzehnfachte sich die Mitgliederzahl. Viele Wähler betrachteten eine Stimme für die Piraten wohl als die einzige Möglichkeit, ihrem Protest gegen das Internetsperrgesetz Ausdruck zu verleihen. Danach allerdings brachte die Partei nicht mehr viel zuwege, es gab interne Querelen, einige prominente Mitglieder traten öffentlich mit merkwürdigen Äußerungen in Erscheinung, über politische Inhalte jenseits der digitalen Agenda schien kein Konsens möglich. Ob die Piratenpartei bei der nächsten Bundestagswahl noch einmal in dieser Weise reüssieren kann, scheint nach dem derzeitigen Stand der Dinge mehr als fraglich.

Man muss der schwarz-gelben Bundesregierung zugute halten, dass sie daran einen nicht unwesentlichen Anteil hat. Innerhalb kurzer Zeit haben die etablierten Parteien auf den plötzlichen Aufruhr in Digitalien reagiert, haben das Internet auf ihre Agenda gesetzt und zum Teil sogar begonnen, jenen zuzuhören, die etwas von der Sache verstehen. Der damalige Innenminister Thomas De Maizière (CDU) lud Fachleute zu Gesprächsrunden ein, darunter nicht nur Verbands- und Industrievertreter, sondern auch die schärfsten Kritiker seines Amtsvorgängers Wolfgang Schäuble: den AK Vorratsdatenspeicherung zum Beispiel, der eine Verfassungsbeschwerde gegen das entsprechende Gesetz angestrengt hatte, den »Netzpolitik«-Blogger und Datenschutzaktivisten Markus Beckedahl und Constanze Kurz vom Chaos Computer Club. Gerade die alte Hacker-Vereinigung hat sich, gut 20 Jahre nach dem Tod Karl Kochs und dem Prozess gegen die KGB-Hacker, als akzeptierte und sogar wertgeschätzte Lobbygruppe in Sachen digitale Bürgerrechte, Datenschutz und Informationsfreiheit etabliert. Die Tatsache, dass Wahlcomputer in Deutschland bis auf weiteres nicht zum Einsatz kommen werden, weil sie sich manipulieren lassen, verdanken wir beispielsweise beherzten Demonstrationen dieser Schwächen durch CCC-Mitglieder. Clubsprecherin Constanze Kurz, Informatikerin an der Technischen Universität Berlin, war als Sachverständige geladen, als vor dem Bundesverfassungsgericht in Karlsruhe über die Vorratsdatenspeicherung verhandelt wurde. Sie wird regelmäßig zu politischen Gesprächsrunden fast aller Parteien gebeten, sie ist Mitglied der 2010 eingesetzen Enquetekommission »Internet und digitale Gesellschaft« des deutschen Bundestags und schreibt inzwischen, auf Initiative von Frank Schirrmacher, eine Kolumne für die konservative »Frankfurter Allgemeine Zeitung«. Familienministerin Kristina Schröder, CDU, selbst ein Mitglied der Generation C64 und eifrige Twitter-Nutzerin, bemüht sich um eine Annäherung an die »Netzgemeinde«. In einem »Dialog Internet« will sie mit Vertretern der beteiligten Branchen, mit Bürgerrechtlern und Fachleuten erörtern, wie der Schutz des Wohles von Kindern und Jugendlichen im Netz gewährleistet werden kann. Und auch Verbraucherschutzministerin Ilse Aigner (CSU) hat eine Reihe von Dialogveranstaltungen zum Thema Netzpolitik ins Leben gerufen.

De facto jedoch hat sich an der Situation nichts verändert: Zwischen weiten Teilen der deutschen Politik und denen, für die das Internet eine Selbstverständlichkeit ist, herrscht nach wie vor eine bezeichnende Sprachlosigkeit. Vielleicht liegt das, soweit es die Politik betrifft, an der insgeheim gewonnenen, aber natürlich nie laut formulierten Erkenntnis, dass man versagt hat in Sachen Internet. Dass Deutschland heute ein Entwicklungsland ist, was seine Präsenz und Relevanz im weltweiten Netz angeht. Weil man sich viele Jahre lang in tapferem Ignorieren des digitalen Wandels geübt hat, um dann, als das Internet nicht mehr zu ignorieren war, als Erstes darüber nachzudenken, wie man dieses Monstrum nun zähmen und wie man es gleichzeitig als Überwachungs- und Kontrollinstrument in Stellung bringen könnte.

Im Herbst 2010 wurde bekannt, dass Innenminister Thomas de Maizière nach all den Gesprächen mit Vertretern des CCC und anderer digitaler Bürgerrechtsorganisationen die umstrittene heimliche Online-Durchsuchung von Festplatten durch staatlich eingeschleuste Schadsoftware, den sogenannten Bundestrojaner, verstärkt einsetzen wolle, und zwar auch in Fällen normaler Strafverfolgung. Bislang war das Instrument auf die präventive Abwehr schwerer Terrorgefahren durch das Bundeskriminalamt beschränkt. Das heimliche Schnüffeln in einem extrem privaten Bereich, den eine Festplatte im Zeitalter der Digitalisierung nun einmal darstellt, würde für akzeptabel erklärt. Der private Computer wäre demnach weniger privat als die private Wohnung – denn die darf im Normalfall nur durchsucht werden, wenn der Bewohner anwesend ist. Außerdem sollen Polizei und Verfassungsschutz das Recht erhalten, verschlüsselte Kommunikation über das Internet, unter anderem Internet-Telefongespräche, abzuhören. Das Netz soll also zur Ausweitung staatlicher Gewalt instrumentalisiert werden. Der Streit innerhalb der schwarz-gelben Koalition über die Zukunft dieser Pläne dauert an.

Ähnlich verhält es sich mit der Vorratsdatenspeicherung: Nach dem Erfolg der Verfassungsbeschwerde gegen das Gesetz, das Provider verpflichtet, alle Internetverbindungsdaten zu

speichern, wird nun erneut offensiv eine sofortige Wieder-
einführung der gigantischen Datenerfassung gefordert. Die
Vorratsdatenspeicherung, um das noch einmal deutlich zu
sagen, ist in etwa so, als stelle man prophylaktisch an allen
deutschen Straßenkreuzungen Kameras auf, um vollständig
zu erfassen, wer wann wo vorbeigefahren ist. Es könnte ja sein,
dass mal ein Verbrechen passiert.

Das ist die eine Seite der neuen Internetpolitik: Man hat sich
damit abgefunden, dass dieses Werkzeug nun zur Verfügung
steht, also kann man es doch wenigstens in größtmöglichem
Ausmaß dazu einsetzen, die eigenen Bürger zu überwachen.
Die andere, für Deutschlands Zukunft womöglich noch pro-
blematischere Seite ist jedoch die, für die etwa Kulturstaats-
minister Bernd Neumann steht. Er ist ein Mann der alten
analogen Welt, er bekennt das auch gerne freimütig, obwohl
in sein Ressort zum Beispiel die Verantwortlichkeit für den
Deutschen Computerspielpreis fällt – den Neumann offenkundig wenig schätzt. Wesentlich mehr am Herzen liegt ihm die
»Nationale Initiative Printmedien«, die wohl einzige mit staatlicher Unterstützung ausgestattete Aktion zur Rettung eines
Datenträgers. Bernd Neumann ist ein Freund des Wortes, aber
nicht des geschriebenen, sondern des gedruckten. Aus einer
Pressemitteilung des Kulturstaatsministers aus dem September 2010: »Junge Menschen lesen heute immer weniger Zeitungen und Zeitschriften. Im Zentrum ihrer Mediennutzung
stehen elektronische Angebote. Mit dieser bereits seit langem
zu beobachtenden Entwicklung geht ein signifikanter Rück-
gang des Interesses von Kindern, Jugendlichen und jungen
Erwachsenen an politischen und gesellschaftlichen Fragen
einher. Das ist der Demokratie langfristig abträglich.«

Die erste Behauptung stimmt: Das Internet ist für Menschen
unter 20 das Informationsmedium Nummer eins. Es ist ja auch
besser als jedes andere Medium für diesen Zweck geeignet –
aber das behagt Neumann nicht. Den »signifikanten Rück-

gang des Interesses«, das junge Menschen heute der Politik entgegenbringen, kausal auf ihre veränderte Mediennutzung zurückzuführen, ist eine steile und gänzlich unbelegte These. Das Wort »Politikverdrossenheit« wurde von der Gesellschaft für deutsche Sprache 1992 zum »Wort des Jahres« gekürt – zu einer Zeit also, als der Großteil der Jugend von heute noch gar nicht geboren war (und ein Jahr bevor der erste grafische Webbrowser kam).

Vielleicht ist also doch eher die Politik schuld an der Politikverdrossenheit? Vielleicht liegt es sogar an Politikern wie Neumann selbst, die dieser Jugend in regelmäßigen Abständen Dummheit, Desinteresse und mangelnde Bildung vorwerfen. Ein Neumann-Zitat aus dem Jahr 2006, auch wieder im Zusammenhang mit der »nationalen Initiative«, die den Datenträger Papier vor dem Fortschritt retten soll: »Ich sehe dies in direktem Zusammenhang zu sinkender Lesefähigkeit und zurückgehendem Interesse an gesellschaftspolitischen Fragen.« Die Lesefähigkeit deutscher Schüler sinkt mitnichten. Die Punktzahlen im Bereich »Lesekompetenz« der Pisastudie für die Jahre 2000, 2003 und 2009 sind: 484, 491 und 497. Das ist kein rasanter Anstieg, aber beim besten Willen auch keine Abnahme. Zumindest in Deutschland scheint der Niedergang der Lesekultur noch nicht im Gange zu sein. Auch die Umsätze der Buchverlage steigen Jahr für Jahr. 2009 wurden, Zahlen von PriceWaterhouseCoopers und des Börsenvereins des Deutschen Buchhandels zufolge, hierzulande über 600 Millionen Euro mehr mit dem Verkauf von Büchern eingenommen als 2003; der Umsatz betrug fast 9,7 Milliarden Euro, und bis 2014 prognostiziert PriceWaterhouseCoopers einen Anstieg auf 10,3 Milliarden.

Eine Zahl scheint tatsächlich leicht zurückzugehen: die der absoluten Menge verkaufter Bücher. 2003 waren es laut GfK 381 Millionen, 2006 nur noch knapp 379 Millionen. Auch hat die Zahl der Menschen, die hierzulande Bücher kaufen, eine

Weile kontinuierlich abgenommen, aber dieser Trend begann, glaubt man den Daten der Gesellschaft für Konsumforschung (GfK), schon Mitte der Neunziger − und endete 2003. Seitdem nimmt die Zahl wieder zu. Mit dem Internet kann diese Veränderung also kaum zu tun haben. Im Gegenteil. Unter denen, die in Umfragen bekunden, dass sie an Büchern interessiert sind, finden sich besonders viele Internetnutzer: PriceWaterhouseCoopers zufolge lasen 2007 »Internet-Intensivnutzer« häufiger und mehr als Offliner. Diese Zahlen belegen eins sehr deutlich: Das Interesse der Deutschen an Büchern lässt nicht nach, schon gar nicht wegen des Internets.

Aber Fakten müssen ja nicht unbedingt eine Rolle spielen, wenn sich die Gefühle der Nostalgiker Bahn brechen. Noch immer geht hier das Unverständnis für das Medium und seine Möglichkeiten mit leiser Verachtung für die einher, die es selbstverständlich nutzen.

Tatsächlich ist der digitale Graben in Deutschland so breit und tief wie eh und je. An der grundsätzlichen Problematik, dass ein großer Teil der Menschen, die in diesem Land das Sagen haben, ob in der Politik, der Wirtschaft oder den Medien, ein mindestens gespaltenes Verhältnis zu digitaler Technologie und ihren Auswirkungen besitzt, hat sich nichts geändert. Es gilt heute allerdings nicht mehr als opportun und akzeptabel, sich offen als prinzipieller Feind der digitalen Medien zu outen. Niemand möchte schließlich als kulturpessimistisch oder gar reaktionär gelten. Die nach wie vor vorhandenen grundlegenden Vorbehalte der Datenträgernostalgiker, Dotcom-Blasen-Geprellten und Kulturpessimisten zeigen sich nun in neuem Gewand. Sie verkleiden sich als gut gemeinte Mahnungen, Warnungen vor Informationsüberschuss, vor zu viel Kommunikation, vor allzu großer Einfachheit, was den Zugang zu Wissen angeht. Oder als gespielte, kokettierende, demonstrative Inkompetenz: »Mach du das mal, ich weiß ja nicht mal, wie man einen Computer einschaltet.«

Am unangenehmsten aber ist diese fröhlich zur Schau getragene Ignoranz, wenn sie als Arroganz daherkommt, und diese Haltung ist unter Deutschlands Herrschenden nach wie vor verbreitet. Im Februar 2010 trat die Initiatorin der Petition gegen das Internetsperrgesetz, die zu diesem Zeitpunkt 30-jährige Franziska Heine, vor dem Petitionsausschuss des Bundestags auf. Sie hatte über 134 000 Menschen dazu gebracht, sich namentlich dazu zu bekennen, dass sie das geplante Gesetz in dieser Form aus guten Gründen für keine gute Idee hielten. Sie war öffentlich angegriffen und diffamiert worden, hatte viele Stunden ihrer Freizeit in politische Arbeit investiert, obwohl sie keiner Partei angehörte, angetrieben nicht von Karrierestreben, sondern von der Überzeugung, dass hier eine gefährliche Entwicklung im Gange war, die aufgehalten werden musste. Sie hatte, um es mit Bernd Neumann zu sagen, großes »Interesse an gesellschaftspolitischen Fragen« demonstriert, hatte sich verhalten wie eine mustergültige Demokratin, eine, von deren Sorte dieses Land gut noch ein paar mehr brauchen könnte. Aber als Heine sich vor dem Petitionsausschuss bei einer Antwort verhaspelte, witzelte ein Unionsabgeordneter mit boshaftem Unterton: »Vielleicht sollten wir chatten.«

Kapitel 14
Infokrieger und Cyber-Anarchisten

Am 4. September 2010 wurde der US-amerikanische Weltkriegs-
veteran William J. Lashua 90 Jahre alt. Einige Tage zuvor hatte
ein wohlmeinender Verwandter in einem lokalen Lebensmittel-
geschäft ein kleines Plakat aufgehängt. »Gesucht: Leute für seine
Geburtstagsparty« stand darauf, zusammen mit einem Foto
des Jubilars, Datum, Uhrzeit und Ort. Jemand fotografierte den
Aufruf und schlug im als anarchisch bis aggressiv berüchtigten
Internetforum 4Chan vor, William Lashua »einen Tag lang zum
glücklichsten Menschen der Welt zu machen«. Ein Enkel bekam
Wind von dem Aufruf – und Angst. »Bitte macht hieraus keine
Internet-Scheißshow«, flehte er in einem anderen Web-Forum.
Zum Geburtstag trafen in Lashuas Haus 50 Blumensträuße,
20 Kuchen, unzählige Glückwunschkarten und Postsäcke voller
Geschenke aus aller Welt ein, fünf 4Chan-Nutzer kamen persön-
lich. Lashuas Enkel bedankte sich online überschwänglich für
die »Liebe, den Respekt und die Großzügigkeit« aus dem Netz.
Ein 4Chan-Nutzer bastelte eine Bilddatei mit dem Foto des alten
Herren und der Unterschrift: »Wir sind Anonymous. Wir sind
Legion. Wir vergessen nie ... deinen Geburtstag.«

Julian Assanges erster Computer war ein Commodore 64. Auch
in Australien war der Brotkasten Mitte der achtziger Jahre ein
Objekt der Begierde, auch dort wurden Spiele getauscht und
kopiert, auch dort pilgerten Jungs in Elektronikgeschäfte, um
sich an den braunen Tasten zu versuchen. Julian Assange war,
20 Jahre bevor er WikiLeaks gründete, auch so einer, wenngleich das Programmieren ihm von Anfang an wichtiger war
als das Spielen. Genauer: Die Kontrolle über den Rechner zu

erlangen, etwas Neues auf der Tabula rasa zu schaffen, schien ihm eine deutlich spannendere Beschäftigung, als »Wizard of Wor« oder »Jumpman Junior« zu spielen. Damit machte er immer weiter – bis er schließlich ein System aufgebaut hatte, das die theoretisch grenzenlose Verfügbarkeit digital vorliegenden Materials in ein politisches Werkzeug, manche finden: eine Waffe, verwandelte.

Assange überquerte von einem der vielen Häuser aus, die er mit seiner Mutter im Lauf seiner Jugend bewohnte, regelmäßig die Straße, um auf der anderen Seite ein Fachgeschäft für Elektronik zu besuchen. Dort übte er den Umgang mit dem Rechner – so lange, bis seine Mutter ihm schließlich einen eigenen 64er kaufte. Zum Ausgleich zog die Kleinstfamilie, bestehend aus Julian, seinem Halbbruder und seiner Mutter, in ein preiswerteres Domizil um. Das ständige Umziehen gehörte zu ihrem Lebensstil wie Lebensmitteleinkäufe zu dem anderer Familien – angeblich erlebte Julian schon vor seinem 14. Geburtstag 30 Umzüge. Von nun an aber war der Rechner immer mit dabei.

Es sei die »Strenge der Interaktion« mit dem Computer gewesen, die ihn angezogen habe, sagte Assange im Jahr 2010 einem Reporter der Zeitschrift »The New Yorker«. Die erinnere ihn an Schach: »Viele Regeln, kein Zufall und ein sehr schwieriges Problem als Aufgabe«. 1987 bekam Assange sein erstes Modem, wenige Jahre später gehörte er einer kleinen Gruppe australischer Hacker an, die sich, wie Karl Koch und die VAX Busters in Deutschland, wie die Mitglieder der Legion of Doom und die Masters of Deception in den USA, wie andere Hacker rund um den Globus, in die Großrechneranlagen von Telekom-Unternehmen oder Forschungseinrichtungen hackten. Schon damals fühlten sich die Australier einer Art Internationale der Hacker zugehörig. Beschrieben wird dieser Kreis unter anderem in Suelette Dreyfus' Buch »Underground. Die Geschichte der frühen Hacker-Elite«, detailliert nachzulesen ist die Geschichte von Assange und seiner Enthüllungsplattform auch im SPIEGEL-Buch »Staatsfeind WikiLeaks« von Holger Stark und Marcel Rosenbach.

Assange hat bei der Recherche für Dreyfus' »Tatsachenroman« selbst geholfen und wird auch als Co-Autor geführt – schon in den Neunzigern war dem späteren WikiLeaks-Gründer augenscheinlich sehr daran gelegen, an seiner eigenen Legende mitzuarbeiten. Dreyfus zufolge hatten die Hacker aus Melbourne Kontakte nach Deutschland und in die USA. Viele der jungen Männer, die in den Kapiteln vier und fünf dieses Buches prominente Rollen einnehmen, gehörten zum erweiterten Bekanntenkreis der australischen »Cypherpunks«, zu denen sich auch Assange zählte. Er selbst sagte später über diese Zeit: »Wir waren schlaue, empfindsame Kids, die in die dominante Subkultur nicht hineinpassten und all jene, die das taten, als hoffnungslose Holzköpfe geißelten.« Der Mann, der mit WikiLeaks später unter anderem die Regierung der Vereinigten Staaten herausfordern sollte, verdiente sich seine ersten Sporen im Kreis der internationalen Computerjockeys, verkehrte mit Hackern und Phreakern, übte sich in Social Engineering und dem Knacken von Codes.

Einer der Hacker aus dieser in und um Melbourne entstandenen Szene attackierte unter anderem das System, das Clifford Stoll beaufsichtigte, der Netzwerkadministrator, der seine Jagd auf Karl Kochs Komplizen Urmel publikumswirksam in seinem Buch »The Cuckoo's Egg« verarbeitet hatte. Dem Technik-Korrespondenten der »New York Times« erklärte der Australier seinen Angriff auf Stoll damals mit einem Akt internationaler Hacker-Solidarität: »Ich war wütend darüber, wie er viele Leute beschrieb. Er schwafelte davon, alle Hacker zu hassen, und vermittelte eine ziemlich einseitige Sicht davon, wer Hacker sind.« Es existierte damals bereits in der Hacker-Szene eine Art weltumspannender Verschwörergeist und das Gefühl, einer geheimen Elite anzugehören.

Die Gruppe, mit der Assange, der sich damals »Mendax«
(Lügner) nannte, im Kontakt stand, hatte wiederum Verbindungen zur Legion of Doom und den Masters of Deception,
den beiden großen Hacker-Truppen, die Anfang der Neunziger
die Szene in den USA dominierten. Zu deren Gründungsmit-
gliedern gehörten auch die jugendlichen Hacker, deren Schicksal John Perry Barlow zur Gründung der Electronic Frontier
Foundation inspirierte. Man versteht die Motivationen des
WikiLeaks-Gründers besser, wenn man sich vor Augen führt, in
welchem intellektuellen und ideologischen Umfeld er sich als
Teenager bewegte. Dreyfus beschreibt die australische Gruppe
in dem Dokumentarfilm »In the Realm of the Hackers« (Im
Reich der Hacker), der auf ihrem Buch beruht, mit Worten,
die ebenso gut auf Karl Koch und seine Mitverschwörer passen
würden: Durch den Kalten Krieg seien die jungen Australier so
desillusioniert, die Möglichkeit einer atomaren Vernichtung
jederzeit so präsent gewesen, dass ihnen offizielle Regeln und
Beschränkungen lächerlich, überholt und willkürlich erschienen seien.

Wie in Deutschland und den USA begannen Behörden und
Strafverfolger, sich Ende der achtziger Jahre auch in Australien
erstmals intensiv für die Aktivitäten der jungen Datenreisenden zu interessieren. In den Neunzigern wurden dort gleich
mehrere Prozesse gegen Hacker aus dem Melbourner Zirkel
angestrengt. Assange wurde 1991 verhaftet und 30 unterschiedlicher Computerstraftaten angeklagt. Er landete vor Gericht,
kam jedoch mit einer moderaten Geldstrafe davon.

Das Programm der Enthüllungsplattform WikiLeaks setzt
die Hacker-Ethik in ihrer radikalsten Form um: Wenn alles
öffentlich, jede Information verfügbar ist, so interpretiert
Julian Assange Steven Levys Regel Nummer drei: »Alle Information soll frei sein«, dann kann das der Menschheit nur zum
Vorteil gereichen. »Nur auf enthüllte Ungerechtigkeit kann
man antworten; damit der Mensch intelligent handeln kann,

muss er wissen, was tatsächlich vor sich geht«, schrieb er Ende 2006, kurz nach der Gründung von WikiLeaks. Assange geht allerdings in seiner Interpretation deutlich weiter, als sich Levy das wohl gedacht hatte.

Autoritäre Regime, so Assange, basierten stets auf »verschwörerischen Interaktionen innerhalb der politischen Elite, nicht nur um Vorzüge und Privilegien innerhalb des Regimes zu erreichen, sondern als die primäre Planungsmethode zur Erhaltung und Stärkung autoritärer Macht«. Den Aufsatz mit dem Titel »Verschwörung als Regierungsform« verfasste Assange in der dunkelsten Phase der Ära George W. Bush, zweifellos unter dem Eindruck von Guantanamo, Abu Ghureib, den Kriegen in Afghanistan und Irak und Berichten über geheime Foltergefängnisse auf dem Staatsgebiet von Verbündeten der USA. Er lässt darin keinen Zweifel daran, dass er auch die USA für eines dieser »autoritären Regime« hält. Und er betrachtet Information explizit als Werkzeug radikaler politischer Veränderung: »Ungerechte Systeme« seien durch massenweise Datenlecks »besonders verwundbar denen gegenüber, die sie durch offenere Formen des Regierens ersetzen wollen«. Assange nahm den an sich politisch neutralen Ansatz der Hacker-Ethik und verwandelte ihn mit wenigen kognitiven Winkelzügen in eine explizit politische Handlungsanweisung.

Diesen Weg verfolgte WikiLeaks von Anfang an, von der Weltöffentlichkeit zunächst weitgehend unbemerkt. Einige Veröffentlichungen sorgten für lokal begrenzten Wirbel, etwa als interne Papiere der Scientology-Sekte oder ein Bericht über Korruption in Kenia veröffentlicht wurden. Auch in die weltweite Debatte um Internetsperren gegen Kinderpornografie griff WikiLeaks ein: Auf der Plattform wurden die Sperrlisten mit Internetadressen veröffentlicht, die in Thailand, Dänemark, Norwegen und Australien zur Filterung des Internetverkehrs eingesetzt wurden. Dabei zeigte sich, dass auf diesen Listen bei weitem nicht nur Websites auftauchten, die Kinderpornografie vorhielten. Die Liste aus Thailand beispielsweise umfasste Hunderte Seiten, auf denen die dortige königliche Familie kritisiert wurde. Auf der australischen Sperrliste fand sich neben Poker-Websites, Wikipedia-Einträgen und YouTube-Links die Websites eines Zahnarztes und weiterer völlig harmloser Unternehmen.

Globale Aufmerksamkeit aber errang die Plattform erst Anfang April 2010. Damals veröffentlichte WikiLeaks ein Video, das zeigte, wie die Besatzung eines US-Kampfhubschraubers in den Straßen eines Vororts von Bagdad mit der Bordkanone auf Menschen schießt. Zwei der Getöteten arbeiteten für die Nachrichtenagentur Reuters. Die Agentur hatte lange Zeit vergeblich versucht, auf offiziellem Weg an das Videomaterial aus der Bordkamera des Hubschraubers heranzukommen. Nun war das Video entschlüsselt und öffentlich, es wurde mit flankierenden Informationen über die Opfer und die Vorgeschichte des Einsatzes präsentiert. Dabei wurde deutlich, dass nicht nur die beiden Reuters-Mitarbeiter zu den unschuldigen Opfern des Angriffs gehörten. In einem Minibus, mit dem eilig Verletzte von der Straße geholt werden sollten und der nun ebenfalls beschossen wurde, saßen zwei Kinder. Sie überlebten den Angriff schwer verletzt. All das dokumentierte WikiLeaks in der bis dahin aufwändigsten Veröffentlichung der Plattform unter dem Titel »Collateral Murder«. Spätestens seit dieser Aktion steht die Enthüllungsplattform auf der schwarzen Liste von US-Geheimdiensten und Militärs. Die CIA hatte schon zuvor nach Wegen gesucht, um WikiLeaks auszuschalten – das Dokument, das dies belegt, tauchte prompt im Netz auf. Assange reiste rastlos kreuz und quer um den Globus, schlief auf Sofas und Gästebetten in den Wohnungen von Bekannten und Sympathisanten. Sein radikaler Ansatz begann Wirkung zu zeigen. In seinen Augen aber noch nicht genug.

Für die nächsten umfangreichen Veröffentlichungen schmiedete der Australier deshalb Allianzen mit internationalen

Medien: dem britischen »Guardian«, der »New York Times« und dem SPIEGEL, später mit weiteren Zeitungen und TV-Sendern, darunter »Le Monde« aus Frankreich« und »El Pais« aus Spanien. Mit wenigen Monaten Abstand erschienen Berichte über die Kriege in Afghanistan und im Irak, basierend jeweils auf vielen zehntausend internen Dokumenten des US-Militärs. Die Bulletins der Soldaten in den Kriegsgebieten zeichneten ein völlig neues Bild von den Einsätzen der Amerikaner und enthüllten bis dahin unbekannte Informationen über zivile Opfer, Folterungen und die tatsächlichen Erfolgsaussichten der Militäroperationen. Ende November folgte dann die Aktion, die für die bis zu diesem Zeitpunkt größte internationale Aufregung sorgte: WikiLeaks kündigte an, knapp 250 000 Depeschen aus dem diplomatischen Dienst der USA zugänglich zu machen. Tatsächlich publizierte die Plattform anschließend zunächst nur einen winzigen Bruchteil davon, in kleinen, täglich nachgereichten Häppchen. Freigegeben wurden zunächst nur jene Depeschen, die von den beteiligten Medien untersucht und um möglicherweise für Betroffene gefährliche Informationen bereinigt worden waren.

Die Auszüge aus den Diplomatendepeschen waren für das US-Außenamt dennoch überaus peinlich. Teils wenig schmeichelhafte Einschätzungen der Persönlichkeit diverser internationaler Spitzenpolitiker aus der Feder von US-Botschaftern wurden ebenso öffentlich wie die durchaus kritische Haltung diverser arabischer Staatschefs zu Irans Atomprogramm und eine Vielzahl von anderen pikanten Details über das Verhältnis der USA zu anderen Staaten. Die US-Regierung protestierte lautstark, betonte aber zugleich, dass ja gar nichts wirklich Brisantes an die Öffentlichkeit gelangt sei.

Gleichzeitig begann der offene Kampf gegen WikiLeaks. Sogenannte Distribuierte Denial-of-Service-Attacken (DDoS), bei denen Server mit automatisierten Anfragen Tausender anderer Rechner überlastet werden, legten die Website immer wieder lahm. Ein selbsternannter »patriotischer« US-Hacker namens »The Jester« (Hofnarr) behauptete, für die Angriffe verantwortlich zu sein, nachgewiesen jedoch wurde das nie. Weil man sich nun einmal im Reich der Verschwörer und Verschwörungen bewegte, schossen entsprechende Theorien ins Kraut: Im Netz diskutierten Nutzer darüber, ob die Attacken gegen WikiLeaks nicht doch vom US-Geheimdienst orchestriert worden waren. Kurz darauf folgte der nächste Schlag gegen die Enthüllungsplattform: Der US-Dienstleister EveryDNS entzog WikiLeaks Anfang Dezember 2010 die Domain WikiLeaks.org – die Seite war damit nicht mehr über die Eingabe des Seitennamens in die Browser-Adresszeile zu erreichen. EveryDNS begründete den Rauswurf mit den ständigen DDoS-Angriffen, die das eigene System einfach nicht mehr verkraften könne. Die schnell wachsende Zahl der WikiLeaks-Fans rund um den Globus jedoch interpretierte den Entzug der Domain als einen kriegerischen Akt.

Schlag auf Schlag ging es weiter: Der Online-Einzelhändler Amazon, bei dem man auch Server-Kapazitäten anmieten kann, setzte den zahlenden Kunden WikiLeaks vor die Tür. Der Online-Bezahldienst Paypal, die Kreditkartenunternehmen Mastercard und Visa entzogen der Plattform die Unterstützung: Spenden an WikiLeaks würden künftig nicht mehr verarbeitet, teilten die Unternehmen mit. In allen Fällen wurde vehement bestritten, dass man auf Druck von US-Behörden gehandelt habe, stets verwiesen die Unternehmen auf ihre Geschäftsbedingungen, gegen die WikiLeaks angeblich verstoßen habe. Schnell aber wurde ruchbar, dass der parteilose US-Senator Joe Lieberman, Vorsitzender des Senatsausschusses für Heimatschutz, in Sachen WikiLeaks direkt bei Amazon interveniert hatte. Lieberman kommentierte Amazons Entscheidung so: »Ich hätte mir gewünscht, dass Amazon diese Maßnahme früher ergreift angesichts der vorherigen Veröffentlichungen als vertraulich eingestufter Informationen durch WikiLeaks.«

Damit waren die USA mit ihrem Vorgehen gegen WikiLeaks noch längst nicht am Ende. Behördenmitarbeiter und sogar Studenten wurden davor gewarnt, sich die veröffentlichten Dokumente anzusehen. Beamte verstießen damit gegen Sicherheitsauflagen, Studenten könnten sich Jobaussichten in Regierungsbehörden verderben, hieß es zur Begründung. Selbst die Dokumente bei Twitter oder Facebook zu erwähnen könne Karrieren im Staatsdienst verhindern. Bei der US-Luftwaffe wurde es verboten, am Arbeitsplatz die Website der »New York Times« aufrufen. Das Verbot galt auch für »Le Monde«, den britischen »Guardian« oder SPIEGEL ONLINE. Wer es trotzdem versuchte, wurde mit der Nachricht beschieden: »Zugriff verweigert. Der Internetgebrauch wird aufgezeichnet und überwacht.«

Das Weiße Haus hatte schon zuvor formal darauf hingewiesen, dass alle Bundesbeschäftigten ohne entsprechende Sicherheitseinstufung Dokumente, die als geheim eingestuft seien, nicht lesen dürften. Auch nicht von zu Hause, von ihren privaten Computern aus.

Im Netz wuchs die Wut über das, was sich da vor den Augen der Weltöffentlichkeit vollzog: Eine Organisation, gegen deren Mitglieder in den USA nicht einmal ein Haftbefehl vorlag, geschweige denn eine Anklage, sollte hier augenscheinlich auf technischem und finanziellem Weg ausgeschaltet werden. Das »Land der Freien«, dessen erster Verfassungszusatz »Redefreiheit und Pressefreiheit« garantiert, war unter bestimmten Umständen augenscheinlich bereit, solche Rechte vorübergehend für zweitrangig zu erklären. Das schien all jenen recht zu geben, die vor der Einrichtung einer zensurtauglichen Infrastruktur gewarnt hatten – hätten sich Internetsperren, wie sie viele gegen Kinderpornografie befürworteten, nicht auch gegen eine Plattform wie WikiLeaks einsetzen lassen? Plötzlich schien die Freiheit des Netzes sogar in dem Land zur Disposition zu stehen, in dem sie erfunden worden war.

Dabei ist das Veröffentlichen von Informationen aus derartigen Quellen in den USA nicht illegal, nur deren Diebstahl. Die mutmaßliche Quelle der Diplomatendepeschen, der Dokumente über die Kriege im Irak und Afghanistan wie auch des »Collateral Murder«-Videos, der 23-jährige Militäranalyst Bradley Manning, saß jedoch längst in Haft. In den USA machte man sich daran, eine juristische Hilfskonstruktion zu entwickeln, um auch Julian Assange und seine Mitstreiter noch vor Gericht stellen zu können.

Fast zur gleichen Zeit stellte sich Assange in London der Polizei. Nicht etwa wegen der Veröffentlichungen, sondern wegen eines in Schweden von zwei Frauen gegen ihn erhobenen Vorwurfs sexueller Übergriffe. Assange selbst insinuierte anfangs, die Anklage in Schweden sei Teil einer Kampagne gegen ihn. Tatsächlich aber scheinen die Vorwürfe gegen ihn von der Causa WikiLeaks vollkommen unabhängig zu sein. Was nichts daran änderte, dass viele in der wachsenden Gruppe der Unterstützer der Plattform das juristische Vorgehen gegen den WikiLeaks-Gründer als Teil eines Komplotts betrachteten und für Assange auf die Straße gingen. John Perry Barlow persönlich mischte sich ein und rief via Twitter offen zum Widerstand auf: »Der erste ernsthafte Informationskrieg hat begonnen. Das Schlachtfeld ist WikiLeaks. Ihr seid die Truppen.«

Zur Erinnerung: Als Barlow gemeinsam mit dem Software-Multimillionär Mitch Kapor die Electronic Frontier Foundation (EFF) gründete, die heute wohl einflussreichste Bürgerrechtsorganisation der digitalen Welt, ging es um einen im Grundsatz ähnlichen Konflikt: Hacker hatten sich vermeintlich geheime Dokumente eines US-Telekom-Riesen verschafft und sie in digitaler Form verfügbar gemacht. Kapor und Barlow sahen die Informationsfreiheit und das freie Streben nach Wissen in Gefahr. Die EFF bezahlte Anwälte, die die Hacker vor Gericht verteidigten – und gewannen. Für Barlow gab es zwischen dem Fall WikiLeaks und dem »Hacker Crackdown« der frühen Neunziger in den USA klare Parallelen: Hier wie dort ging es schließlich darum, dass mächtige Organisationen mit aller Macht versuchten, Information zu unterdrücken, Herrschaftswissen zu bewahren, und zwar mit großer Rücksichtslosigkeit. Barlows alte »Unabhängigkeitserklärung des Cyberspace« von 1996 klang plötzlich wieder brandaktuell: »Regierungen der industrialisierten Welt, ihr müden Giganten aus Fleisch und Stahl, ich komme aus dem Cyberspace, der neuen Heimat des Geistes. Im Namen der Zukunft bitte ich euch, die ihr aus der Vergangenheit stammt, uns in Frieden zu lassen. Ihr seid unter uns nicht willkommen. Wo wir uns versammeln, habt ihr keine Macht.«

Die Reaktion der weltweit verteilten Unterstützer von Wiki-Leaks auf die wenig subtilen Versuche, die Plattform kaltzustellen, ließ nicht lange auf sich warten. Nachdem WikiLeaks eine Anleitung zum Aufsetzen eines Spiegel-Servers veröffentlicht hatte, mit deren Hilfe man das gesamte aktuelle Angebot sehr einfach im eigenen Webspace als Kopie vorhalten konnte, schossen die WikiLeaks-»Mirror Sites« wie Pilze aus dem Boden. Binnen weniger Stunden gab es Hunderte Kopien der Seite, wenige Tage später bereits weit über tausend. Parallel riefen Aktivisten in aller Welt zum Gegenangriff auf.

Vor allem ein Name tauchte dabei immer wieder auf: Anonymous. Diese amorphe, in keiner Organisationsstruktur verfasste, aber dennoch äußerst langlebige und zuweilen furchteinflößend effektive Gruppe von Netzbewohnern war Beobachtern der kurzen Geschichte des Internets schon zuvor ein Begriff gewesen. Nun trat Anonymous, die wohl merkwürdigste Protestbewegung des 21. Jahrhunderts, an die Seite von WikiLeaks, mitten auf die Weltbühne und ins Visier westlicher Sicherheitsbehörden. Entstanden war sie in einem seltsamen Teenager-Internetforum namens 4Chan.

Die maskierten Unsichtbaren

Das Bilder-Bulletin-Board mit dem kryptischen Namen 4Chan ist für Nichteingeweihte ein verwirrender, manchmal erschreckender Ort. Ein Ort, an dem Menschen in einer Geheimsprache miteinander sprechen, an dem keinerlei Tabus zu gelten scheinen, ja das Brechen beliebiger Tabus sogar zum guten Ton gehört. 4Chan ist das soziale Internet in seiner radikal ungefilterten Form. Oft abstoßend, extrem faszinierend und für Außenstehende nahezu unverständlich. Anonym, drastisch, brutal, blitzschnell und fast völlig unkontrolliert. 4Chan ist das Anti-Facebook.

Wäre die Plattform ein realer Ort, müsste man ihn sich etwa so vorstellen: Tausende von Menschen, von denen die meisten Masken tragen und manche ziemlich betrunken sind, haben sich versammelt. Sie reden durcheinander, sie zeigen einander Fotos, sie beschimpfen sich auf wüste und obszöne Weise, sie brüllen rassistische, sexistische, homophobe, antisemitische Flüche in den Raum. Sie verabreden sich in kleinen Gruppen zu irgendwelchen Streichen, verschwinden kurz und tauchen kurz darauf wieder auf, immer noch maskiert, um sich über das eben Geschehene zu unterhalten. Allerdings ohne zu wissen, ob die neuen Gesprächspartner tatsächlich die gleichen sind wie die von vorhin. Manchmal führt ein einzelner Maskenträger ein längeres Stück auf oder trägt einen Text vor, um ihn herum sammelt sich schnell ein Kreis mit anderen Maskierten, die Kommentare oder Beschimpfungen zur Darbietung beitragen. Manchmal tut einer der Maskierten so, als sei er eine ganze Gruppe, spricht aber in Wahrheit mit sich selbst. Was nicht zu erkennen ist, weil er während des Gesprächs ununterbrochen blitzschnell den Platz wechselt. Manchmal werden die von einem Kreis überwiegend schweigender Zuhörer umgebenen Darbietungen zu improvisierten Gruppen-Performances – einer hält ein lustiges Bild hoch, ein anderer gibt einen lustigen Kommentar dazu ab, ein weiterer präsentiert eine veränderte oder mit einer balkendicken Kommentarzeile versehene neue Version des Ursprungsbildes, um den Witz noch weiterzutreiben, jemand anderes springt hinzu und hält ein scheinbar völlig deplatziertes weiteres Bild hoch, was zu großem Gelächter führt, weil wieder einmal einer von Hunderten Insiderwitzen in ansprechender Weise in die Konversation eingepasst wurde. Hin und wieder entstehen dabei tatsächlich komische kleine Kunstwerke, die dann von den Zuschauern oder Teilnehmern nach draußen weitergereicht oder konserviert und bei Bedarf später wieder hervorgeholt werden. Um daran zu erinnern, wie witzig, schöpferisch, brillant es hier doch manchmal zugeht.

In vielen dieser Zirkel, die ständig entstehen, vergehen, neu arrangiert werden oder sich von einer Sekunde zur anderen in Luft auflösen, spricht man über konkrete Themen: schnelle Autos etwa oder Schusswaffen, japanische Animationsfilme, Essen und Trinken, Comics, Spielzeugfiguren oder Pornografie. In anderen geht es ostentativ um rein gar nichts oder ausschließlich um möglichst kunstvolle gegenseitige Beschimpfungen. Gelegentlich tritt einer vor und gibt ein Bekenntnis ab: zu abseitigen sexuellen Neigungen, zu einer abscheulichen Tat, zu geheimen Wünschen und Fantasien, von denen man im realen Leben niemals jemandem je erzählen würde. Pädophile gestehen anonym ihre Neigung ein, männliche Teenager bekennen sich zu sexuellen Gefühlen für die eigene Schwester. Geschlechtskrankheiten, Mordfantasien, unfassbar peinliche Erlebnisse werden en Detail niedergeschrieben – ob sie echt oder ausgedacht sind, ist nie zu erkennen. In der Regel treffen auch die Bekenner nicht auf Verständnis, sondern nur auf Beschimpfungen. Oder unverhohlene, wenn auch in der Geheimsprache von 4Chan verklausulierte Aufforderungen, sich doch bitte schön das Leben zu nehmen und das auf Video zu dokumentieren. Manchmal aber gibt es auch Momente augenscheinlich echter Sympathie, gut gemeinte Ratschläge oder ein Gegenbekenntnis, das dem Bekenner vielleicht das Gefühl geben soll, er sei mit seinen Neigungen, Perversionen, mit seiner Verzweiflung nicht allein auf der Welt.

All das geschieht auf Basis einer Software, die simpler kaum sein könnte. Grafisch sieht 4Chan aus wie ein Angebot aus der Frühzeit des WWW. Nutzer haben nur sehr eingeschränkte Möglichkeiten, mit der Plattform zu interagieren: Sie können Bilder hochladen und mit Kommentaren versehen oder die von anderen hochgeladenen Bilder kommentieren. 4Chan ist ein Image Board, eine Plattform zum Austausch von Bildern. Das Vorbild, nach dem der damals 15-jährige Christopher Poole alias »moot« die Plattform modellierte, war ein mittlerweile geschlossenes japanisches Bilderforum mit dem Schwerpunkt Anime und Manga, das »2Channel« hieß. Poole setzte 2003 eine auf den gleichen Prinzipien basierende Plattform auf und nannte sie, als Hommage an das Original, »4Chan«. Er wollte sich dort eigentlich nur mit anderen über seine Hobbys, Manga-Comics und Anime-Filme, austauschen. Während in manchen anderen 4Chan-Bereichen durchaus namentlich oder doch wenigstens unter Netzspitznamen miteinander kommuniziert wird, über Autos, Comics oder Videospiele, sind im ausdrücklich themenlosen Forum /b/ fast ausschließlich Teilnehmer mit dem automatisch vergebenen Standardnamen vertreten: »Anonymous«. Die Teilnehmer von /b/ nennen sich selbst, in typisch tabubrechender Selbstbeleidigung, »b-tards« – eine Wortschöpfung, die sich aus dem Namen des Forums und dem englischen Wort für geistig zurückgeblieben, »retarded«, zusammensetzt.

4Chan erinnert an eine eingeschworene Clique von Teenagern. In solchen Freundeskreisen gibt es fast immer eine eigene Sprache, ständig wiederholte Worthülsen, eigene Running Gags und für Außenstehende unverständliche Querverweise und Bezüge. Sozialpsychologen betrachten das als elementaren Mechanismus der Gruppenbildung: Eigene Codes, eigene Zeichen grenzen eine Gruppe vom Außen ab und machen sie so nach innen stärker. Die digitale Clique 4Chan aber ist gewaltig, ihre Teilnehmer treten meist maskiert auf und sind über viele Nationen hinweg verteilt (auch wenn der Großteil aus den USA stammt). Mittlerweile gibt es international Dutzende Kopien, die alle nach dem gleichen Muster funktionieren. Die deutsche heißt »Krautchan«.

All die Chan-Sites sind, ganz im Gegensatz zu weiten Teilen des übrigen WWW, äußerst flüchtig: Jeder der »Threads« genannten Diskussionsstränge verschwindet nach kurzer Zeit. Manche überdauern einige Stunden, andere existieren nur Minuten. Nichts von dem, was dort gepostet, veröffentlicht und geschrieben wird, ist von Dauer – außer jemand speichert einen Thread ab, bevor er dem Vergessen anheimfällt. Das ständige Löschen ist ungewöhnlich für eine Netzplattform, für 4Chan aber überlebenswichtig: Die Bilder, die von den Nutzern hochgeladen und ausgetauscht werden, sind in aller Regel urheberrechtlich geschützt, es werden dort also praktisch permanent Copyrightverstöße begangen. Die Tatsache, dass all das geschützte Material oft nur für Minuten online ist und dann wieder verschwindet, hat 4Chan bislang jedoch vor den Begehrlichkeiten der entsprechenden Branchen und ihrer juristischen Vertreter geschützt.

Gleichzeitig funktioniert 4Chan als soziales System gerade wegen dieser Flüchtigkeit und der Möglichkeit, dort unerkannt zu kommunizieren. Fast unerkannt, denn die IP-Adressen der aktiven Teilnehmer werden gespeichert, zumindest kurzzeitig, und müssen, wenn ein entsprechender Gerichtsbeschluss vorliegt, den Sicherheitsbehörden der USA offengelegt werden. So wurde beispielsweise ein US-Student, der das E-Mail-Passwort der damaligen Vizepräsidentschaftskandidatin Sarah Palin erriet und den Inhalt ihres Mail-Accounts anschließend der 4Chan-Meute zum Fraß vorwarf, schließlich gefasst und verurteilt – wohl weil er über seine IP-Adresse identifiziert wurde.

Im Kern widerspricht das System allem, was man sonst über das Web 2.0 zu wissen glaubt: Persönlicher Reputationsgewinn ist praktisch nicht möglich, jeder Teilnehmer bleibt gesichts- und namenlos. Sich persönlich vorzustellen gilt sogar als Fauxpas. Anders als bei Wikipedia, bei Facebook oder in Spezialforen für Computerspieler, Audiophile oder Autofans kann hier nicht durch die Ansammlung von Beiträgen, durch nachweisbare Leistung an einem erkennbaren digitalen Ich gebastelt, virtueller Ruhm angesammelt werden. Doch für manchen Teenager oder jungen Erwachsenen auf der Suche nach einem originellen Baustein für die eigene Identitätskonstruktion entfaltet die Plattform offenbar gerade durch ihr karges, extremes Regelwerk und die theoretisch absolute Freiheit des Ausdrucks einen starken Sog.

Wer diese an einen immerwährenden Fiebertraum erinnernde Welt zum ersten Mal betritt, wird nur einen winzigen, unverständlichen Ausschnitt dieser Welt zu sehen bekommen. Möglicherweise wird er nur auf Nahaufnahmen von Frühstücksmüsli stoßen, auf Serien von Bildern vollbusiger Anime-Schönheiten in extrem knappen Schuluniformen, auf ernsthafte, erhitzte Diskussionen über die Frage, ob »Blade Runner« nicht ein überschätzter, prätentiöser Film ist. Und dann wird ihm womöglich ein Bild begegnen, das er tagelang nicht mehr vergessen kann – die Nahaufnahme einer Hautkrankheit, ein verstümmeltes Kriegsopfer, brutale Pornografie. Schlimmstenfalls sogar Kinderpornografie, auch wenn die von den Administratoren in der Regel innerhalb kürzester Zeit gelöscht wird. Oder eine Unterhaltung, in deren Verlauf sich die Teilnehmer einander mit rassistischen, sexistischen, homophoben Beschimpfungen überziehen. Jeder erwachsene Kurzbesucher wird ziemlich bald zu dem Schluss kommen, dass 4Chan ein entsetzlicher, verabscheuungswürdiger Ort ist, etwas, das man verbieten, verschließen, verschwinden lassen sollte.

Und doch wird die Seite jeden Monat von über 10 Millionen Menschen besucht. 4Chan ist (auch) eine Apotheose der Nerd-Kultur. Begeisterung für Science-Fiction, Fantasy, Animationsfilme, seltsamen Humor, Videospiele und mit all diesen Themen verknüpfte Popkulturzitate stempeln einen dort nicht zum Außenseiter, sondern zum Insider. Es ist eine Art globaler Sammelpunkt für die typische Kundschaft von Hermkes Romanboutique (angereichert mit einer kräftigen Prise Wahnsinn, Tabubruch und Perversion). Gleichzeitig ist die Plattform heute eines der mächtigsten Werkzeuge, die das Internet bislang hervorgebracht hat, eine sich permanent rasend schnell drehende Ideenzentrifuge. Ab und an entwickelt eine Idee die nötige Masse, um herauszufliegen aus der Zentrifuge und sich draußen im übrigen Internet festzusetzen und zu verbreiten. Dann wird aus einer Idee ein »Mem« – so hat der Evolutionsbiologe Richard Dawkins langlebige Gedanken getauft, die sich, ähnlich wie Gene, gewissermaßen selbsttätig fortpflanzen und im Idealfall nach und nach in immer mehr Köpfen, immer größeren Menschengruppen festsetzen, um dort weiterzuleben.

Ein klassisches 4Chan-Mem sind die Lolcats: Fotos von Katzen, versehen mit kurzen Aufschriften in großen weißen Lettern, die aus dem Katzenbild eine Art Cartoon machen. Die Aufschriften sind stets in einem absichtlich fehlerhaften, kindlich anmutenden Englisch voller falscher Schreibweisen verfasst. Der Name ist ein netztypisches Amalgam von Ideen und Begriffen: Lol steht für »laughing out loud«, ein Begriff aus dem Netzsteno, mit dem in Chats und Foren Zeichen eingespart und möglichst schnell Reaktionen formuliert werden. Eine Lolcat ist also eigentlich eine »Katze, die einen laut auflachen lässt«. Ein klassisches Lolcat-Bild zeigt ein graues Kätzchen, das niedlich in die Kamera blickt, versehen mit der

Bildunterschrift »I can haz cheezeburger?« (Etwa: Kann ich einen Cheeseburger haben?)

Dieses Mem entstand bei 4Chan (wo ein Nutzer auf die Idee kam, den Samstag in »Caturday« umzubenennen und zum offiziellen Kätzchenbildertag zu erklären) und wurde später von einem findigen Web-Unternehmer aufgegriffen, der mittlerweile eine ganze Flotte von Websites betreibt, die von den Nutzern mit bearbeiteten Fotos von Katzen, Hunden und anderem gefüllt werden – und über Werbeschaltungen offenbar einigen Gewinn einbringen. Die Herkunft der Idee und die kleinen Insiderwitze, die sich in Schreibweisen und Querverweisen niederschlagen, kennen und verstehen die meisten Internetnutzer vermutlich nicht. Aber über das Bild einer Katze, die auf einem Kühlschrankregal neben einer Wurst kauert und dabei sagt »Im in ur fridge eatin ur foodz« können eben viele Menschen lachen, nicht nur die Ultranerds von 4Chan.

Einmal hievte die 4Chan-Nutzerschaft ein Hakenkreuz auf Platz eins der Liste der bei Google aktuell besonders häufig gesuchten Begriffe – bei /b/ hatte jemand den HTML-Code für das Symbol veröffentlicht. Tags darauf standen in der »Hot Trends«-Liste der Suchmaschine plötzlich die Sätze »Scientology is a Cult« und »Fuck you Google« – letzterer auf dem Kopf. Die 4Chan-Nutzer aber hatten, ganz aus Versehen, eine neue Methode gefunden, ein winziges Stückchen Web-Öffentlichkeit zu manipulieren.

Fast jeder Internetnutzer dürfte schon einmal irgendwo einem Witzformat, einer Wortschöpfung oder einem anderen Netzphänomen begegnet sein, das seinen Ursprung im Chaos von 4Chan hatte, auch wenn die wenigsten von diesem bizarren Herkunftsort je gehört haben. Innerhalb von 4Chan fühlt man sich deshalb als Angehöriger einer Elite, einer relativ kleinen Gruppe, die mehr über die Mechanismen und Gedankenströme des Netzes weiß als die Uneingeweihten da draußen. Die wenigsten der regelmäßigen Nutzer von 4Chan sind allerdings wohl tatsächlich versierte Hacker. Trotzdem können sich alle regelmäßigen Chan-Nutzer ein bisschen wie echte Internetinsider fühlen.

Die Mem-Schleuder 4Chan hat auch ernsthaftere, langlebigere Ideen hervorgebracht. Zum Beispiel die bis heute existierende Anti-Scientology-Protestbewegung, die ursprünglich unter dem Namen »Project Chanology« ins Leben gerufen wurde. Der Ausgangspunkt war ein internes Scientology-Werbevideo, das Anfang 2008 bei YouTube aufgetaucht war. Der Schauspieler und Scientologe Tom Cruise schwadronierte darin über die Macht der Scientologen. Er wirkte leicht verwirrt, äußerst erregbar und ziemlich fanatisch. Bei 4Chan amüsierte man sich über das Video – bis Scientology es auf juristischem Weg aus dem Netz entfernen ließ. Im /b/-Forum rief ein Nutzer daraufhin dazu auf, Scientology-Websites mit Hack-Attacken oder auf anderem Wege anzugreifen: »Es wird Zeit, dass wir unsere Ressourcen für etwas nutzen, das wir für richtig halten.«

Viele Kommentatoren widersprachen ihm, aber schon einen Tag später begannen erste Denial-of-Service-Attacken Scientology-Seiten lahmzulegen. Weltweit wurden schließlich Demonstrationen vor Scientology-Zentralen organisiert. Die Chanology-Demonstranten nannten sich selbst »Anonymous«, im Netz tauchten Videos auf, in denen der Sekte »der Krieg erklärt« wurde: »Wissen ist frei. Wir sind Anonymous. Wir sind Legion. Wir vergeben nicht. Wir vergessen nicht. Erwartet uns.«

Weil Scientology auf Protestdemonstrationen in der Regel unter anderem damit reagiert, die Protestierenden auf Video aufzunehmen, trugen die Chanology-Demonstranten Masken, und zwar alle die gleichen: Das stilisierte Gesicht eines weiß geschminkten Mannes mit einem geschwungenen Schnauzbart, einem Kinnbärtchen und einem breiten, naturgemäß starren Lächeln. Die Maske stellt Guy Fawkes dar, den Mann, der am 5. November 1605 das britische Parlament in die Luft sprengen wollte, aber rechtzeitig entdeckt wurde. In Großbritannien sind derartige Masken jedes Jahr zum Guy-Fawkes-Day am 5. November im Einsatz, wenn große Holzfeuer angezündet und Feuerwerke abgebrannt werden. Zu einer internationalen Ikone wurde die Fawkes-Maske jedoch durch Alan Moores Comic »V wie Vendetta«, eine in der Thatcher-Ära entstandene Geschichte über ein dystopisches England der Zukunft, in dem die Bürger überwacht, manipuliert und unterdrückt werden. Ein einsamer Widerstandskämpfer, der sich selbst nur »V« nennt, tritt gegen das Establishment an und bringt einige seiner Vertreter um, stets durch eine Fawkes-Maske unkenntlich gemacht. Am Ende der Geschichte erhebt sich das unterdrückte Volk, und die Straßen Londons sind plötzlich von Tausenden Widerstandskämpfern mit Fawkes-Masken bevölkert, was es den Sicherheitsbehörden unmöglich machen soll, den eigentlichen Anstifter zu entdecken. Dieses Bild – die Macht und Unangreifbarkeit der anonymen, maskierten Masse – wurde zur Chiffre für die Anonymous-Bewegung. Bis heute demonstrieren Menschen mit Fawkes-Masken Monat vor Monat vor Scientology-Gebäuden. Seit November 2010 sieht man sie auch überall dort, wo für WikiLeaks und Julian Assange demonstriert wird.

Heute ist Anonymous eine sich ständig verändernde Gruppierung ohne augenscheinliche Führung, ohne feste Strukturen oder klar definierte Ziele. Im Kern jedoch geht es den Anonymen durchaus um Werte. Um das Recht, online unerkannt und unzensiert ihre Meinung sagen zu dürfen beispielsweise. Um den Kampf gegen jegliche Unterdrückung von Information. Hier überlappen sich die Ziele mit denen von Julian Assange und WikiLeaks: Die beiden doch eigentlich grundverschiedenen Netzphänomene stehen für eine bedingungslose Anerkennung und Durchsetzung von Steven Levys Regel Nummer drei: »Alle Information soll frei sein.« Anonymous hat auch schon Protestattacken gegen die Websites australischer Politiker organisiert, als in Australien ein Gesetz zur Filterung unliebsamer Internetinhalte verabschiedet werden sollte – während WikiLeaks parallel die Sperrlisten veröffentlichte.

Das Ziel der Informationsfreiheit verfolgt Anonymous auf radikale Weise. Unter der Flagge »Operation Payback« orchestrierten Aktivisten Attacken auf die Websites der Musik- und Filmbranche, da aus ihrer Sicht diese Organisationen den freien Informationsfluss bedrohen, indem sie mit Massenklagen, Lobbyismus und anderen Methoden versuchen, Tauschbörsen und deren Nutzer zu kriminalisieren und letztere von ihrem Tun abzuhalten. Von den frühen Bulletin Boards der Hacker und Cracker der achtziger Jahre, von den Aktivitäten der »Szene«, der Kopierschutzknacker und ihrer Nutznießer bis hin zu den globalen Netzprotesten des 21. Jahrhunderts lässt sich eine direkte Entwicklungslinie ziehen. Aus diesem sehr speziellen Blickwinkel gehören Napster, WikiLeaks und Wikipedia ebenso zusammen wie der Musikbranchenverband RIAA und staatliche Internetzensoren in aller Welt.

Nach den Angriffen auf die Finanzierung von WikiLeaks organisierten die über den Globus verstreuten Anonymous-Unterstützer innerhalb kürzester Zeit Denial-of-Service-Attacken gegen Mastercard, Visa, Paypal und andere. Für die Protestaktionen gegen die als rücksichtslos parteiisch wahrgenommenen Finanzdienstleister stellten die technisch versierteren unter den Anonymi den übrigen ein simples Werkzeug zur Verfügung: Die Software mit dem Nerd-Kultur-Namen »Low Orbit Ion Cannon« (LOIC) erlaubt es, seinen Rechner mit wenigen, einfachen Schritten zum Teil einer Distribuierten Denial-of-Service-Attacke zu machen. Koordiniert wurden die Aktionen vor allem über »Internet Relay Chat«-Kanäle, eine archaische, sehr flexible und schwer zu überwachende Kommunikationsform aus der Frühzeit des Netzes, die auf ad hoc erzeugten Chat-Räumen basiert. Die digitalen Einheimischen machten sich ihre intime Kenntnis der alten Katakomben tief unter dem Hochglanz-WWW des Jahres 2010 zunutze.

Tausende installierten daraufhin die »Ionenkanone« und trugen so dazu bei, dass die Web-Auftritte von Paypal, Mastercard, Visa und anderen in die Knie gingen. Einigen von ihnen könnte dies zum Verhängnis werden: Die Software ist für sich genommen nicht in der Lage, die IP-Adresse des Angreifers zu verschleiern. Wer also seinen Rechner in den Dienst der DDoS-Attacken stellte, ist relativ einfach zu identifizieren. Bald wurden in den Niederlanden zwei Teenager verhaftet, die an den Angriffen teilgenommen haben sollen, kurz darauf fünf weitere mutmaßliche Anonymous-Unterstützer in England. Ende Januar 2011 wurde bekannt, dass auch die US-Bundespolizei FBI Dutzende Haftbefehle erwirkt hatte, und zwar, wie dem wieder einmal blitzschnell im Netz veröffentlichten Dokument zu entnehmen war, gegen die Mitglieder einer »Internet-Aktivistengruppe, die die Namen ›4Chan‹ und ›Anonymous‹ gebraucht«. Bei 4Chan waren Minuten nach Bekanntwerden der Meldung panische Reaktionen zu lesen. Und hämische Kommentare von jenen, die den digitalen Protest ohnehin immer für eine dumme Idee gehalten hatten.

Die DDoS-Angriffe waren als Mittel des Protestes von Anfang an umstritten gewesen – auch viele WikiLeaks-Unterstützer verglichen sie mit Akten des Vandalismus. Die besonneneren unter den Anonymi entwickelten schnell andere Strategien. Auf »Operation Payback« folgte kurz darauf »Operation Leakspin« (der Name ist wieder einmal ein Insiderwitz, ein Verweis auf eine Anime-Figur). Ein digitales Flugblatt rief dazu auf, die bei WikiLeaks veröffentlichten Diplomatendepeschen zu lesen, nach Interessantem zu durchforsten, kurze Videos darüber zu veröffentlichen und auf beliebige andere Weise auf die Inhalte der Botschaftskabel hinzuweisen. Die Verhaftungen taten dem Schwung der Protestierenden zunächst keinen Abbruch – schließlich hatte es nur einige wenige von mutmaßlich Tausenden getroffen.

Der Protest gegen Scientology hatte Anonymous hervorgebracht, die Unterstützung für WikiLeaks der Idee neuen Zulauf und internationale Aufmerksamkeit beschert. Nun begann Anonymous den Blick schweifen zu lassen. Und fand schnell neue lohnende Ziele.

Schon Mitte Dezember 2010, als die westlichen Mainstreammedien die Vorgänge in Tunesien noch überwiegend ignorierten, formierte sich ein Teil der Anonymous-Unterstützer neu, um die Demonstranten in dem nordafrikanischen Land auf ihre Weise zu unterstützen. Bei Twitter etablierte sich der Hashtag »Sidibouzid« als Sammelthema für die Unterstützer der Protestierenden, als in der westlichen Welt noch kaum jemand von dem kleinen Ort in Zentraltunesien gehört hatte, in dem sich am 17. Dezember 2010 der 25-jährige Mohammed Bouazizi aus Protest gegen unfaire Behandlung durch die Behörden und die generelle Perspektivlosigkeit seiner Altersgenossen öffentlich selbst verbrannt hatte. Im Anschluss an die Selbstverbrennung begann in Tunesien der Aufruhr, der zunächst zur Flucht des langjährigen korrupten und diktatorisch regierenden Präsidenten Ben Ali und seiner Familie führte und schließlich auch in anderen arabischen Nationen wie Algerien, Ägypten und dem Jemen Protestbewegungen gegen als korrupt und unterdrückerisch wahrgenommene Regime inspirierte.

Lange bevor die Weltöffentlichkeit Notiz von den Vorgängen in Tunesien nahm, die schließlich, auch dank Facebook, Twitter und dem Internet im Allgemeinen, für panarabische Unruhe sorgen sollten, beobachteten die hochsensibilisierten Internetaktivisten von Anonymus bereits mit wachen Augen die Ereignisse und taten dann einmal mehr das Einzige, was sie aus ihrer Sicht aus der Distanz tun konnten: Sie legten mit Denial-of-Service-Attacken tunesische Regierungs-Websites lahm. Kaum mehr als eine symbolische Geste war das. Aber eine, die Schlagzeilen machte. In Tunesien organisierten die

Sicherheitsbehörden unterdessen zunächst unbemerkt eine Internet-Spähaktion von bislang unbekanntem Ausmaß: Über eine auf den Servern von Internetprovidern installierte Software stahlen sie massenweise Passwörter tunesischer Staatsbürger, etwa für Facebook. Als man das in der Zentrale des weltgrößten Social Networks bemerkte, wurde in Windeseile eine zusätzliche Sicherheitsstufe für das Land eingerichtet: Einloggen konnten sich tunesische Nutzer nur noch, wenn sie zuvor einige ihrer Facebook-Freunde anhand von Fotos identifiziert hatten. Der Manipulation der Netzwerkkommunikation durch Geheimdienste war so ein effektiver Riegel vorgeschoben worden. Facebook machte, ohne dass es die Öffentlichkeit richtig wahrnahm, ein bisschen Weltpolitik.

Als die Proteste Ende Januar 2011 auf Ägypten übergriffen, reagierte das Regime des seit Jahrzehnten mit dem Segen der USA regierenden Hosni Mubarak mit einem radikalen Schritt: Zunächst wurde der Versand von Kurznachrichten mittels Blackberry-Handys unterbunden, der Zugang zu vielen Web-Seiten, darunter denen von Twitter, Facebook und sogar Google, gesperrt. Schließlich verschwand das Land fast vollständig aus dem Netz: Ägyptens Provider (auch solche, die Teil internationaler Konzerne sind) stellten ihren Dienst am Kunden ein. Die herrschende Klasse kappte die Verbindungen des eigenen Volkes zum Netz. Die Angst vor dem digital organisierten Protest, vor den womöglich weitere Proteste inspirierenden digital übermittelten Anfeuerungsrufen aus anderen Teilen der Welt war augenscheinlich zu groß geworden. Und das zu einer Zeit, da das Buch »The Net Delusion« (Der Netzwahn) des US-Akademikers Evgeny Morozov im Westen für Furore sorgte, weil der Autor behauptete, Twitter, Facebook und Co. seien gar keine Werkzeuge der Befreiung, das Gerede von den »Twitter-Revolutionen« schlicht Unsinn.

Schon seit Jahren waren ägyptische Sicherheitsbehörden immer wieder gegen Netzaktivisten vorgegangen, hatten Blogger inhaftiert und wegen online geäußerter Kritik am Regime Mubarak zu langen Haftstrafen verurteilen lassen. Junge Ägypter hatten sich die neuen Medien schon seit Längerem verstärkt zunutze gemacht, um Unterdrückung zu dokumentieren und Widerstand zu organisieren. Über mobile soziale Netzwerke riefen sie blitzschnell zu Versammlungen auf, wenn irgendwo Berichte über Polizeibrutalität bekannt wurden, sie filmten prügelnde Polizisten mit ihren Handys oder dokumentierten Übergriffe gegen Frauen, denen Sicherheitsbeamte tatenlos zusahen.

Nun aber wurden auch Twitter und Facebook zu Organisationswerkzeugen. Eine Facebook-Gruppe namens »Revolutionstag gegen Folter, Armut, Korruption und Arbeitslosigkeit« koordinierte die ersten Großdemonstrationen gegen die ägyptische Regierung. Ein Kommentator schrieb auf der Seite: »Wir sind ebenso viele wie in Tunesien. Zehntausende sind auf die Straßen geströmt und haben ihr Recht eingefordert – bis zum Rückzug des Präsidenten und seiner Flucht aus dem Land.« Die Altersstruktur der nordafrikanischen Staaten begünstigt den Aufstand mithilfe moderner Kommunikationsmittel: In Tunesien sind 50 Prozent der Bevölkerung jünger als 30 Jahre, in Ägypten sogar jünger als 24 (in Deutschland liegt die 50-Prozent-Grenze bei gut 44 Jahren). Jugend und Netzaffinität korrelieren auch in der arabischen Welt.

Die radikale Reaktion der ägyptischen Regierung war dennoch ein bis dahin einzigartiges Ereignis: Noch nie hatte ein Land, in dem das Internet bereits zum Alltagsmedium geworden war, innerhalb weniger Stunden die gesamte Bevölkerung von der größten Informationsarchitektur der Menschheitsgeschichte vollkommen abgeschnitten. In Burma und anderswo hatte es ähnliche Versuche gegeben, doch nie mit derart umfassender Wirkung.

Am Tag nach dem Blackout forderte US-Präsident Obama die Regierung Mubarak in einer Erklärung unmissverständlich auf, den Zugang der Ägypter zu den Informationsquellen des 21. Jahrhunderts sofort wiederherzustellen. Zum ersten Mal stand das Internet als Ganzes, als Mittel des freien Austauschs und möglicher Wegbereiter demokratischen Wandels im Zentrum eines weltweit beachteten politischen Konflikts. Es wird nicht das letzte Mal gewesen sein.

Die Geschichte von Anonymous und der neu erwachten internationalen Solidarität mit Freiheitsbewegungen in autokratischen Regimen wird bei Erscheinen dieses Buches nicht am Ende sein, ebenso wenig wie die von WikiLeaks. Es wird sich zeigen müssen, welche langfristigen Auswirkungen die Umsturzbewegungen in Ägypten, Tunesien und anderen arabischen Staaten haben werden. Eins aber steht fest: Das politische Weltgeschehen wird durch das Internet, durch digitale Werkzeuge und den fortdauernden Einfluss von Hacker-Ethik und Cracker-Geist, Hippie-Erbe und digitaler Freiheitsideologie dauerhaft und nachhaltig verändert. Das Netz hat zudem eine neue Form der Solidarität ermöglicht, hat vermeintlich apathische Teenager in westlichen Industrienationen inspiriert, sich auf einmal für die Freiheit der Völker einzusetzen – wenn auch mit oft genug zweifelhaften Methoden.

Das Erbe der Generation C64 beginnt gerade erst, seinen historischen Einfluss zu entfalten.

Nachwort

Ich liebe das Internet. Ich bin froh, dass es existiert. Ich glaube sogar, dass es das Potenzial hat, die Welt zu einem besseren Ort zu machen. Ich achte und bewundere die Arbeit der weltweit Hunderttausenden, die Wikipedia innerhalb weniger Jahre zu einer derart wertvollen, für viele Menschen bereits unverzichtbaren Ressource gemacht haben, trotz aller Fehler und Probleme. Ich achte auch die Arbeit der vielen, die sich neue Maps für »Counter-Strike« ausdenken, die Mashups bei YouTube einstellen, in Expertenforen Ratschläge erteilen oder in ihrer Freizeit mithelfen, Linux oder Firefox besser zu machen. Ich bin noch immer begeistert von der Tatsache, dass ich mir nahezu jede beliebige Information heute innerhalb von Sekunden beschaffen kann. Ich liebe das Internet dafür, dass es meiner Tochter ermöglicht, sich öfter mal von Angesicht zu Angesicht mit ihren Großeltern zu unterhalten, obwohl die Hunderte von Kilometern weit weg wohnen. Ich liebe es dafür, dass es mir geholfen hat, nach 20 Jahren den Kontakt zu meinem US-Austauschschüler aus der neunten Klasse wiederherzustellen. Ich liebe es dafür, dass es die Welt kleiner gemacht hat.

Leider sind an den vielen Segnungen, die die Digitalisierung uns gebracht hat, Deutsche nur in Ausnahmefällen beteiligt. Wenn die Entwicklung so weitergeht, wenn Indifferenz, Ignoranz und Ablehnung gegen dieses Medium hierzulande nicht bald verschwinden, werden wir vollends den Anschluss an das digitale Zeitalter verlieren. Dann wird das einstige Hightech- und Ingenieursland Deutschland zwar vermutlich auch künftig hervorragende Autos und Industrieanlagen herstellen, aber weiterhin keinerlei gestaltenden Einfluss auf die Informationsrevolution ausüben, die derzeit die Welt verändert. Im Moment sieht es nicht gut aus: Es gibt bei uns keinen einzigen namhaften Hersteller von Elektronik für Endverbraucher mehr, es werden keine Handys und keine Computer mehr unter deutscher Ägide produziert, und auch in Sachen Software haben wir mit Ausnahme von SAP weitgehend den Anschluss verloren. Deutsche Internetangebote von globaler Bedeutung existieren, von Xing einmal abgesehen, nicht. Die laut dem Internet-Statistikunternehmen Alexa wichtigste deutsche Webseite, was Zugriffszahlen und Reichweiten angeht, ist das deutschsprachige Nachrichtenangebot SPIEGEL ONLINE. Die Dienste und Angebote, die das Netz derzeit prägen und den Löwenanteil der Zeit binden, die Menschen damit verbringen, stammen fast ausnahmslos aus den USA. Das ist nicht allein einem Versagen deutscher Politik geschuldet: Die Faktoren, die dabei eine Rolle spielen, reichen von der universitären Ausbildung über Finanzierungsmöglichkeiten und Förderung bis hin zur deutschen Krankheit der Behäbigkeit und Risikoscheue. Doch es wird uns nicht vor den Auswirkungen des digitalen Wandels bewahren, wenn wir eine virtuelle Mauer um Deutschland ziehen und nur noch hereinlassen, was der aktuellen Regierungskoalition genehm ist. Wenn die deutsche Gesellschaft nicht aufhört, digitale Technologie entweder als Bedrohung oder als nützliches Überwachungsinstrument im Dienste der Abwehr realer oder imaginärer Gefahren zu betrachten, werden wir sehr bald erstaunt in einer Welt aufwachen, die uns nicht mehr braucht.

Kein Zweifel: Das Internet enthält viele Dinge, die nicht liebenswert, sondern verabscheuungswürdig sind. Kinderpornografie; Bombenbauanleitungen; Versammlungsorte für Menschen mit Essstörungen, Selbstmordabsichten, abseitigen sexuellen Fantasien, terroristischem Hintergrund; grauenvolle Bilder verstümmelter, sexuell erniedrigter oder getöteter Menschen; triviale, langweilige, dämliche, rassistische, antisemitische, sexistische, menschenverachtende Texte im Überfluss.

So viel kommunikative Freiheit, wie das Netz sie derzeit bietet, ist immer auch gefährlich.

Ein Konsens über akzeptable Inhalte, über das richtige Ausmaß an Freiheit für das Internet ist nicht in Sicht – und er wird sich auch niemals herstellen lassen. Das Moral- und Geschmacksempfinden von Sittenwächtern aus Dubai, Deutschland, China, Schweden und den USA unter einen Hut zu bringen ist ein utopisches Unterfangen. Wenn man sich auf eine internationale Zensurinfrastruktur einigen sollte, um das Netz sauber zu halten, an wessen Empfinden sollte sich das Sauberkeitsregime orientieren? An den USA, was Gewaltdarstellungen angeht, und an Schweden, was den Sex betrifft? Oder umgekehrt?

Es ist aber auch klar, dass sich für viele Straftatbestände ein internationaler Konsens herstellen ließe: Auf eine klare, unzweideutige Haltung zu Themen wie Betrug, Mord, Diebstahl, Hehlerei oder Menschenhandel könnten sich die meisten Regierungen auf diesem Planeten einigen – wenn man es denn einmal versuchte. Auslieferungsabkommen, Interpol und internationale Kooperation bei der Verbrechensbekämpfung gibt es auch jetzt schon, warum sollte das für Verbrechen, die mit dem Internet im Zusammenhang stehen, nicht ebenfalls funktionieren?

In einer globalisierten Welt sind viele Dinge schwieriger als früher, und das Internet als das erste tatsächlich globale Medium macht dieses Problem besonders deutlich sichtbar. Was nicht heißt, dass es nicht zu lösen wäre. Es gibt auch Beispiele, dass das funktioniert: Auf Videoplattformen wie YouTube beispielsweise findet man praktisch keine Pornografie: Die Geschäftsbedingungen der Betreiber untersagen das Hochladen solchen Materials, und wenn es entdeckt wird, von den Betreibern oder von Nutzern, kann das mit einem Mausklick gemeldet werden, was in der Regel eine zügige Löschung zur Folge hat. Konsequente Plattformbetreiber können in Zusammenarbeit mit einer kooperativen Nutzergemeinschaft einfach und augenscheinlich effektiv Standards durchsetzen.

Auch was den Umgang mit professionellen Verbreitern abscheulichen Materials angeht, ist mehr möglich, als die Politik uns in den vergangenen Jahren glauben machen wollte. Das zeigte zum Beispiel eine Studie der Universität Cambridge: Die Forscher fanden heraus, dass gemeldete Phishing-Seiten, die Bankdaten ausspähen sollten, im Schnitt nach wenigen Stunden aus dem Netz verschwanden – während Seiten mit Kinderpornografie oft noch einen Monat nach der Meldung im Netz standen. Die Effektivität solcher Säuberungsmaßnahmen hänge nicht zuletzt »von den Anreizen für Organisationen ab, dafür angemessene Ressourcen zur Verfügung zu stellen«, schlussfolgerten die Autoren aus ihren Ergebnissen. Die Zusammenarbeit von Providern und Polizeibehörden international zu verbessern ist keine leichte Aufgabe, aber sie ist zweifellos lösbar. Dieser Weg ist deutlich effektiver als jedes Gesetz, das nur Web-Adressen auf Stoppschilder umleitet – und er erfordert keinen Eingriff in die segensreich ignorante Struktur des Internets selbst, keine Filter-Server und keine geheimen Sperrlisten.

Für den Jugendschutz im Internet gilt Ähnliches: Den Schutz von Kindern und Jugendlichen vor grausigen, scheußlichen oder pornografischen Inhalten zur obersten Priorität bei der Regulierung des Netzes zu machen, wäre ein großer Fehler. Nicht umsonst sind hierzulande (und in den meisten anderen westlichen Demokratien) Erwachsenen Dinge gestattet, die Kindern und Jugendlichen verboten sind. Erwachsene haben die Freiheit, sich zu betrinken, sich Pornografie oder brutale Filme anzusehen oder ihren Körper mit Nikotin zu vergiften. All das betrachten wir als Ausdruck persönlicher Freiheit in einer freien Gesellschaft.

Umgekehrt halten wir Gesellschaften, in denen beispielsweise Pornografie (China, Indien und andere) oder öffentlicher

Alkoholkonsum verboten ist (USA), für weniger frei, womöglich sogar für ein bisschen rückständig. Solche Freiheiten nun im Internet leichtfertig zur Disposition zu stellen, weil es schwieriger erscheint, die Online-Aktivitäten von Kindern und Jugendlichen zu überwachen, als das, was sie offline tun, wäre fatal.

Jugendschutzregelungen lassen sich in Grenzen immer umgehen, und das geschieht auch fortwährend. Als ich in den achtziger Jahren zur Schule ging, kursierte auf den Pausenhöfen ein Video namens »Gesichter des Todes«, das (angeblich) reale Tötungssituationen in Serie zeigte, Hinrichtungen, grauenvolle Unfälle, Gewaltausbrüche, die von Überwachungskameras festgehalten worden waren. Die Eingeweihten, die es schon gesehen hatten, raunten den anderen schreckliche Dinge zu über das, was sie da gesehen hatten: einen Mann auf dem elektrischen Stuhl, einen Einbrecher, der von Hunden zerrissen wird. Gerade weil das Video verboten war, sahen es sich viele meiner Klassenkameraden an (ich habe mich erfolgreich davor gedrückt) als eine Art Mutprobe und allen Jugendschutzbemühungen zum Trotz. Ganz ohne Internet. Heute sind sie Apotheker, Ärzte, Lehrer, Anwälte oder Versicherungsvertreter.

Jugendschutz ist ein Prozess, der permanent neu ausgehandelt werden muss, dessen Rahmenbedingungen ständig neu definiert werden müssen, damit das Recht des Einzelnen dabei nicht auf der Strecke bleibt. Das Moralempfinden einer bestimmten Generation zum Gradmesser für das zu machen, was im Netz erlaubt sein sollte, ist nicht nur technisch nicht umsetzbar – es wäre auch ein äußerst kurzsichtiger Umgang mit unserem höchsten Gut: unserer Freiheit. Was nicht heißt, dass Internetprovider oder andere Dienstleister weiter daran arbeiten müssen, Filtermechanismen zu entwickeln, die Eltern auf ihren privaten Rechnern einsetzen können, um den Zugang zu bestimmten Inhalten für ihren Nachwuchs zumindest zu erschweren. Letztlich liegt es bei denen, die Kinder und Jugendliche erziehen, deren Medienkonsum mit wachem Auge zu begleiten – egal, ob es sich um Bücher, Filme oder eben Internetinhalte handelt.

Wenn man jedoch denen lauscht, die nach mehr Regulierung im Netz rufen, bekommt man einen ziemlich unmissverständlichen Eindruck: Am liebsten wäre ihnen ein Internet mit Jugendfreigabe »ab 12«. Onlinespiele, Pornografie, Ekelbilder, provokante Texte – das alles soll bitte schön am besten gar nicht mehr verfügbar sein. Dann ist das Netz sicher, denn schließlich sind es ja die Kinder, die sich ständig darin aufhalten. Das entspricht vermutlich sogar der Lebenswirklichkeit vieler Menschen jenseits der 50, die online nur hin und wieder mal eine E-Mail abschicken oder einen Schaukelstuhl bei Ebay verkaufen. Das schlimme Internet, über das man so viel liest, vermuten sie eher auf den Monitoren ihrer Kinder oder Enkel. Diese Haltung aber, das Abtun dieser gewaltigen Veränderungsmacht als Spielzeug, als Tummelplatz nur für Kinder und Jugendliche, ist der Kern des Problems, das wir in diesem Land mit digitaler Technologie haben.

Neben der vermeintlichen Unkontrollierbarkeit seiner Inhalte wird dem Internet hierzulande häufig vorgeworfen, es mache Menschen zu Exhibitionisten und zerstöre damit die Privatsphäre. Wer etwas »veröffentlicht«, weil er es auf eine Web-Seite gestellt hat, ist, wenn man dieser Logik folgt, selbst Schuld. Seine Privatsphäre hat er damit ja freiwillig aufgegeben. Jeder darf es sich ansehen, jeder darf daraus zitieren, Inhalte übernehmen und sie bei Bedarf gegen den Autor wenden. Manche Boulevardmedien gehen sogar so weit, Fotos aus Social-Network-Profilen zu kopieren und für ihre Zwecke zu verwenden, wenn sich das gerade anbietet. So wurde zum Beispiel das Bild einer jungen Pilotin, die bei einer Landung einen Beinaheunfall verursachte, in der »Bild«-Zeitung abgedruckt – gefunden hatten es die Redakteure bei StudiVZ. Wer sich im Netz mit anderen austauscht, und sei es in einem geschlossenen Angebot wie StudiVZ, der nimmt damit dieser Logik zufolge solchen offenkundigen Missbrauch in Kauf.

Für Gespräche in der Kneipe gilt diese Betrachtungsweise bislang nicht: Obwohl sie an einem öffentlichen Ort stattfinden, würde man auf wenig Gegenliebe stoßen, wenn man sie aufzeichnen und ihren Inhalt anschließend zum Nachteil der Gäste verwenden würde. Wer sich im Park neben einen Fremden setzte und ihm über die Schulter sähe, während der seiner Freundin Privatfotos zeigt, müsste völlig zu Recht mit sozialen Sanktionen rechnen, obwohl der Akt des Zeigens doch in der Öffentlichkeit geschieht. Menschen, die am Strand oder im Schwimmbad Badekleidung tragen, betrachtet niemand als Exhibitionisten. Argwohn würde dagegen jemand erregen, der am Strand oder im Schwimmbad ein Teleobjektiv in Stellung bringt, um die Badenden zu fotografieren. Es schickt sich einfach nicht, Menschen bei augenscheinlich privaten Aktivitäten intensiv zu beobachten, selbst wenn sie in der Öffentlichkeit stattfinden. Auch für das Internet sollte klar sein: Hier findet an von den Benutzern als geschützte Räume wahrgenommenen öffentlichen oder halb öffentlichen Orten private Kommunikation statt. Nicht alles, was online ist, ist auch »öffentlich« im Sinne von »veröffentlicht«. Manche Anbieter haben diese schlichte Wahrheit technisch umgesetzt – etwa über abstufbare Systeme, mit denen sich Profilseiten je nach Betrachter öffentlicher oder eben diskreter gestalten lassen.

Es ist ein Umdenken sowohl bei den Nutzern als auch den Kritikern digitaler Kommunikation nötig: Einerseits gehört es zu einem kompetenten Umgang mit dem Netz, sich genau zu überlegen, welche Information über sich man an welcher Stelle und in welcher Form preisgibt. Andererseits muss nicht alles, was belauscht werden kann, belauscht werden, nicht alles, was zu sehen ist, muss man sich ansehen. Das ist eine Frage der Etikette. Das gilt auch für den mittlerweile fast sprichwörtlichen Personalchef, der Bewerber erst mal googelt: Verbieten kann man das kaum, aber man kann zumindest die Praxis gesellschaftlich ächten, Job-Anwärter mit Partyfotos zu konfrontieren, die aus irgendeinem Social Network stammen. Wir tolerieren es ja auch nicht, dass Personalchefs Detektive anheuern, um Bewerbern in die Disco zu folgen.

Das Internet verursacht einen globalen Wandel, der vermutlich mindestens so tief greifend sein wird wie die Folgen der Einführung des Buchdrucks oder der Industrialisierung. Wir stehen nach wie vor am Anfang dieser rasanten Entwicklung, deren langfristige Auswirkungen heute niemand ernsthaft vorhersagen kann. Für die Gesellschaft, für die Politik und für viele Wirtschaftszweige hat dieser Wandel bereits jetzt massive, deutlich spürbare Folgen. Gerade die Branchen, die bislang am Verkaufen geistigen Eigentums Geld verdient haben, sehen sich ganz neuen Problemen gegenüber.

Diesem fundamentalen Wandel jedoch mit einer prinzipiellen Abwehrhaltung zu begegnen, mit Rückzugsgefechten und ständigen Verweisen auf die gute alte Zeit, mit mehr oder minder unverholenen Angriffen auf jene, die damit selbstverständlich umgehen, bringt rein gar nichts. Das Internet ist da, es ist global, es ist ein Hort für Information, und zwar auch für solche, die einen vielleicht abstößt. Es gilt, Wege zu finden, mit diesem Wandel in konstruktiver Weise umzugehen. An diesem Punkt ist man in Deutschland noch nicht angekommen. Bislang wird gern lamentiert, mehr oder minder sinnvoll reglementiert und die Infrastruktur vom Gesetzgeber vor allem als Überwachungsinstrument in Stellung gebracht (Vorratsdatenspeicherung, Bundestrojaner).

Wer das Internet für überwiegend schädlich hält, muss ein Menschenfeind sein, denn es ist vor allem eins: der größte Informationsvermittler und -speicher, den die Menschheit jemals zur Verfügung hatte. Vor nicht allzu langer Zeit herrschte in Europa noch Konsens darüber, dass mehr Information, mehr

Kommunikation in der Regel besser ist als weniger Information und Kommunikation. Dass die Möglichkeit, Bildung und Wissen zu erwerben, begrüßenswert ist, dass die Welt dadurch zu einem besseren, freieren, womöglich glücklicheren Ort wird. Diesen Konsens sollten wir nicht aus den Augen verlieren, wenn wir uns auf neue Regeln für die neue Zeit einigen.

Für meine dreijährige Tochter war der Computer schon immer da. Er ist eines von vielen seltsamen und faszinierenden Objekten in ihrer Welt, so wie Fernbedienungen, Telefone, Staubsauger oder Bagger. Anfangs musste man den Laptop vor ihr beschützen, weil sie so begeistert auf der Tastatur herumhackte und -kratzte, dass sie in einem unbeobachteten Moment schon mal eine Taste aus ihrer Verankerung riss. Ich war davon ausgegangen, dass sie den Computer irgendwann würde hassen lernen, weil Mama oder Papa öfter davor sitzen und irgendetwas tun, was ihre Aufmerksamkeit voll und ganz in Anspruch nimmt. Inzwischen weiß sie, dass man sich damit auch Fotos ansehen kann – am liebsten sind ihr solche, auf denen sie selbst zu sehen ist. Sie weiß auch, dass aus dem flachen Ding auf Wunsch Musik kommt. In erster Linie aber ist der Computer für meine Tochter der Ort, an dem ihre Großeltern auf magische Weise beschworen werden können, ein unzweifelhaft und primär sozialer Gegenstand. Wenn ich mich vor den Rechner setze und sie in der Nähe ist, kommt sie strahlend angelaufen, legt den Kopf schief und fragt: »Oma und Opa anrufen?«

Ich wage nicht vorherzusagen, wie das Internet und die Geräte, mit denen wir darauf zugreifen, aussehen werden, wenn sie alt genug ist, sich damit selbst auseinanderzusetzen. Ich gebe offen zu, dass ich mich nicht darauf freue, mit ihr eines Tages über Nutzungszeiten zu verhandeln und womög lich Internetverbote als Sanktion anzudrohen, Hausarrest und Fernsehverbot in einem sozusagen. Ich mache mir aber keinerlei Sorgen darüber, dass elektronische Medien meine Tochter dumm oder kritiklos machen könnten, dass sie jemals verrohen, abstumpfen oder an den Unmengen verfügbarer Information verzweifeln könnte. Schließlich werde ich dabei sein, wenn sie den Umgang mit dieser seltsamen, wilden, unterhaltsamen, gefährlichen und geheimnisvollen Welt da draußen lernt.

Wenn der Wandel mich eines Tages abgehängt hat, wird sie mir am Telefon (oder auf welchem Kommunikationsweg auch immer) erklären, wie ich irgendein neues Gerät oder einen neuen Dienst bedienen muss. Und ich werde mich bemühen, ihre Ungeduld gegenüber dem begriffsstutzigen Alten genauso stoisch zu ertragen, wie das meine Eltern mit der meinen tun.

Quellenverzeichnis

Sämtliche hier verzeichneten Internetlinks waren im Juni 2011 aktiv. Die aus im Original englischsprachigen Quellen zitierten Texte wurden in aller Regel vom Autor übersetzt.

Activision: Bericht über das Geschäftsjahr 2008, http://investor.activision.com/releasedetail.cfm?ReleaseID=309134

Anderson, Kevin: »In the Realm of the Hackers«, Dokumentarfilm, Australien 2002

Asher, Moses: »Dentist's website on leaked blacklist«, in: »Sydney Morning Herald«, März 2009; http://www.smh.com.au/national/dentists-website-on-leaked-blacklist-20090319-93cl.html

Avolio, B. J. und Waldman, D. A.: »Variations in Cognitive, Perceptual, and Psychomotor Abilities across the Working Life Span: Examining the Effects of Race, Sex, Experience, Education, and Occupational Type«, in: »Psychology and Aging«, Jg. 9, 1994, Nr. 3, S. 430–442

Bagnall, Brian, »On the Edge: The Spectacular Rise and Fall of Commodore«, Variant Press, Winnipeg 2005

Bakan, Joel: »The Corporation: The Pathologic Pursuit of Profit and Power«, Free Press, New York 2005

Barbrook, Richard: »How the Americans are superseding capitalism in cyberspace«, (o. J.), http://www.imaginaryfutures.net/2007/04/17/cyber-communism-how-the-americans-are-superseding-capitalism-in-cyber-space/

Barbrook, Richard und Cameron, Andy: »Die kalifornische Ideologie«, in: »Telepolis«, Februar 1997, http://www.heise.de/tp/r4/artikel/1/1007/1.html

Barlow, John Perry: »A Declaration of Independence of Cyberspace«, Februar 1996, https://projects.eff.org/~barlow/Declaration-Final.html

Barlow, John Perry: »Crime and Puzzlement«, Gründungsdokument der Electronic Frontier Foundation, http://w2.eff.org/legal/cases/SJG/?f=crime_and_puzzlement.1.txt

Barlow, John Perry: Eine nicht sehr kurze Geschichte der Electronic Frontier Foundation (englisch), http://w2.eff.org/Misc/Publications/John_Perry_Barlow/HTML/not_too_brief_history.html

Quellenverzeichnis

Blank, Alan: »Video games lead to faster decisions that are no less accurate«, Pressemitteilung, September 2010, http://www.eurekalert.org/pub_releases/2010-09/uor-vgl091010.php

Campbell-Kelly, Martin und Aspray, William: »Computer: A History of the Information Machine«, Basic Books, New York 1996

Carr, Nicholas: »Is Google making us stupid?«, in: »The Atlantic«, Juli 2008; http://www.theatlantic.com/magazine/archive/2008/07/is-google-making-us-stupid/6868/

Carr, Nicholas: »The Shallows: What the Internet Is Doing to Our Brains, Norton, New York 2010; dt. Ausgabe: »Wer bin ich, wenn ich online bin ...«, Blessing, München 2010

Chaos Computer Club: »Das Chaos-Computer-Buch: Hacking made in Germany«, hrsg. von Jürgen Wieckmann, mit Beträgen u. a. von Andy Müller-Maguhn und Reinhard Schrutzki, Rowohlt, Reinbek 1988

Chaosradio Express 161: »Der CCC und die Öffentlichkeit«, http://chaosradio.ccc.de/cre161.html

United States Department of Justice: »60th Felony Conviction Obtained in Software Piracy Crackdown ›Operation Fastlink‹«, März 2009, http://www.justice.gov/opa/pr/2009/March/09-crm-203.html

Dreyfus, Suelette und Assange, Julian: »Underground: Die Geschichte der frühen Hacker-Elite«, Haffmanns & Tolkemitt, Berlin 2011; http://www.underground-book.net/

Dyson, Esther et al.: »Cyberspace and the American Dream: A Magna Carta for the Knowledge Age«, August 1994, http://www.hartford-hwp.com/archives/45/062.html

Fachportal VG247.com: Bericht über Electronic Arts im Geschäftsjahr 2008, http://www.vg247.com/2009/05/05/ea-loses-over-1-billion-in-fiscal-2008/

Fachportal VG247.com: Bericht über Ubisoft im Geschäftsjahr 2009, http://www.vg247.com/2009/04/29/ubisoft-sales-for-q4-show-increase-of-14-14-million/

Forrester Research: »Music and Book Industries to Lose $4.6 Billion by 2005 as Control of Digital Content Collapses«, September 2000, http://www.forrester.com/ER/Press/Release/0,1769,397,FF.html

Frentz, Clemens von: »Neuer Markt: Die Chronik einer Kapitalvernichtung«, in: »Manager Magazin«, Juni 2003; http://www.manager-magazin.de/finanzen/artikel/0,2828,186368,00.html

Gamespy-Artikel über Will Wright und »Spore«: http://uk.gamespy.com/articles/595/595975p1.html

Gasser, Karl Heinz et al.: »Bericht der Kommission Gutenberg-Gymnasium«, April 2004; http://www.thueringen.de/imperia/md/content/text/justiz/bericht_der_kommission_gutenberg_gymnasium.pdf

Gates, Bill: »Letter to Hobbyists«, Februar 1976, reproduziert in Wikipedia.org., http://en.wikipedia.org/wiki/File:Bill_Gates_Letter_to_Hobbyists.jpg

Gentile, Douglas: »ISU prof finds laparoscopic surgeons improve speed, accuracy by playing video games«, Pressemitteilung, Februar 2007; http://www.news.iastate.edu/news/2007/feb/lapsurgery.shtml

Hansen, Gerd: »Das Urheberrecht in der Legitimationskrise: Ansätze für eine rechtstheoretische Neuorientierung«, in: »Bildung und Kultur«, Band 4: »Copy.Right.Now!«, Heinrich-Böll-Stiftung, Berlin 2010

Herz, Jessie Cameron: »Joystick Nation«, Abacus, London 1997

Hooffacker, Gabriele: »Bürgernetze und aktive Demokratie«, Vortragsmanuskript, Juni 1998; http://www.journalistenakademie.de/index.php?p=18

Ito, Mizuko et al.: »Digital Youth Project«, http://digitalyouth.ischool.berkeley.edu/report

Jazzcat (Hrsg,): »Recollection«, digitales Magazin, 2006, http://www.atlantis-prophecy.org/recollection/?load=home

Kaul, Martin: »StudiVZ-Daten in der BILD-Zeitung: Jäger und Sammler«, in: »Die Tageszeitung«, März 2008; http://www.taz.de/1/netz/artikel/1/jaeger-und-sammler/

Keen, Andrew: »Die Stunde der Stümper: Wie wir im Internet unsere Kultur zerstören«, Hanser, München 2008

Keller, Bill: »The Twitter Trap«, in: »New York Times«, Mai 2011; http://www.nytimes.com/2011/05/22/magazine/the-twitter-trap.html

Kelly, Kevin: »Out of Control: The New Biology of Machines, Social Systems, and the Economic World«, Basic, New York 1994

Khatchadourian, Raffi: »No Secrets: Julian Assange's Mission for Total Transparency«, in: »The New Yorker«, Juni 2010; http://www.newyorker.com/reporting/2010/06/07/100607fa_fact_khatchadourian

Kingsley-Hughes, Adrian: »Sony to pull plug on floppy disks«, ZDNet.com, April 2010, http://www.zdnet.com/blog/hardware/sony-to-pull-plug-on-floppy-disks/8133

Kirkpatrick, David: »The Facebook Effect«, Simon & Schuster, New York, 2010 (dt. Ausgabe: »Der Facebook-Effekt: Hinter den Kulissen des Internet-Giganten«, Hanser, München 2011

Kohl, Helmut, berühmte Sätze über Datenautobahnen, NDR-Web-Archiv, http://daserste.ndr.de/panorama/archiv/2000/erste7444.html

Krömer, Jan und Sen, Evrim: »No Copy: Die Welt der digitalen Raubkopie«, Tropen bei Klett-Cotta, Stuttgart 2006

Kubicek, Herbert und Welling, Stefan: »Vor einer digitalen Spaltung in Deutschland?« (o. J.), in: »Digitale Chancen«, http://www.digitale-chancen.de/transfer/downloads/MD110.pdf

Kulla, Daniel: »Der Phrasenprüfer«, »Der Grüne Zweig« 241, Löhrbach 2003

Kushner, David: »Prepare to Meet Thy Doom«, in: »Wired«, Mai 2003, http://www.wired.com/wired/archive/11.05/doom.html

Kushner, David: »Masters of Doom«, Random House, New York 2004

Lanier, Jaron: »You Are Not a Gadget: A Manifesto«, Knopf, New York 2010; dt. Ausgabe: »Gadget: Warum uns die Zukunft noch braucht«, Suhrkamp, Berlin 2010

Lessig, Lawrence: »Remix«, Bloomsbury, London 2008

Levy, Steven: »Hackers: Heroes of the Computer Revolution«, Penguin Books, New York 1984, 1994

Madrigal, Alexis: »The Inside Story of How Facebook Responded to Tunisian Hacks«, in: »The Atlantic«, Januar 2011; http://www.theatlantic.com/technology/archive/2011/01/the-inside-story-of-how-facebook-responded-to-tunisian-hacks/70044/

Markoff, John: »Caller Says He Broke Computers' Barriers to Taunt the Experts«, in: »New York Times«, März 1990; http://www.nytimes.com/1990/03/21/us/caller-says-he-broke-computers-barriers-to-taunt-the-experts.html?src=pm

Mertens, Mathias: »Kaffeekochen für Millionen: Die spektakulärsten Ereignisse im World Wide Web«, Campus, Frankfurt/New York 2006

Morozov, Evgeny: »The Net Delusion: How Not to Liberate the World«, Allen Lane, London 2011

Platon, »Phaidros«, in: »Sämtliche Werke«, Band 2, Berlin 1940, S. 411–482

Pieper, Werner (Hrsg.): »Die Studie«, »Der Grüne Zweig« 117, Löhrbach (o.J.)

Polgár, Tamás: »Freax: The Brief History of the Computer Demoscene«, CSW Edition Digitalkultur, Bd. 2, 2008

Rosenbach, Marcel und Stark, Holger: »Staatsfeind WikiLeaks: Wie eine Gruppe von Netzaktivisten die mächtigsten Nationen der Welt herausfordert«, DVA, München 2011

Rosenberg, Scott: »Love Bites«, Artikel über den »ILoveYou«-Virus in Salon.com, Mai 2000. http://www.salon.com/technology/log/2000/05/04/love_virus

Rossetto, Louis: »Rebuttal of the Californian Ideology«, Oktober 1998, http://www.alamut.com/subj/ideologies/pessimism/califIdeo_II.html

Schaie, K. W.: »Intellectual Development in Adulthood: The Seattle Longitudinal Study«, Cambridge University Press, New York 1996

Schmid, Hans-Christian und Gutmann, Michael: »23: Die Geschichte des Hackers Karl Koch«, dtv, München 1999

Schmidt, J.-H., Paus-Hasebrink, I. und Hasebrink, U.: »Heranwachsen mit dem Social Web«, Kurzfassung des Endberichts für die Landesanstalt für Medien Nordrhein-Westfalen, Hamburg, Salzburg 2009, http://www.hans-bredow-institut.de/webfm_send/367

Seidler, Christoph und Büchner, Wolfgang: »Spiegel Online rettet die Trojan-Room-Kaffeemaschine«, http://www.spiegel.de/netzwelt/web/0,1518,148112,00.html

Statista.de: Verbraucherpreisindex für Internetnutzung 2000 bis 2007, http://de.statista.com/statistik/daten/studie/38671/umfrage/verbraucherpreisindex-fuer-internetnutzung-von-2000-bis-2007/

Sterling, Bruce: »The Hacker Crackdown«, Bantam, New York 1992

Stoll, Clifford: »The Cuckoo's Egg«, Pocket Books, New York 1989, 2005; dt. Ausgabe: »Kuckucksei. Die Jagd auf die deutschen Hacker, die das Pentagon knackten«, Fischer, Frankfurt 1998

Texas attorney general announces Sony settlement (o. A.), Dezember 2006, http://www.statesman.com/blogs/content/shared-gen/blogs/austin/theticker/entries/2006/12/19/texas_attorney_general_announc.html

The Well: Zeitleiste der ersten zehn Jahre, http://www.well.com/conf/welltales/timeline.html

Trojan Room Coffee Machine: http://www.cl.cam.ac.uk/coffee/coffee.html

Quellenverzeichnis

Trojan-Room-Webcam: http://www.spiegel.de/static/popup/coffeecam/cam2.html

Turner, Fred: »From Counterculture to Cyberculture«, The University of Chicago Press, Chicago 2006

Turner, Fred: »Where the Counterculture Met the New Economy: The WELL and the Origins of Virtual Community«, http://www.stanford.edu/~fturner/Turner%20Tech%20&%20Culture%2046%203.pdf

United States Court of Appeals: »In the Matter of the Application of the United States for an order authorizing the roving interception of oral communications« (o. A.), Gerichtsdokument, November 2003, http://bulk.resource.org/courts.gov/c/F3/349/349.F3d.1132.02-15635.html

Verhaeghen, Paul und Salthouse, Timothy A.: »Meta-analyses of Age-Cognition Relations in Adulthood: Estimates of Linear and Nonlinear Age Effects and Structural Models«, in: »Psychological Bulletin«, Bd. 122(3), Nov. 1997, S. 231–249

Weldon, Lorrette und Weldon, Ulysses: »Outrageous Claims May Require More Than a Preponderance of Evidence«, Diskussion der E-Mail-»Studie« von Glenn Wilson, 2010, http://www.governmentinfopro.com/files/weldonarticle2010.pdf

Wright, Robert: »The New Democrat from Cyberspace«, in: »The New Republic«, Mai 1993, S. 18 ff

Zittrain, Jonathan: »The Future of the Internet – And How to Stop It«, Penguin, London 2008

Personenregister